汽车检测与维修专业高技能型人才教学用书

汽车故障诊断与排除实训

罗富坤 编

机械工业出版社

本书从实习实训的教学要求出发，较详尽地介绍了现代汽车故障检测方法、检测项目、检测思路和基本故障诊断技能以及常用检测设备的使用技巧。全书共分5个模块：汽车故障诊断、汽油发动机的检测与故障诊断、柴油发动机的检测与故障诊断、汽车底盘的检测与故障诊断、汽车电器及附属装置的检测与故障诊断。

本书是高等职业学校和高级技工学校的实习教材，也可作为职业培训教材和汽车维修人员参考用书。

图书在版编目（CIP）数据

汽车故障诊断与排除实训/罗富坤编. —北京：机械工业出版社，2008.5（2026.1重印）
汽车检测与维修专业高技能型人才教学用书
ISBN 978-7-111-24029-7

Ⅰ.汽… Ⅱ.罗… Ⅲ.①汽车-故障诊断②汽车-车辆修理 Ⅳ.U472.4

中国版本图书馆CIP数据核字（2008）第059559号

机械工业出版社（北京市百万庄大街22号 邮政编码100037）
责任编辑：朱 华 版式设计 霍永明 责任校对：姚培新
封面设计：马精明 责任印制：郜 敏
河北虎彩印刷有限公司印刷
2026年1月第1版·第14次印刷
184mm×260mm·11印张·270千字
标准书号：ISBN 978-7-111-24029-7
定价：29.80元

电话服务 网络服务
客服电话：010-88361066 机 工 官 网：www.cmpbook.com
010-88379833 机 工 官 博：weibo.com/cmp1952
010-68326294 金 书 网：www.golden-book.com

机工教育服务网：www.cmpedu.com

前　言

为了贯彻国务院《关于大力推进职业教育改革与发展的决定》以及教育部第六部委《关于实施职业院校制造业和现代服务业技能型紧缺人才培养培训工程的通知》等文件精神，全面实施《2003～2007年教育振兴行动计划》中提出的“职业教育与培训创新工程”，积极推进课程改革和教材建设，为职业教育教学和培训提供更加丰富、多样和实用的教材，更好地满足职业教育改革与发展的需要。我们按照教育部颁布的《汽车运用与维修专业领域技能型紧缺人才培养培训指导方案》的要求，紧密结合目前汽车维修行业实际需求，编写了这套汽车检测与维修专业高技能型人才教学用书，供高等职业院校汽车运用专业和汽车电子技术专业教学使用。

本套教材符合国家对技能型紧缺人才培养培训工作的要求，注重以就业为导向，以能力为本位，面向市场、面向社会，为经济结构调整和科技进步服务的原则，体现了职业教育的特色，满足了汽车运用技术领域高素质专业实用人才培养的需要。

本套教材在组织编写过程中，认真总结了全国开设汽车专业院校多年来的专业教学经验，注意吸收发达国家先进的职教理念和方法，形成了以下特色：

1. 专业培养目标设计基本指导思想，是以行业关键技术操作和技术管理的能力要求为核心，确定专业知识和能力培养目标，对实际现场操作能力要求达到中级以上技术工人水平，在系统专业知识方面要求达到高级技师水平，并为毕业生在其职业生涯中能顺利进入汽车后市场岗位奠定良好的发展基础。

2. 全套教材以《汽车发动机检测与维修实训》、《汽车底盘检测与维修实训》、《汽车电控系统检测与维修实训》、《汽车电器检测与维修实训》、《汽车故障诊断与排除实训》五本书搭建专业基本能力平台，以若干专门化项目来适应各地各校的实际需求。

3. 打破了教材传统的章节体例，以专项能力培养为模块确定知识目标和能力目标，使培养过程实现“知行合一”。

4. 在内容上选择注重汽车后市场职业岗位对人才的知识、能力要求，力求与相应的职业资格标准衔接，并较多地反映了新技术、新工艺、新方法、新材料等的新知识。

5. 本套教材将力图形成开放体系，一方面除本次推出的教材之外，还将根据汽车后市场实际需求，陆续推出不同专业专门化教材；另一方面，还将随行业实际变化及时更新或改编部分专业教材。

《汽车故障诊断与排除实训》是汽车运用与维修专业领域技能型紧缺人才培养培训的核心课程。

限于编者经历和水平，教材内容难以覆盖全国各地的实际情况，希望各教学单位在积极选用和推广本套教材的同时，注重总结经验，及时提出修改意见和建议，以便修订时改正。

编　者

目　录

模块一　汽车故障诊断

项目 1.1　汽车故障诊断的基本知识

项目目的

1）了解汽车故障诊断的基本概念。
2）熟悉汽车故障的成因、症状及变化规律。
3）熟悉故障诊断的基本方法。
4）熟悉故障诊断的基本流程。
5）掌握汽车故障诊断与排除的基本步骤。

项目内容

1）汽车故障诊断的基本概念。
2）汽车故障的成因、症状及变化规律。
3）汽车故障诊断的基本方法。
4）汽车故障诊断的基本流程。
5）汽车故障诊断与排除的基本步骤。

相关知识

汽车是一个复杂的技术系统，是许多总成、机构和元件的有序构成。在汽车的使用过程中，由于某一种或几种原因的影响，其技术状况将随行驶里程的增加而变化，其动力性、经济性、可靠性、安全性将逐渐或迅速地下降，排气污染和噪声都会加剧，故障率增加。这不仅对汽车的运行安全、运行消耗、运输效率、运输成本及环境造成极大的影响，甚至还直接影响到汽车的使用寿命。所以，研究汽车故障的变化规律，定期检测汽车的使用性能，及时而准确地诊断出故障部位并排除故障，就成为汽车应用技术的一项重要内容。

1. 汽车故障诊断的基本概念

汽车故障诊断技术是指在整车不解体情况下，确定汽车的技术状况，查明故障原因和故障部位的汽车应用技术。汽车故障诊断技术是随着汽车的发展从无到有而逐渐发展起来的一门技术。国外的一些发达国家，早在 20 世纪四五十年代就发展起以故障诊断和性能调试为主的单项检测技术。进入 20 世纪 60 年代后，汽车故障诊断与检测技术获得较大发展，逐渐由单项检测技术连线建站（出现汽车检测站）技术演变成为既能进行维修诊断又能进行安全环保检测的综合检测技术。随着电子计算机的发展，20 世纪 70 年代初出现了集检测控制自动化、数据采集自动化、数据处理自动化、检测结果自动打印等功能为一体的现代综合故障检测技术，使检测效率获得极大提高。进入 20 世纪 80 年代后，一些先进国家的现代诊断检测技术已达到广泛应用的阶段，为交通、环境、能源、运输成本和运输能力等方面带来了明显的社会效益和经济效益。我国的汽车故障诊断与检测技术起步较晚，在20世纪30年代，汽车故障诊断完全依靠工人和技术人员掌握的知识和经验来分析、判断汽车故障之所在。在20世纪六七十年代，我国开始引进和研制汽车故障诊断与检测设备。进入20世纪80年代以后，随着国民经济的发展，特别是随着汽车制造业、公路交通运输业的发展和进口车辆的增多，我国机动车的保有量迅速增加，汽车故障诊断与检测技术成为国家“六五”重点推广项目，并视其为推进汽车维修管理现代化的一项重要技术措施。20世纪90年代初，除交通、公安两部门外，机械、石油、冶金、外贸等系统和部分大专院校，也相继建成了相当数量的汽车检测站。到20世纪90年代末，我国汽车诊断与检测技术已初具规模，基本形成了遍布全国的汽车检测网。与此同时，交通部颁布了第13号令《汽车运输业车辆技术管理规定》、第28号令《汽车维修质量管理办法》和第29号令《汽车运输业车辆综合性能检测站管理办法》。对汽车故障诊断检测技术、检测制度和综合性能检测站等均做出了明确规定，其组织管理也步入正轨。随着公路交通运输企业、汽车制造企业和整个国民经济的发展，我国的汽车故障诊断检测技术在21世纪必将获得进一步发展。

（1）汽车故障　汽车故障是指汽车部分或完全丧失工作能力的现象，其实质是汽车零件本身或零件之间的配合状态发生了异常变化。汽车的工作能力是其动力性、经济性、工作可靠性及安全环保等性能的总称。汽车故障有如下分类：

1）按丧失工作能力的程度，分为局部故障和完全故障。局部故障是指汽车部分丧失了工作能力，降低了使用性能的故障。完全故障是指汽车完全丧失工作能力，不能行驶的故障。

2）按产生后果的严重程度，分为一般故障、严重故障和致命故障。一般故障是指在汽车运行中能及时排除的故障或不能排除的局部故障。严重故障是指在汽车运行中无法排除的完全故障。致命故障是指导致汽车产生严重损坏的故障。

（2）汽车故障诊断　汽车故障诊断是指在汽车不解体（或仅拆下个别零件）的情况下，确定汽车的技术状况，查明故障部位及故障原因的汽车应用技术。汽车的技术状况是指定量测量的表征某一时刻汽车外观和性能参数值的总和。汽车技术状况的诊断是通过检查、测量、分析、判断等一系列活动完成的，其基本方法主要分为两种：直观诊断法和现代仪器设备诊断法。

1）直观诊断法：直观诊断法又称为人工经验诊断法，是指诊断人员凭丰富的实践经验和一定的理论知识，在汽车不解体或局部解体的情况下，依靠直观的感觉印象，借助简单的工具，采用眼观、耳听、手摸和鼻闻等手段，进行检查、试验、分析，确定汽车的技术状况，查明故障原因和故障部位的诊断方法。

2）现代仪器设备诊断法：现代仪器设备诊断法是在人工经验诊断法的基础上发展起来的一种诊断方法。是指在汽车不解体的情况下，利用测试仪器、检测设备和检验工具，检测整车、总成或机构的参数、曲线和波形，为分析、判断汽车技术状况提供定量依据的诊断方法。

2. 汽车故障的成因、症状及变化规律

（1）汽车故障的成因

1）自然故障：自然故障是指汽车在正常的使用和维护条件下，由于不可抗拒的原因而形成的故障。例如：在汽车的使用过程中，零件会产生自然磨损；在长期交变载荷下，零件会产生疲劳；在外载荷及温度残余内应力作用下，零件会产生变形；此外，非金属零件及电器元件会产生老化等，这些原因均会引起故障。

2）人为故障：人为故障是指由于人为的不慎而造成的汽车故障。这类故障起因于在汽车设计、制造、维护过程中的人为因素，具体如下：

①汽车设计制造上的因素。在汽车设计中，尽管车辆设计者们考虑得很周全，也难免在设计中存在薄弱环节和不足之处。例如，发动机水套内的冷却液流向欠合理而影响散热，导致个别气缸磨损剧烈。因空气压缩机结构不合理而严重影响机油润滑；因总体布置不合理或其他原因而导致制动侧滑；有的进口汽车不符合我国国情而造成大客车的车身强度不足等。

②维修配件质量的因素。随着我国汽车保有量的急剧增长，维修配件的需求量也大大增加了。由于使用单位把关不严，致使伪劣产品鱼目混珠，引发了各种各样的故障。例如，同一发动机气缸盖各燃烧室容积不等，导致发动机动力不足或爆燃；凸轮轴正时齿轮的键槽位置超差，会破坏正常的配气相位，降低发动机的动力性；空气滤清器的滤清效果差，会引起气缸早期磨损；前轮左右钢板弹簧的刚度、挠度不一致、不标准，会影响前轮的定位参数，破坏汽车的操纵稳定性等。

③燃油、机油选用因素。根据车型选用燃油和机油，是保证汽车正确使用的必要条件。例如，要求使用93号汽油的车辆，若选用了90号汽油，发动机就会产生爆燃，冲坏气缸垫或烧毁活塞顶，并使动力性下降。若压缩比高、热负荷大的汽油发动机使用了与之不配套的机油，会使气缸活塞的配合副产生早期磨损。若柴油车在严寒地区使用高凝固点的柴油，会导致汽车起动困难等。

④管理方面的问题。由于使用单位和个人不了解或不严格执行车辆技术管理规定，导致车辆使用不合理，维护不定期，修理不及时，从而导致人为故障产生。在汽车使用中不重视日常维护，新车或大修车不磨合，不执行出车前、行驶中、收车后的“三检”工作，不定期进行“三清”工作等，均会使随机故障频发，不但影响了汽车的使用寿命，而且会危及行车安全。

（2）汽车故障的症状

1）工况突变：所谓工况突变，是指汽车的工作状况突然出现不正常现象，这是比较常见的故障症状。例如，发动机突然熄火后再发动困难，甚至不能发动；发动机在行驶中动力突然降低，使汽车行驶无力；汽车在行驶中突然制动失灵或跑偏等。这种故障虽然症状明显，容易察觉，但其成因复杂，而且往往是由渐变到突变，因此在诊断时，必须认真调查分析突变前有无可疑症状，去伪存真，判明故障的位置。

2）声响异常：有些故障，往往可以引起汽车发动机或底盘部分的不正常响声，这种故障症状明显，一般可以及时发现。应当指出的是，有些声响异常的故障可能酿成机件事故，故必须认真对待。经验表明，凡声响沉重并伴有明显振抖的现象，多数是恶性故障，应立即停车并查明原因。一般的声响常因成因不同而带有不同的特征，在判断时，应当仔细查听，正确分辨。

3）过热现象：通常过热现象表现在发动机、变速器、驱动桥和制动器等总成上。在正常情况下，无论汽车工作多长时间，这些总成均应保持一定的工作温度。除发动机外，若用手触试时，感到烫疼难忍，即表明该处过热。发动机过热说明冷却系统存在故障，如不及时排除，会引起爆燃、早燃、行驶无力，甚至造成活塞等部件的烧熔事故。通常驱动桥过热是由装配不良或缺少齿轮润滑油等故障所致，如不及时排除，将引起齿轮及轴承等零件的烧损。因此，对过热症状不可掉以轻心。

4）渗漏现象：渗漏是指汽车的燃油、机油、冷却液、制动液（或压缩空气）以及动力转向系统油液的渗漏现象。这也是一种明显可查的故障症状。渗漏易造成过热、烧损及转向、制动失灵等故障，一旦发现应及时排除。

5）排烟颜色不正常：发动机在工作过程中，正常的燃烧生成物的主要成分应当是二氧化碳和少量的水蒸气。如果发动机燃烧不正常，废气中会掺有未燃烧完全的炭粒、碳化氢、一氧化碳及氮氧化物等。对于汽油发动机而言，正常的废气应无明显的烟雾。但是，气缸里烧机油时，废气呈蓝色；燃烧不完全时，废气呈黑色；柴油中掺水时，废气呈白色。柴油发动机的排气颜色不正常时，通常是伴随发动机无力或不易发动现象。因此，烟色是诊断柴油机故障的重要依据之一。

6）失控或振抖：汽车或总成工作时，可能出现操纵困难或失灵，有时可能出现自身振抖。例如，由于前轮定位不正确而出现前轮振摆或跑偏。由于曲轴或传动轴动不平衡而相应使发动机或传动系统在运转中产生振抖等。

7）燃油、润滑油消耗异常。燃油、润滑油消耗异常，也是一种故障症状。燃油消耗增多，一般为发动机工作不良或底盘（传动系统、制动系统）调整不当所致。润滑油消耗过多，除了渗漏原因之外，多数是发动机存在故障，这时常常伴有加机油口处大量冒烟或脉动冒烟、排气烟色不正等现象。其原因主要是活塞与气缸壁的配合间隙过大或活塞与气缸壁有严重损伤。若发动机在工作中，润滑油的消耗量有增无减，可能是润滑系统中进入冷却液或汽油。因此，燃油、机油消耗异常是发动机存在故障的一个重要标志。

8）有特殊气味：汽车在运行中，如有制动拖滞或离合器打滑等故障，则会散发出摩擦片的焦臭味；发动机过热或润滑油、制动液（带有真空增压器的液压制动系统）燃烧时，会散发出一种特殊气味；电路短路、搭铁导致导线烧毁时，也会产生异味。行车中一经发觉车内有特殊气味，应立即停车并查明故障的位置。

9）汽车外观异常：将汽车停放在平坦场地上，检查其外形状况，如有横向或纵向歪斜等现象，即为外观异常，其原因多数是车架、车身、悬架、轮胎等出现异常。汽车外观异常会引起方向不稳，行驶跑偏，重心转移，车轮磨胎等故障。

（3）汽车故障的变化规律 汽车故障的变化规律是指汽车故障率随行驶里程的增加而变化的规律。汽车故障率是指使用达到某行驶里程的汽车，在单位行驶里程内发生故障的概率，也称失效率或故障程度。它是衡量汽车可靠性的一个重要参数，体现了汽车在使用中丧失工作能力的程度。

在正常的使用和维护条件下，汽车故障率 $\lambda(t)$ 与行驶里程 L 之间的关系呈“浴盆”形曲线，见图 1-1。由图 1-1

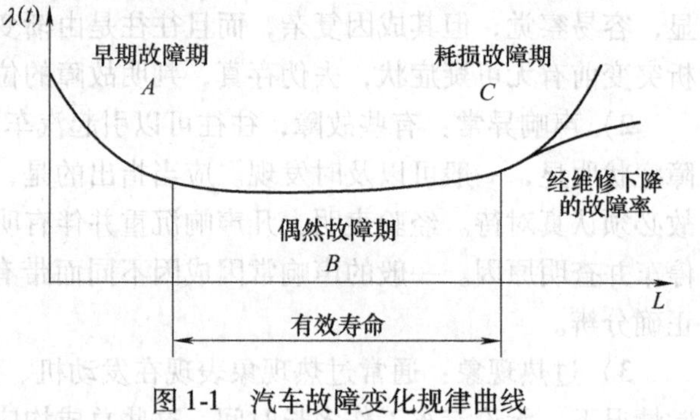

图 1-1 汽车故障变化规律曲线

可知，汽车故障变化规律呈现出三个明显的阶段：

1）早期故障期。早期故障期相当于汽车的磨合期。因初期磨损量较大，所以故障率较高，但随行驶里程增加而逐渐下降。

2）随机故障期或偶然故障期。在随机故障期，汽车故障的发生是随机性的，没有一种特定的故障在起主导作用，多数由于使用不当、操作疏忽、润滑不良、维护欠佳，以及材料内部隐患或工艺和结构缺陷等偶然因素所致。在此期间，汽车或总成处于最佳状态，其故障率低而稳定，其对应的行驶里程一般称为汽车的有效寿命。

3）耗损故障期。在耗损故障期，由于零件磨损量急剧增加，大部分零件老化耗损严重，特别是大多数受交变载荷作用而极易磨损的零件已经老化。因而故障率急剧上升，出现大量故障，若不及时维修，将导致汽车或总成报废。因此，必须把握好耗损点，制定合理的维修周期。

由以上论述可知，早期故障期和随机故障期所对应的行驶里程即为汽车的修理周期或称为修理间隔里程。

3. 故障诊断的基本方法

根据所采用的手段与方法的不同，现代汽车电子控制系统故障诊断的基本方法可分为：直观诊断法、自诊断法和仪器诊断法三种。

（1）直观诊断法　直观诊断法就是通过人的感觉器官对车辆故障现象进行问、看、听、摸、嗅、试等初步、直观的检查。通过“问”可以了解故障出现的时间、出现的过程（是自然产生还是人为造成）故障现象的特征等。通过“看”可以观察到元件损坏的表面现象，如断裂、脱落、松旷、泄漏、堵塞、脏污、烧蚀等。通过“听”可以听到各种正常和不正常的响声，如漏气、高压漏电、爆燃、放炮、回火、电磁阀动作等响声。通过“摸”可以感觉到抖动、温度、湿度等。通过“嗅”可以嗅出漏油、异常的尾气排放和高温烧糊味等。通过“试”可以直观地试验出某些元件或系统的性能好坏，如火花塞的跳火、汽油压力调节器的调压性能、点火的时刻、发动机的动力性能、自动变速器的各项检验效果和 ABS 的工作效果等。诊断时要做到认真、细心和完全。

通过以上诊断，可以再现故障的全过程，了解和掌握故障现象的详细特征。根据积累的经验，通过大脑的分析和判断，可以直接找到故障的具体部位。这种方法简单、实用，不需要任何仪器与设备，有很多的故障都是通过这种方法得以排除的。这种依靠人工经验来诊断的方法不需要专用的仪器设备，投资少，见效快；但诊断速度慢，准确性差，不能进行定量分析，需要诊断人员有较高的技术水平。人工经验诊断法多适用于中小型维修企业和运输企业，虽然有一定的缺点，但它在相当长的时期内仍有十分重要的实用价值，即使普遍使用现代仪器设备进行故障诊断，也不能完全脱离开人工经验诊断法。近年来刚刚起步研制的专家诊断系统，也是把人脑的分析、判断功能通过计算机语言变成计算机的分析、判断功能。所以，不能轻视人工经验诊断法，更不能忽视其实用性。

（2）自诊断法　汽车电子控制系统（ECU）是一个相当复杂的系统，ECU 在完成各项控制功能的同时，还带有自诊断功能，即控制系统中有一套监控程序。能够对系统中的传感器及其电路、执行器及其电路、ECU 的自身情况进行监控。如果被监控的电路信号超出正常的范围，ECU 将以故障码的形式记录并存储下来，同时采用应急容错控制技术，启动备用程序，调节备用参数来替代错误的信号，以维持车辆的基本工作状态。在进行故障诊断时就可以利用这一功能，这样，就可以利用 ECU 的自诊断功能进行读取和消除故障码，以及数据在线检测、执行器功能测试和基本设定等多种功能。

1）读取故障码与清除故障码。故障码的读取和清除可以直接用故障诊断仪完成。即按菜单引导进入读码，排除故障后清码，再试车，若故障码不再出现，说明故障已被排除。

2）读取数据流。利用故障码进行故障诊断，虽然在一定程度上比较方便、快捷，但存在两方面的局限性，一是故障码只能指明某一部分电路有故障，只是一个范围，不能具体到某个故障部位；二是 ECU 只能监测到信号的范围，不能监测到被测信号的变化特性，只对值域和时域超出有效范围的信号设置故障，而对没有超出有效范围，但不合理的数据则无法判断。所以，故障码只是一个重要参考，不能完全依赖于对故障码的检测，在排除故障时还必须作更进一步地检测。

许多车辆的自诊断系统除了具有故障码的设置功能外，还有行车记录功能，能记录车辆在行驶过程中的传感器、执行器及相关电路的数据和资料。将故障诊断仪通过故障诊断插座与车辆 ECU 相连，在故障诊断仪的显示屏上便可以显示出所测的数据。通过分析、比较这些数据，可以为进一步地诊断和排除疑难故障提供更多的信息和线索。同时，利用故障诊断仪还可以通过车辆 ECU 向执行器发出控制指令，使某些执行器产生动作，以测试其功能的好坏，如喷油器动作的测试、活性炭罐电磁阀动作的测试、换挡电磁阀动作的测试等。目前一般的故障诊断仪都具有这样的功能，即数据流功能。

3）基本设定。在大众系列的某些车型中，更换元件之后需要进行参数匹配，又称基本设定，例如更换节气门体。该车的节气门体上有节气门电位计、节气门定位器、节气门定位电位计和怠速开关，更换后需要将节气门体与 ECU 进行匹配。如果更换了 ECU，也需要在节气门体与新 ECU 之间进行匹配，否则会出现发动机怠速发抖、行驶无力等现象。这个工作必须由故障诊断仪来完成（V. A. G1551、V. A. G1552），一些通用型故障诊断仪都已具备这样的功能，具体设定方法可以参考故障诊断仪的使用说明书。

(3) 仪器诊断法　仪器诊断法是利用最基本的检测仪器，对控制电路中的输入信号和输出信号进行直接测量。测量参数可以是电阻、电压、电流、频率、信号波形等，采用的仪器可以是万用表、示波器、喷油器清洗检测仪、LED 试灯等。

1）万用表法。此方法应选用高阻抗的数字万用表或汽车专用万用表。这种万用表一般都具有测量电阻、电压、温度、频率、电容等功能，可直接用于测量元件或电路的电阻、电压和通断情况。对于交流信号和脉冲信号可以测量其频率，外接上温度传感器后还可以测量外界的温度。在确定故障具体部位时，万用表往往是最简单而实用的诊断仪器。

2）示波器法。能够用作示波器的设备有汽车示波器、故障诊断仪和发动机综合分析仪等。采用示波器可以"截取"ECU 与传感器或执行器之间的电子信号，并以波形的方式显示出来。波形记录了信号的幅值与时间之间的关系，从波形上可以得到信号的幅值（电压的大小）、频率、占空比、脉冲宽度、特性和信号的变化规律等。通过对波形的分析，理论上讲可以将导致汽车故障的所有原因一一检查出来，尤其在对付疑难杂症时特别有效，它是现代汽车故障诊断中一种重要的诊断仪器。

测量时，要将点火开关处于 OFF 状态下，拆下连接插头，用细铜线将信号插脚引出来，再插上连接插头，然后将引出线与示波器相连，要特别注意防止线路短路。

常用示波器来检测霍尔传感器、电磁感应式传感器、光电式传感器、氧传感器、爆燃传感器的信号波形和喷油器、各种电磁阀的驱动电压波形等。

3）LED 试灯法　利用试灯可以快速、方便地检查电路的供电、搭铁情况，可以直观地检查 ECU 对执行元件的控制功能。可以检查喷油器、电磁阀、继电器、点火放大器等元件的控制电路是否正常工作。

由于汽车电子控制系统相当复杂，所产生的故障现象也是形式多样，其中有些是连续性故障，有稳定的故障现象或故障码，而且只要条件满足，故障就出现，这类故障比较容易排除。有些是偶发性、间歇性故障，属疑难杂症，在诊断时往往很难再现故障症状。遇到这类故障时，根据驾驶员反映的情况可以采用条件模拟法来诱发故障产生。常用方法有振动模拟、加热模拟、水淋模拟、加速模拟、减速模拟法等。然后根据自身的条件，综合应用上述故障诊断方法，快速、准确地找出故障部位。

一般来讲，不同车型和不同电子控制系统的基本组成是相同的，都是由传感器、ECU 和执行器组成，大同小异。所以电子控制系统故障诊断的基本原则和基本方法，一般能够适用于各种车型和各个系统。但由于不同车型和不同控制系统各有其特殊性，在传感器的形式、信号的数值、执行器的形式、控制方式和控制机理等方面可能不尽相同。在对某一具体车型进行具体故障诊断时一定要区别对待，根据车型的要求，灵活运用上述介绍的仪器和方法，切不可千篇一律。

仪器设备诊断法是在传统的人工经验诊断法的基础上，随着社会和科学技术的进步，逐渐发展起来的。与人工经验诊断法相比较，其不同点在于：一是要借助于仪器；二是将检查结果定量化了。目前可供利用的仪器设备有：万用表、点火正时灯、气缸压力表、真空表、油压表、声级计、流量计、油耗仪、示波器、气缸漏气量检测仪、曲轴箱窜气量检测仪、气体分析仪、烟度计，以及功能比较齐全的测功机、四轮定位仪、制动试验台、侧滑试验台、发动机综合检测仪、底盘测功机等。这些仪器设备给人们提供了可靠的工具，使汽车故障诊断从定性诊断发展为定量诊断。现代仪器设备诊断法具有检测速度快，准确性高，能定量分析，可实现快速诊断等优点，而且采用计算机控制的现代电子仪器设备能自动分析、判断、存储并打印出汽车各项性能参数。但其缺点是投资大，需有专用厂房，需要培训操作人员，检测成本高等。这种诊断方法适用于汽车检测站和大中型维修企业。使用现代仪器设备诊断法是汽车诊断与检测技术发展的必然趋势。

（4）间歇性故障的诊断　间歇性故障是指受外界因素（如温度、受潮、振动等）影响而有时存在、有时又自动消失的故障。由于此类故障无明显的故障现象，诊断比较困难，一般需模拟车主陈述故障出现时的条件和环境，使故障再现，以便根据故障现象查明故障原因。

1）振动法：电控系统线路接触不良或元件安装不牢固等引发的故障，这类故障在汽车行驶中由于振动往往会使故障现象时隐时现。遇此类故障可使发动机维持怠速运转，在水平和垂直方向摇动线束或线束插接器，用手轻拍装有传感器的部件，观察发动机故障是否再现。如果故障出现，说明摇动的线路或轻拍部位的传感器有故障。

注意：不能用力拍打继电器，否则可能会造成继电器断路；对传感器进行振动试验时，可用万用表测量其输出信号有无异常变化，以确定该传感器是否有故障。

2）加热法：如果故障只在热机时出现，可用电吹风加热怀疑有故障的电控系统元件，如果加热某元件时故障再现，说明该元件有故障。

注意：不能对 ECU 中的元件直接加热，且加热温度应不超过 60℃。

3）水淋法：如果故障只在雨天、洗车后或高湿度环境下出现，可用水喷淋车辆使故障再现，以便根据故障现象分析判断故障原因。

注意：不能用水直接喷淋电控系统元件，而应将水喷淋在发动机散热器前面，间接改变发动机室内的湿度。

4）电器全部接通法：如果怀疑因用电负荷过大而引起故障时，可接通全部用电设备，检查故障是否再现。

5）道路试验法：有些故障只在特定的行驶状态下出现，则必须通过道路试验的方法使故障再现，以便查明故障原因。

一般间歇性故障不会长时间出现，所以在故障诊断时，用上述方法使故障再现后，应抓住时机，根据故障码提示和故障现象迅速对故障进行诊断。

（5）无故障码故障的诊断　无故障码故障是指在汽车使用中，有明显的故障现象，但“故障指示灯”不亮，按规定程序调取故障码时，显示正常码。此类故障的诊断步骤见表1-1。

表1-1　无故障码故障诊断步骤

步　骤	检查内容	正　常	不正常的处理方法
1	发动机不工作时检查蓄电池电压	不低于11V	充电或更换蓄电池
2	转动发动机检查曲轴能否转动	能转动	按“故障诊断表”诊断
3	检查起动机能否起动	能起动	直接转到步骤7进行检查
4	检查空气滤清器滤芯是否过脏或损坏	滤芯良好	清洁或更换滤芯
5	检查发动机怠速运转情况	怠速运转良好	按“故障诊断表”诊断
6	检查发动机点火正时	点火正时正确	调整
7	检查燃油系统压力	压力正常	检查排除燃油系统故障
8	检查火花塞和高压线跳火情况	火花正常	检查排除点火系统故障
9	上述检查是否查明故障原因	查明故障原因	按“故障诊断表”诊断

（6）故障诊断与检修时的注意事项

1）蓄电池电缆线没连接完好时，不能起动发动机。

2）点火开关处于ON位置时，绝不可拆除或连接电线插头，尤其是ECU插接器。

3）点火开关处于ON位置时，不能拆除或安装蓄电池电缆线。

4）检修L型燃油喷射系统的压力时，应拆下蓄电池至继电器的供电电路。

5）拆开任何油路部分，首先应降低燃油系统的压力。

6）不要轻易拆下ECU盒盖，拆装ECU连接线时，必须将点火开关置于OFF位置。

7）对电控单元进行检修时，要注意人体静电对计算机芯片的影响，对电控系统的各个连接端子，不可用手触摸；电控单元的所有接头须连接牢靠，否则会损坏集成电路。

8）电路断路或接触不良是电控系统常见的故障，决不可用搭火的方法来检查线路是否通断，因为搭火造成的电路瞬间短路可能会引起电路中线圈电感的自感电动势过高，从而击穿电子元件。

9）音响设备的天线应离ECU尽可能远些，其天线的连接线距ECU应不少于20cm。

10）当拔下机油尺、拆开机油盖及曲轴箱通风管时，可能会引起发动机运转不稳。

11）进气系统管路不能有裂纹、漏气，否则会引起发动机运转不稳。

12）对采用电子控制技术的车辆进行焊接时，要注意保护好各个控制系统的ECU，最好将其拆下来，等焊接完后再装上去。

13）清洗车辆时，不要让水洒到电路连接插头处，尤其是分电器上，否则易造成电路锈蚀、漏电和短路。

14）在对控制系统的元器件进行检测时，一般首先检查元器件的供电与搭铁电路是否正常，然后再检测元件的本身。

15）安装蓄电池时，千万不能将正负极接反，且蓄电池极柱夹一定要牢固固定，否则易烧毁蓄电池极柱或损坏电器元件。

16）故障诊断遵循由外到内、先易后难、由直观到复杂的原则。

17）虽然汽车的很多系统都采用了电子控制技术，但汽车的很多故障都是由于非电路故障引起的。在故障诊断时往往要先排除传统结构可能存在的问题，如真空管路漏气，汽油管路泄漏，火花塞积炭和高压漏电等，然后再检查电子控制系统可能出现的故障。

4. 故障诊断基本流程

汽车电子控制系统的组成和工作原理基本相同，控制系统的信息采集由传感器完成，信息处理由电控单元ECU完成，并发出指令驱动执行器动作，实现自动控制，并由闭环系统来反馈动作完成情况。系统若有不正常情况发生，会以故障码的形式储存在ECU中，同时点亮故障指示灯，警告某电子控制系统发生故障，给维修人员指明思路。因此，在对汽车电子控制系统进行故障诊断时，在基本检查的前提下，应遵循故障码优先的原则。为了说明这个问题，我们以电控燃油喷射系统为例，来说明故障诊断的基本流程。

（1）填写用户调查表　为了迅速地查找出故障发生点，首先要询问用户，了解故障出现时的情况、自然条件，了解故障的发生过程以及检修历史等，然后详细填写维修车辆登记表。此表与诊断测试结果一起作为查找故障点的依据，同时也可作为检修后验收、结账的参考依据。

（2）外观初步检查　电控燃油喷射系统的故障大多数是小故障，如线路短路或断路或人为地装错，以及一些传感器、执行器的规定值的失调。所有进气胶管均不能有破裂，检查各种卡箍紧固是否适度。检查各种真空管是否有破裂、扭结、插错。插错真空管会造成发动机怠速不稳，甚至使发动机无规律地出现工作不良。喷油器应安装正确，密封圈完好。上部密封不良会导致漏油，会造成严重事故；下部密封不良会导致漏气，使发动机真空度下降，运行不良，还会使进气压力传感器信号增加，喷油量增加，从而致使混合气变浓等。

（3）故障再现　在填写维修车辆登记表后，按照车主所叙述的故障现象，在车速、负荷、道路条件达到产生故障的条件下驾驶汽车，尽力使故障现象再度出现。从故障表现的形式上，结合外观仔细检查，对该车故障有一个初步的诊断。

（4）起动发动机故障自诊断系统，读取故障码并结合该车故障诊断有关资料查找故障根源。故障诊断基本流程与步骤见图1-2。

1）读取故障码。查阅该车故障码表，掌握故障码的确切含义，确定故障的产生部位。

2）如无故障码输出（显示正常码）或没有故障码含义注释表，那么可根据故障现象，结合该车型的故障诊断、检修表，按所示故障部位顺序进行检查。

（5）用发动机故障检测仪对发动机进行故障诊断，查找故障源。对已确诊的故障点进行调整测试、维修；排除故障后，清除故障码，并试车验证故障是否排除。

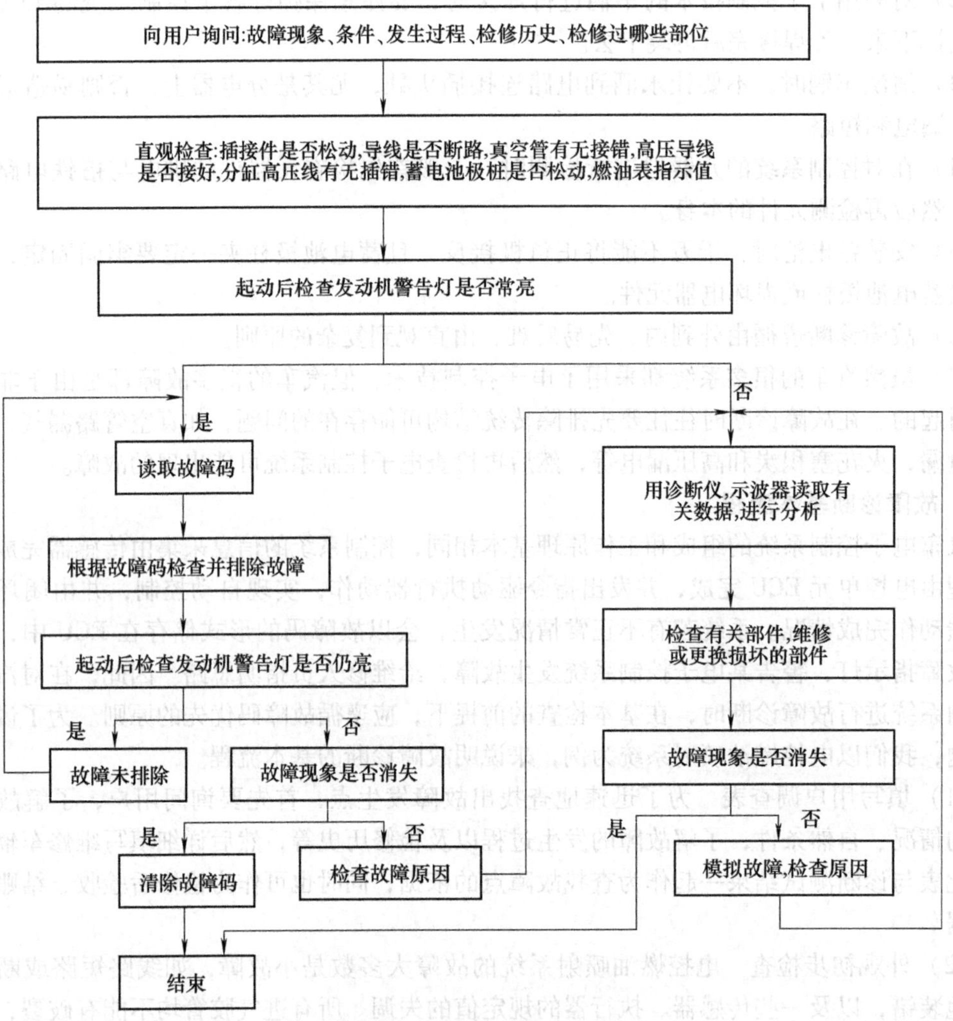

图 1-2 故障诊断的基本流程图

设备、工具和材料准备

1）汽车整车一台，装备齐全，技术状态良好。

2）一般检测与故障诊断仪器、工具齐备。

3）有举升机的检修工位一个。

操作步骤

1）参观汽车修理厂或4S店，学习厂（店）的规章制度。

2）请汽车维修技师讲解汽车故障诊断与排除的实例。

3）利用多媒体观看汽车故障诊断与排除的影视资料。

4）汽车故障诊断与排除的案例解析、点评。

5）总结、考核。

考核标准

序号	主要内容	考核要求	评分标准	配分	扣分	得分
1	熟悉维修厂(店)的规章制度		(1) 熟悉规章制度　10分 (2) 熟悉维护工艺流程　10分 (3) 熟悉检修工艺流程　10分	30		
2	熟悉故障诊断的基本概念、方法、步骤流程注意事项	现场解答	(1) 熟悉故障诊断的基本概念　10分 (2) 熟悉故障诊断的基本方法　10分 (3) 熟悉故障诊断的基本流程　10分 (4) 熟悉故障诊断的基本步骤　10分 (5) 熟悉故障诊断的注意事项　10分	50		
3	安全操作	保证人身和设备安全	违反安全文明生产规程　扣10~20分	20		
备注			合计			
			教师签字	年　月　日		

想一想，做一做

1）什么是汽车故障？什么是汽车故障诊断？

2）什么原因会造成汽车的人为故障？

3）举例说明汽车各总成有故障时会产生哪些症状。

4）汽车故障有什么变化规律？

5）汽车故障进行诊断时可采用哪几种方法？

6）汽车故障进行诊断时一般流程是什么？

7）汽车故障进行诊断时可采用哪些步骤？

项目1.2　汽车故障诊断的常用工具和仪器

项目目的

1）熟悉汽车故障诊断与检修的常用工具和量具。

2）熟悉汽车故障诊断与检修的常用仪表和仪器。

项目内容

1）汽车故障诊断与检修的常用工具和量具。

2）汽车故障诊断与检修的常用仪表和仪器。

相关知识

在检修汽车故障时，常需要借助一些工具和检测仪器。使用前必须了解其性能及使用注意事项，掌握正确的使用方法，保证工具、仪器、设备不被损坏。检修中常用到以下几种工具和测试仪器。

1. 跨接线

如图1-3所示，它是一段多股导线，两端分别接有鳄鱼夹或不同形式的插头，一般备有多种形式的跨接线，以备特定位置的测量。

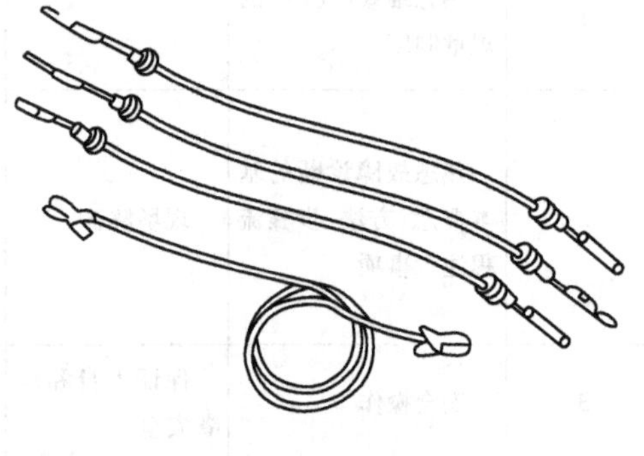

图1-3　跨接线

跨接线起到了旁通电路的作用，主要用于线路故障（断路、短路和窜电）的检查。例如当控制开关接通而电器不工作时，可将跨接线跨接在被测部件的搭铁端子与车身搭铁之间，若电器恢复工作，则说明其搭铁电路开路。若将跨接线跨接在蓄电池“+”极与被测部件的电源端子上，而部件工作正常，则说明电源电路有故障。若电源电路和搭铁电路都跨接而电器仍不工作，说明电器本身有故障。此外，在发动机管理系统的自诊断中常用跨接线完成“激活”故障码的过程（跨接在专用检测接口内规定的插座或插头上）。

注意事项：

1）用跨接线将电源电压加到被实验部件之前，必须确认被实验部件的电源电压规定值，否则，可能造成设备损坏。

2）跨接线不可将被测部件“+”端子与发动机搭铁直接跨接，避免造成电源短路。

2. 测试灯

测试灯也称测电笔，它是在跨接线的基础上增加了用于显示电路导通状态的灯，根据灯的明暗程度还可以判断被测线路的电压大小。测试灯分为有源测试灯（可用绝缘电阻表代替）和无源测试灯（可用电压表代替）两种类型，见图1-4所示。

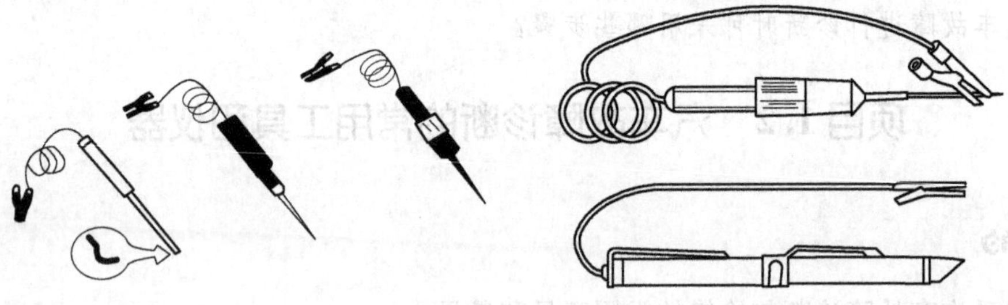

a)　b)

图1-4　测试灯

a）无源测试灯　b）有源测试灯

（1）无源试灯　无源试灯也称12V测试灯，当电器有故障时先将测试灯的搭铁线搭铁，再用探针短接于电子器件的电源端子处。如灯不亮，说明被测线路有断路，应沿电流的流向逐次短接在第二测试点、第三测试点、…直到灯亮为止。此时可断定故障点在最后两个测试点之间的线路或电子器件上。

（2）有源试灯　有源测试灯的结构和原理与前者基本相同，由于自身带有电源，检测方法略有不同。另外采用断路法可对线路的断路故障进行快速检查。如将其跨接在所测线路的两端，灯不亮，初步断定在被测线路中有故障，再依次逐步缩小测试范围，直至灯亮。表明断路点在最后两个被测点之间的线路中。

3. 万用表

在发动机电控系统检测及故障诊断中，除经常要检测电压、电流、电阻等参数外，还需要检测转速、闭合角、百分比、频率、压力、时间、电容、电感、温度等参数。这些参数对于发动机电控系统的故障检测与诊断具有重要意义。但是这些参数用一般数字式万用表无法检测，需用汽车万用表。

（1）汽车专用数字式万用表　汽车专用的数字式万用表如图1-5所示，主要技术参数见表1-2。

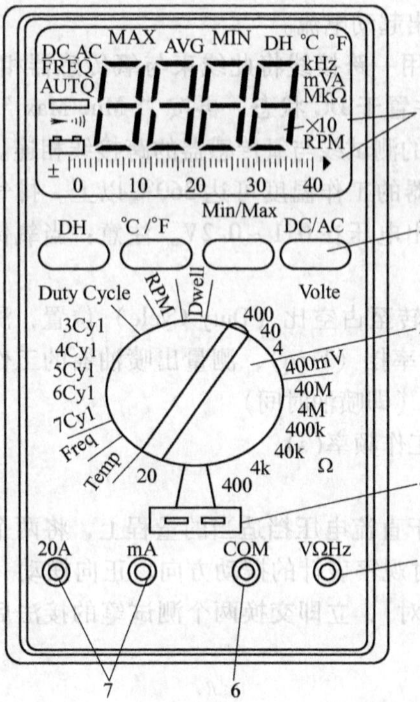

图1-5　汽车专用数字式万用表
1—4位数字及模拟量（棒形图）显示器　2—功能按钮　3—功能选择开关　4—测量温度插座　5—测量电压、电阻、频率、闭合角、频宽比（占空比）及转速公用插座　6—公共接地插座　7—测量电流插座

表1-2　汽车专用数字式万用表主要技术参数

主要功能	技术参数
直流电压	400mV～400V(±0.5%),1000V(±1%)
直流电流	400mA(±1%),20A(±2%)
交流电压	400mV～400V(±1.2%),750V(±1.5%)
交流电流	400mA(±1.5%),20A(±2.5%)
电阻	400Ω(±1%),4kΩ～4MΩ(±1%),40MΩ(±2%)
频率	4kHz～4MHz(±0.05%),最小输入频率10Hz
音频	电路通、断音频信号测试
二极管的检测	—
温度的检测	-18～300°C(±3%),301～110°C(±3%)
转速	150～3999r/min(±0.3%),4000～10000r/min(±0.6%)
闭合角	(±0.5°C)
频宽比	(±0.2%)

注：括号内为测量误差。

汽车专用数字式万用表的特殊功能及使用方法：

1）信号频率检测：将功能选择开关转至频率挡（Freq），公用搭铁插座（COM）的测试线搭铁，V、Ω、Hz插座的测试线接上被测的信号线，此时在显示器上即可读取被测信号的频率。

2）温度检测：将功能选择开关置于温度挡（Temp），把温度探针插入温度检测插座，按动测量温度选择钮℃/°F，再把温度探针接触被测物体的表面，显示器即显示出所测的温度。

3）闭合角检测：将功能选择开关转至相应发动机气缸的闭合角测量位置（Dwell），公用搭铁插座（COM）的测试线搭铁，V、Ω、Hz 插座的测试线接上点火线圈负极“-”接柱，在发动机运转时显示器即能显示出点火线圈初级电流增长的时间（即导通角）。

4）占空比检测：将功能选择开关转至占空比测量位置（Duty Cycle），公用搭铁插座（COM）的测试线搭铁，V、Ω、Hz 插座的测试线接上被测的信号线，显示器即显示出被测电路一个工作循环（周期）中脉冲信号所保持时间的相对百分数（即占空比）。

5）转速的测量：将功能选择开关置于转速挡（RPM），将测量转速的专用插头插入公用搭铁插座（COM）和 V、Ω、Hz 插座，再将感应式转速传感器的夹子夹到某一缸的高压分线上，在发动机工作时显示器即显示出发动机的转速。

6）起动机起动电流的检测：将功能选择开关置于 400mV 挡（1mv 相当于 1A），把霍尔效应式电流传感器的夹子夹在蓄电池的电源线上，按动“最小最大”按钮（Min/Max），拆除点火线并转动发动机曲轴 2 ~ 3s，显示器即能显示出起动电流。

7）氧传感器的检测：首先拆下氧传感器线束，用一跨接线将此线束与氧传感器相接。然后将功能选择开关置于 4V 挡，按动 DC/AC 按钮并置于 DC 状态，再按“Min/Max”按钮，使公用搭铁插座的测试线搭铁。V、Ω、Hz 插座的测试线与氧传感器的跨接线相连。让发动机运转至快怠速（约 2000r/min），此时氧传感器的工作温度可达 360℃以上。排气浓时，氧传感器的输出电压约为 0.8V；排气稀时，输出电压在 0.1 ~ 0.2V。注意：当氧传感器的工作温度低于 360℃时，无电压信号输出。

8）喷油器喷油脉宽的测量：先将功能选择开关转至占空比（Duty Cycle）位置，测量出喷油器喷油的占空比后，再将功能选择开关置于频率挡（Freq），测量出喷油器的工作频率。按照下列公式即可计算出喷油器喷油的脉冲宽度（即喷油时间）

$$喷油脉宽 = 占空比(\%)/工作频率(s)$$

4. 基本电量的测量

（1）电压的测量　如图 1-6a 所示，将万用表置于直流电压挡适当的量程上，将两个测试笔以并联方式与被测元器件（或电路）相接，同时观察表针的摆动方向。正向摆动（接法正确），即可读出测量数值；若反向摆动（接法不对），立即交换两个测试笔的接法后再读数。

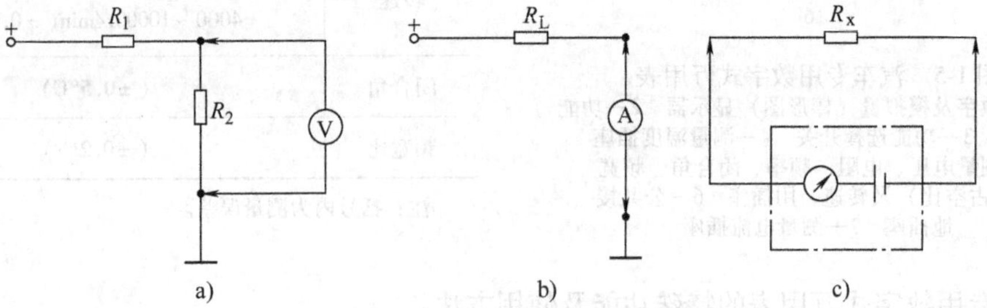

图 1-6　基本电量的测量
a）电压的测量　b）电流的测量　c）电阻的测量

（2）电流的测量　如图 1-6b 所示，将万用表置于直流电流挡合适的量程，并将测试笔以串联的方式与被测电路相接。选择量程时应从大到小试选，否则，会损坏万用表。

(3) 电阻的测量　如图1-6c所示，将万用表置于电阻（Ω）挡，此时表头与表内的干电池串联，如图中的虚线框所示。注意：由于测量时表内干电池的电压有所变化，所以每一次都需将两个测试笔短接进行校零。

(4) 主要元器件的检测

1）大容量电解电容器极性的判别。将万用表置于电阻（R×1k）挡，先将两个测试笔（红笔与黑笔）与电容器的两根引线任意相接，万用表的指针突然向右摆动，表明表内干电池开始对电容器充电。随着充电的进行，表针会自动向左回摆。此时，再将电容器两引线短接一下，进行放电。然后交换两个测试笔做同样的检测。两次检测中电阻值较大（即漏电小）的那一次，黑测试笔所接的那根引线为电容器的正（+）极。

2）小容量电容器漏电（或质量）的检测。小容量电容器体积较小，引线也较细，测量时两只手不应同时捏住电容器的两根引线。小容量电容器在进行正反向检测时，万用表指针（表针）基本不动或微微动一下即为正常，否则为漏电过大，不能使用。

3）检验二极管的好坏。检验二极管的好坏主要是检查它的单向导电特性。如果有此特性，二极管就是好的；若没有单向导电特性，二极管就是坏的。只要用万用表测量一下二极管的极间电阻即可知晓。需要注意的是，用万用表的电阻挡测量电阻时，对外电路来说，指针式万用表的“-”端（黑测试笔）输出的是表内干电池的正电极，而“+”端（红测试笔）输出的是表内干电池的负电极。检查二极管好坏的步骤如下：

①选用万用表R×100或R×1k挡。

②用万用表黑测试笔接二极管正极，红测试笔接二极管负极，测出二极管的正向电阻。若被测二极管是一只良好的硅管，则表针指示约在表盘中间或中间偏右一点；若是一只良好的锗管，则表针指示约在表盘右端靠近满度而又不到满刻度的地方。这表明被测二极管的正向特性良好。

③把两个测试笔对换，红测试笔接二极管正极，黑测试笔接二极管负极，测出二极管的反向电阻。若是一只硅管，表针应基本不动，指示值为∞；若是一只锗管，表针也应摆动很小，一般不超过满度的1/4。这表明被测管的反向特性良好。

④若被测二极管的正向和反向特性都好，则表明这只二极管是好的。反之，若测出的正向电阻很大，甚至为∞，表明这只二极管的特性不好或内部已经断路；若测出的反向电阻很小，甚至为0，也表明这只二极管特性不好或内部已经短路。这两种情况都说明二极管已经损坏。

4）判别二极管电极的方法，一般二极管管壳上都印有电极符号或标志，当符号或标志看不清时，应判别它的管脚是什么电极。其步骤如下：

①选用万用表R×100或R×1k挡。

②红测试笔和黑测试笔分别接被测二极管的两个电极。

③观察表针的摆动幅度，若摆动幅度较大，则说明测量的是二极管的正向电阻，那么此时黑测试笔所接的电极为二极管的“+”极，红测试笔所接的电极为二极管的“-”极。若表针摆动较小或基本不动，则说明测量的是二极管的反向电阻，此时黑测试笔所接电极为二极管的“-”极，红测试笔所接电极为二极管“+”极。

此外，也可以对在电路中的二极管进行在线测试（此时要注意电路不能加电压，否则可能会烧坏万用表）。方法是用万用表电阻挡测量二极管两端的电阻值，然后调换测试笔极性再进行测量。会得到不同的读数，且其差值较大（几百欧至几千欧）。例如：有一只二极管，它在某电路中正方向读数是80Ω，反方向的读数则是300kΩ。这种读数上的差异被称为“二极管效应”，它在检测电路中晶体管的极性时也是很有用的。

5）检测判断晶体管的基极。将万用表（指针式）的功能开关拨到R×100挡或R×1kΩ挡（数字式万用表拨到R×20k挡或R×200k挡）。先假定一个电极为基极“b”，并将一只测试笔接此电极，另一只测试笔分别接其余两个电极进行检测，如图1-7a所示。如测量阻值都很大（或都很小），则对调测试笔位置再次进行检测，如图1-7b所示。如此时测量阻值都很小（或都很大），说明假定正确，该电极就是基极“b”。

在对调测试笔前、后检测中，只要测量阻值出现一大一小（具体阻值与晶体管型号、万用表型号及其电源电压等因素有关），就说明假定错误，该电极不是基极，需另设一个电极为基极，直到假定正确为止。

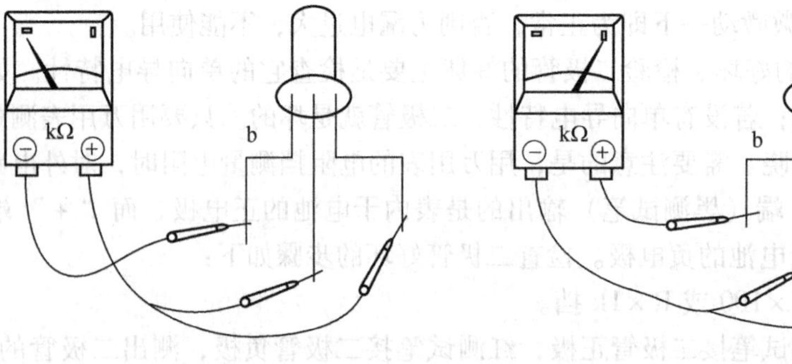

图1-7 检测判定晶体管的基极

6）检测判断晶体管的类型。晶体管的基极确定后，即可检测判定晶体管的类型。用指针式万用表检测时，将挡位开关旋至R×10挡，用万用表的黑测试笔晶体管基极“b”，红测试笔分别接另外两个电极进行测试，如测得阻值都很小，说明晶体管为NPN型晶体管，如图1-8a所示；如测得阻值都很大，说明晶体管为PNP型晶体管。

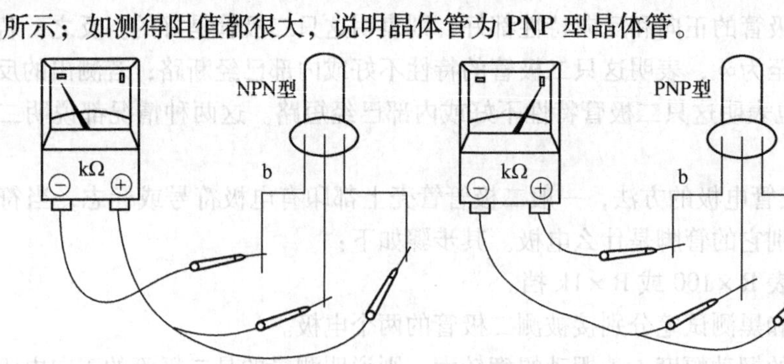

图1-8 检测判定晶体管的类型

a）NPN型 b）PNP型

当用万用表的红测试笔接晶体管基极“b”，黑测试笔分别接另外两个电极进行测试时，如测量阻值都很小，说明该晶体管为 PNP 型管子，如图 1-8b 所示；如测量阻值都很大，说明晶体管为 NPN 型管子。

必须注意：数字式万用表的红测试笔是与万用表内电源的正极相连，黑测试笔是与万用表内电源的负极相连；而指针式万用表的红测试笔是与万用表内电源的负极相连，黑测试笔是与万用表内电源正极相连。因此，当用数字式万用表检测晶体管的类型时，判定结果与指针式正好相反。

当用数字式万用表检测时，功能开关拨到 R × 200kΩ 以上挡位，否则不能正确读出阻值，万用表的正极（红测试笔）接晶体管基极，负极（黑测试笔）分别接另外两个电极测试时，如测量阻值都很小，说明晶体管为 NPN 型管子；如测量阻值都很大，说明该晶体管为 PNP 型晶体管。反之，当用数字式万用表的负极（黑测试笔）接晶体管基极，正极（红测试笔）分别接另外两个电极测试时，如测量阻值都很小，说明晶体管为 PNP 型晶体管；如测量阻值都很大，说明该晶体管为 NPN 型晶体管。

7）检测判断晶体管的集电极与发射极。集电极和发射极可在判定晶体管的基极和类型之后，利用晶体管正向电流放大系数比反向电流放大系数大的原理检测判定。

用指针式万用表检测 NPN 型晶体管时，先将两只测试笔分别接基极以外的两个电极，一手握住管壳，并用嘴含住基极“b”（即利用人体电阻实现偏置），如图 1-9a 所示，记下此时测量的阻值；然后对调试笔检测位置，重复上述方法再次测试。比较两次测量阻值的大小，其中测量阻值较小的一次测试时，万用表负极（黑测试笔）所接电极即为集电极“C”、正极（红测试笔）所接电极为发射极“e”。

检测 PNP 型晶体管时，测试方法与上相同，判定结论是：两次测试中阻值较小的一次，万用表正极（红测试笔）所接电极为集电极“c”，负极（黑测试笔）所接电极为发射极“e”，见图 1-9b 所示。

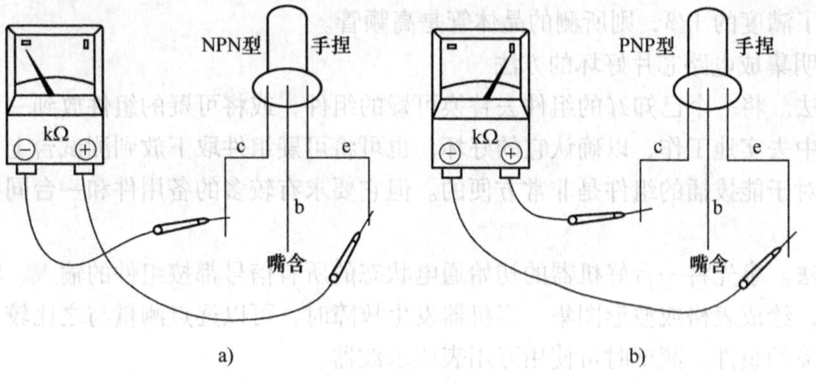

图 1-9 检测判定晶体管的集电极与发射极
a）NPN 型 b）PNP 型

如用数字式万用表检测，功能开关应拨到 R × 200kΩ 以上挡位，否则不能正确读出阻值。其测试方法与指针式万用表相同，但判定结论有所不同。测试 NPN 型晶体管的判定方法是：两次测试中阻值较小的一次，万用表正极（红测试笔）所接电极为集电极“c”、负极（黑测试笔）所接电极为发射极“e”。测试 PNP 型晶体管的判定方法是：两次测试中阻值较小的一次，万用表负极（黑测试笔）所接电极为集电极“c”、正极（红测试笔）所接电极为发射极 e。由此可见，数字式万用表的判定结论与指针式正好相反。

在测试晶体管的集电极和发射极时，既可用手握管壳与嘴含基极实现偏置，也可先假定一个电极为集电极 c，另一个电极为发射极 e，然后用一手同时捏住假定的电极 c 与基极 b（但 b、c 不能相碰）或在电极 b、c 之间连接一只阻值约为 100kΩ 的电阻实现偏置。实验证明，后两种方法不如前一种方法简便可靠。

8）判别晶体管是硅管还是锗管。硅管和锗管的很多特性是不同的，使用时需要分开。在看不清晶体管型号时，有必要检验是硅管还是锗管。

利用硅管和锗管的正向电阻是不一样这一特点，可以很方便地判别晶体管是硅管还是锗管。具体方法如下：

①选用万用表的 R×100Ω 挡或 R×1kΩ 挡。

②对于二极管，红测试笔接“-”极，黑测试笔接“+”极；对于 PNP 型晶体管，红测试笔接基极，黑测试笔接集电极或发射极均可；对于 NPN 型晶体管，黑测试笔接基极，红测试笔接集电极或发射极均可。

③如果表针指示的位置是在表盘中间或中间偏右一点的地方，所测量的晶体管是硅管；如果表针指示的位置是在表盘右端靠近满刻度的地方，所测的晶体管是锗管。

9）判别晶体管是高频管还是低频管。高频管和低频管的特性不同，其用途也不同，一般来说，不能相互代用。因此，若晶体管的型号看不清，应判别它是高频管还是低频管。判别的方法是：用万用表测量晶体管发射结的反向电阻，若是 PNP 型管，黑测试笔接基极，红测试笔接发射极；若是 NPN 型管，红测试笔接基极，黑测试笔接发射极。

先用万用表的 R×1kΩ 挡测量，此时万用表的表针应当转动得很小，一般不超过满刻度的 1/10。再用万用表的 R×10kΩ 挡测，如果表针指示的位置没有多大变化，如不超过满刻度的 1/3，这时所测的晶体管是低频管；如果改用 R×10kΩ 挡后，表针指示的位置明显变大，如超过了满度的 1/3，则所测的晶体管是高频管。

10）判明集成电路芯片好坏的方法

①替换法。将一个已知好的组件去替换可疑的组件，或将可疑的组件放到一块好的电路板上或机器中去实地工作，以确认它的好坏，也可将可疑组件取下放到测试台上去测试。这种替换法，对于能拔插的组件是非常方便的。但它要求有较多的备用件和一台同样的好机器才可以。

②比较法。事先将一台好机器的初始通电状态的所有信号都按组件的输入、输出状态全部测试出来，绘成表格或波形图集。当机器发生故障时，可以逐点测量与之比较、分析，从而找出有故障的组件。测试时可使用万用表或示波器。

③测试组件内阻法。一般组件的输入脚或输出脚对搭铁或对电源端都有一定的电阻，用普通万用表可以测量其正反向电阻（具体阻值随组件不同而不同）。一般正向电阻在几十欧姆至 100Ω 之间，而反向电阻在几百欧姆至 1000Ω 之间。一般说来，正向电阻值不会等于或近似于零，而反向电阻值也不会等于无穷大（有时一些线性组件或厚膜电路例外）。有时在无法判明阻值的对错时，可对同一电路板内同一型号的其他组件进行对比测量，这在实际中是经常采用的方法。这种方法十分方便和有效。

④测试电流法。有时由于出现短路故障，引起电流增大，导致印制电路板烧坏。这时需要测试电流来判明短路点。通常采用印制电路板上的电源线分区割断的方法，将短路的组件

逐步孤立出来。有时测量电流不方便时，可用测量电压和电阻值的方法计算出电流值。

⑤用示波器进行跟踪测试。可依照电路图用示波器进行跟踪测试，用示波器能检测出故障电平与悬空电平，即0.5～3V的电平；能检测出故障波形，如波形延迟过大，相位不对，波形畸变，波形幅度不对，是低电平过高，还是高电平过低等；也能检测出组件外围电路的开路、短路，接触不良等现象。

在用示波器跟踪测试数字组件的输入与输出之间的逻辑关系时，通常要将输入由高电平变为低电平或将低电平变为高电平。前者比较方便，可以用500Ω的电阻一端搭铁，另一端接高电平的输入端，同时用示波器监视输出端的变化，看是否符合逻辑关系。后者在电路中不太容易实现。一般需要使用脉冲信号发生器，使电路中的低电平电位变成高电平电位。如果没有脉冲信号发生器，可使用图1-10所示的简单电路，它可以提供为改变任何逻辑单元状态所需的单脉冲。若这种电路用于TTL或CMOS集成电路，可将负端接机壳搭铁线。当将开关S从B掷向A时，就产生一个足以改变任何TTL、CMOS门电路或触发器状态的脉冲。当用于ECL或其他负电源逻辑电路时，必须改变9V电源的极性。这种简单电路和示波器配合使用，可以很容易地测试出损坏的组件。

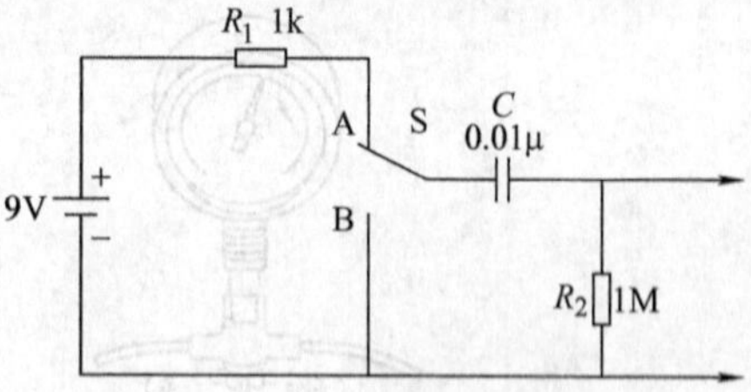

图1-10　单脉冲测试信号源

⑥定时法。这种方法是在电路中的输入端加一连续的脉冲信号，再用示波器依次监测各级的信号，如果有脉冲消失或异常现象（如脉冲幅度很小或脉冲出现的时间不对），就说明脉冲源与示波器之间的元件有故障或性能不合格。

⑦简单的逻辑比较器法。这种方法一般适用于检测中规模（MSI）集成电路。主要是使用一种测试夹头（如日本产的MJ-026型测试夹头），它有16～24最多至40个脚，可以夹在被测组件上，使每个脚上端都与引出线相连。再在上端引出线只焊接一个插座，将被测组件的电源、搭铁线、所有输入信号线都与插座并联，只把被测组件的输出端空起来。然后，在插座上插一个与被测组件型号完全相同的已知好的组件。测试时，用双踪示波器比较这两个组件的输出波形，看是否完全相同，如果不相同，则表明被测组件坏了；如果相同，则表明被测组件是好的。用同样的办法，可以测出所有被怀疑的组件。

5. 真空测量仪

在发动机电子控制系统中，很多执行机构是利用进气歧管的真空度作为动力源，用真空式膜片执行器来实现控制动作的。因此在诊断时，需要利用真空测量仪给执行器施加标准的真空信号，来检查它们是否工作良好，从而判断故障的所在。图1-11所示的是一种使用较多的手持真空测量仪。

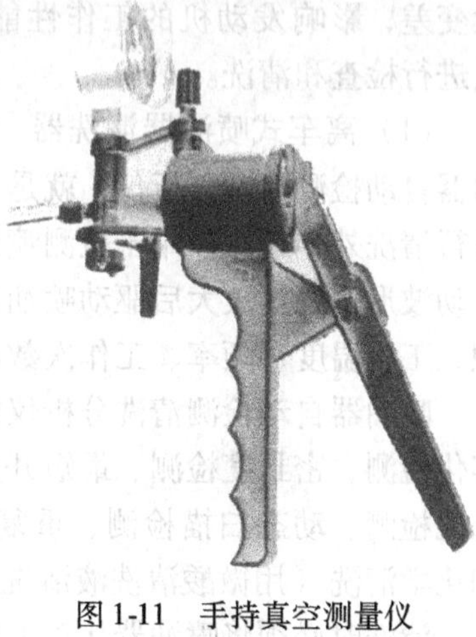
图1-11　手持真空测量仪

使用手持真空测量仪时的注意事项：

1）检测前，首先要确定连接处无真空泄露，否则测量结果不准确。

2）连接真空测量仪和部件时，要选用直径合适的软管。当软管的内径大于被测部件、管子或接口的外径时真空读数不准确，或根本没有读数；当软管的内径小于被测部件、管子或接口的外径时，强行安装会造成管口损坏，以致下次无法使用。

3）按规定要求的范围建立真空，不能过大，否则会造成被测部件或系统的损坏。

4）做完检查后，在拆卸连接软管前，要先泄掉测量仪内的真空，然后再卸软管，否则，灰尘、湿气等会被吸入到发动机部件或相关的系统内，造成不良后果。

6. 燃油压力测量仪

在发动机燃油喷射系统中，燃油压力是决定喷油量的关键因素，也是重要的相关参数之一。燃油压力表（图1-12）就是用来测量燃油压力的专用工具，是燃油喷射系统检查中使用的重要工具。

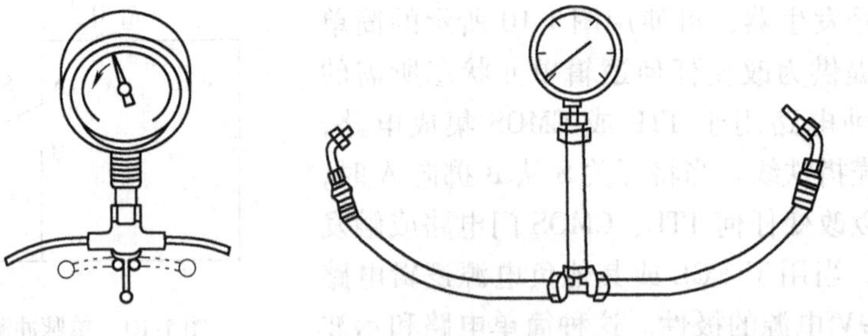

图1-12　燃油压力表

在发动机电子控制系统中，广泛采用多点喷射方式，通常在燃油总管上有一个专用燃油压力检查口（图1-13），检查口上用螺塞旋紧，内设单向阀，以防止尘土进入燃油总管中及高压燃油从检查口溢出。检查燃油压力时，把螺盖卸下，并用相应的接头和软管将测量仪与检查口连接好，再将接头处拧紧。起动发动机，读取燃油压力测量仪上的数据即可。一般专用的燃油压力测量仪的测量范围在6.9～690kPa之间。

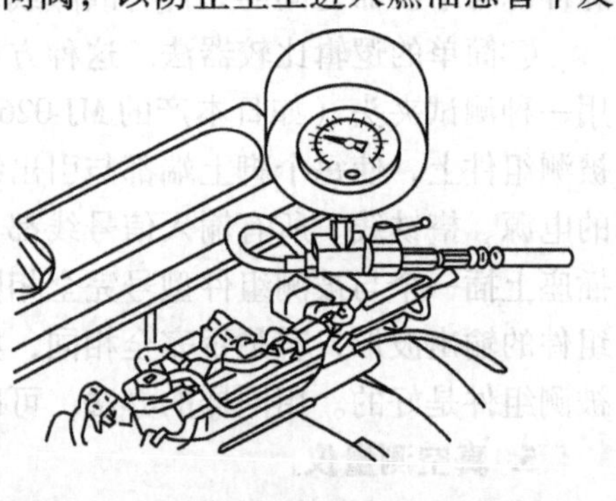

图1-13　多点喷射系统燃油压力测量接口

7. 喷油器自动检测清洗分析仪

喷油器堵塞后，将会造成混合气变稀，喷射形状变差，影响发动机的工作性能，因此必须定期对其进行检查和清洗。

（1）离车式喷油器清洗器　如图1-14所示的喷油器自动检测清洗分析仪，就是一种离车式喷油器清洗器。它除了用超声波的方法对喷油器进行清洗外，还可以用于检测喷油器工况和喷射质量。它模拟发动机控制模块ECM输出的驱动波形，经过放大后驱动喷油器，在同等工作条件下（系统压力、介质密度、管道截面积、工作温度、频率、工作次数和驱动幅度）对喷油器进行数据检测和对比检测。

喷油器自动检测清洗分析仪能够进行检测的项目有：喷油量检测、喷射角度检测、喷油雾化检测、密封度检测、最短开关周期检测、怠速工况检测、最大功率工况检测、最高转速工况检测、动态扫描检测、重复性检测、物理清洗（检测清洗、反冲清洗和超声波清洗）和化学清洗（用微酸清洗液清洗）。

清洗时必须将喷油器从车上拆下。它能在10min内同时清洗8个喷油器，并完成检漏及流量测定等项目。

（2）就车式喷油器清洗器　图1-15所示为一种就车喷油器清洗器，其最大的优点是无须拆下喷油器，即可随车进行清洗。清洗器内装有除炭剂和一只电动燃油泵（220V交流电）。清洗时将喷油器的连接总管与燃油泵总管上的油压检测接口连接，油压调节器的回油管与清洗器相连，同时断开燃油泵驱动电路，然后接通清洗器电动燃油泵的电路并起动发动机，使发动机使用除炭剂在2000r/min的转速下运转10min后，停止发动机运转，断开清洗器电动燃油泵电路，清洗工作即告完成。

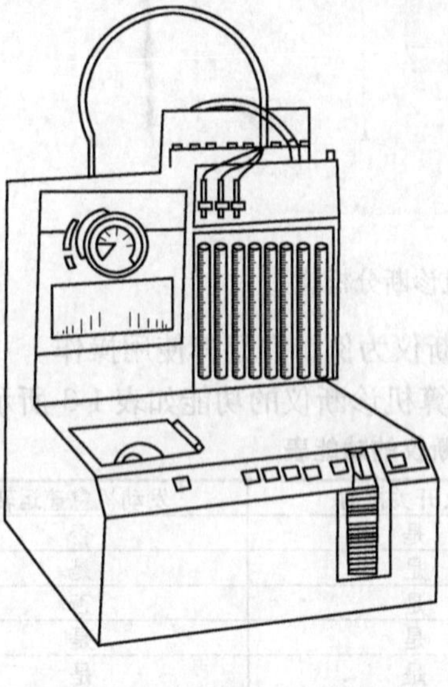

图1-14　喷油器清洗及流量测定系统

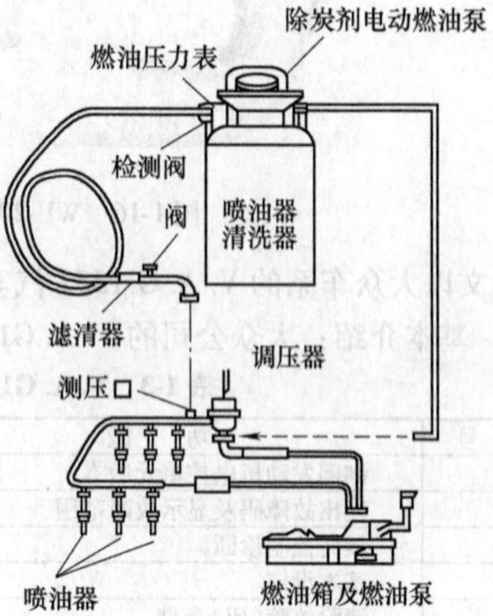

图1-15　喷油器就车清洗设备

8. 专用测试仪

利用发动机专用测试仪，协助查找发动机管理系统的故障源是一种非常有效的检测手段。目前汽车修理行业的专用测试仪分为台式、便携式两种。由于便携式专用测试仪具有携带方便、操作简单等优点，且能大大提高检修的速度和效率，故应用广泛。一般这类仪器都具有如下功能；

1）从发动机电控单元的存储器中读取所存储的故障码。

2）在发动机运转或汽车行驶时，对发动机管理系统的参数进行动态测试。

3）发动机检修后，根据操作者的指令清理发动机电控单元中所存储的故障码。

4）汽车检修人员可在汽车运转或停车状态下，通过检测仪发出工作指令，以检测各执行器的工作情况。

（1）通用型的汽车故障计算机诊断分析仪　诊断故障分析仪俗称解码器。图1-16所示为WU-2000汽车故障计算机诊断分析仪，它是专门用来诊断汽车故障及辅助修理的快速分析专家系统，集成了读计算机版本、读取故障码、清除故障码、动态数据显示、执行元件测试、系统设定、计算机编程、匹配自适应、故障专家分析、电路图库、音响解码等诸多功能，并且可以进行光盘升级和网上升级。

（2）专用型的汽车故障计算机诊断仪　在实际修理作业时，如果某修理厂的修理对象为某单一车系，也可选用相应的专用汽车故障计算机诊断仪。这类测试仪器有：测试克莱斯勒车系的 DRB-Ⅲ（Diagnostic Readout Box）、福特车系的 STAR-Ⅱ（Self Test Automatic Readout）、通用车系的 TECH 系列、本田车系的 PGM 系列、大众车系的 V. A. G1552、VAS5051 等。

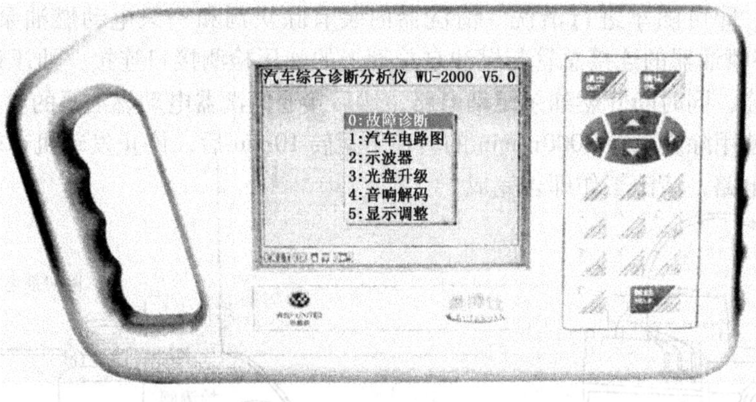

图 1-16　WU-2000 汽车故障计算机诊断分析仪

本文以大众车系的 V. A. G 1552 汽车故障计算机诊断仪为例，介绍其使用操作。

1）基本介绍：大众公司的 V. A. G1552 汽车故障计算机诊断仪的功能如表 1-3 所示。

表 1-3　V. A. G1552 故障计算机诊断仪的功能表

代　号	功　能	点火开关接通	发动机怠速运转
01	询问发动机电控单元版本	是	否
02	读出故障码及显示故障范围	是	是
03	最终控制诊断	是	否
04	基本设定	是	是
05	清除故障(码)存储	是	是
06	结束输出	是	是
07	电控单元编码	是	否
08	读测量数据块	是	是

测试条件：蓄电池电压大于 11. 5V，发动机搭铁良好，熔丝正常。

测试时，打开诊断插口盖板，将汽车故障计算机诊断仪用 V. A. G1551/3 电缆连接到车上位于变速器操纵杆前的诊断插座上，它将根据输入的指令完成许多功能。

汽车故障计算机诊断仪通过测试电缆提供电源，装备有极性保护装置。尽管如此，只有当测试导线正确连接后，汽车故障计算机诊断仪的输入和输出极才能被可靠地防护。

2）汽车故障计算机诊断仪的连接

① 打开诊断插口的盖板，将 V. A. G1552 用 V. A. G1551/3 电缆线连接到车上位于变速器操纵杆前的诊断插座上，见图 1-17 所示。屏幕显示。

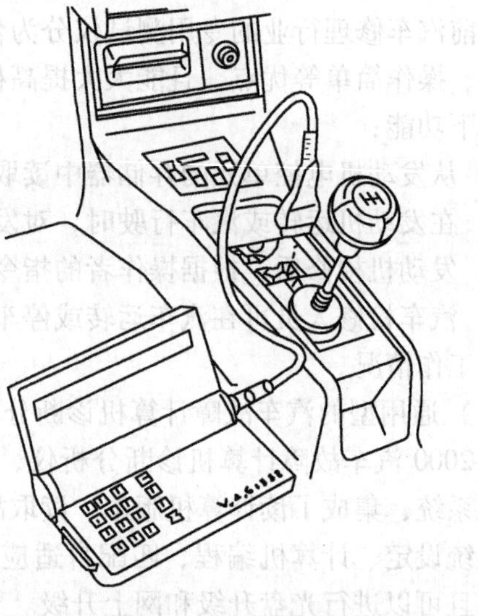

图 1-17　将 V. A. G1552 连接到车辆上的故障诊断插座

Test of vehicle systems	HELP
Enter address word ××	
车辆系统测试	帮助
输入地址码 ××	

②打开点火开关，或者发动机怠速运转。输入“发动机电子系统”地址码01，用Q键确认。屏幕显示：

330 907 404 1.8L R4/2V MOTR HS D01	→
Coding 08001	WSC ×××××

其中，330 907 404 发动机电控单元零件号

1.8L	发动机排量
R4/2V	直列式发动机，4缸，每缸2气门
MOTR	Motronic
HS	手动变速器
D01	电控单元软件版本
Coding 08001	电控单元编码
WSC ×××××	维修站代码

按→键，屏幕显示：

Test of vehicle systems	HELP
Select function ××	
车辆系统测试	帮助
选择功能 ××	

3）查询故障码和清除故障码

①连接V.A.G1552汽车故障计算机诊断仪，打开点火开关，发动机怠速运转，输入“发动机电子系统”的地址码01。

②当发动机不起动时，接通点火开关，查询故障码。屏幕显示：

Test of vehicle systems	HELP
Select function ××	
车辆系统测试	帮助
选择功能 ××	

③输入02“查询故障码”，按Q键确认。在显示屏上首先显示出故障的数量或者“No fault recognized”（没有故障）。屏幕显示：

× Faults recognized!	→
× 个故障出现!	→

④如果没有故障，按→键，如果有1个或几个故障，按→键逐一显示各个故障代码和它的文字说明。按→键，屏幕显示：

Test of vehicle systems	HELP
Select function ××	
车辆系统测试	帮助
选择功能 ××	

⑤输入 05“清除故障码”，按 Q 键确认。屏幕显示：

Test of vehicle systems	→
Fault memory is erased!	
车辆系统测试	→
故障码已被清除!	

⑥按→键。屏幕显示：

Test of vehicle systems	HELP
Select function ××	
车辆系统测试	帮助
选择功能 ××	

4）最终控制诊断

①最终控制诊断只能在点火开关接通，发动机不运转情况下完成。如果起动发动机电控单元获得转速脉冲信号，最终控制诊断立即终止。执行元件在检测时，能听到动作的声音或者可以触摸感觉到。要重复再进行一次最终控制诊断，必须关闭点火开关 2s 后再接通。最终控制诊断时，电动燃油泵连续不断工作。10min 后，最终控制诊断自动结束。

②连接汽车故障计算机诊断仪 V. A. G1552，打开点火开关，选择地址码 01“发动机电子控制系统”。屏幕显示：

Test of vehicle systems	HELP
Select function ××	
车辆系统测试	帮助
选择功能 ××	

③输入 03 功能“最终控制诊断”。屏幕显示：

Test of vehicle systems	Q
03 Final control diagnosis	
车辆系统测试	确认
03 最终控制诊断	

④按 Q 键确认。屏幕显示：

Final control diagnosis	→
Injector cylinder 1-N30	
最终控制诊断	→
第 1 缸喷油器-N30	

⑤踩加速踏板使节气门控制部件中怠速开关打开，第 1 缸喷油器将发出咔嗒声 5 次。按→键进入下一气缸喷油器检查。同上方法依次对 4 个气缸喷油器进行检查，如果没有听到喷油器的咔嗒声，也就是喷油器不动作。按→键，屏幕显示：

Final control diagnosis	→
ACF Solenoid 1-N80	
最终控制诊断	→
活性炭罐电磁阀 1-N80	

⑥活性炭罐电磁阀有连续动作，可以听到咔嗒声或者触摸感觉到电磁阀动作。按→键可以对以下执行元件进行检查：二次空气进气阀（N112）、二次空气泵继电器（J229）和进气歧管压力变化阀（N156）。

二次空气进气阀（N112）、二次空气泵继电器（J229）和进气歧管压力变化阀（N156）在桑塔纳 2000GSi 型轿车上没有这些执行元件，所以不必进行检查。

如果活性炭罐电磁阀没有动作（没有咔嗒声），要对它进行电气检查。

5）基本设定：基本设定是对发动电控单元和节气门控制部件进行匹配。如果发动机电控单元被切断电源后，必须进行基本设定。

①当发动机不运转时，在基本设定功能可以完成节气门控制部件与发动机电控单元匹配。

当发动机运转时，在基本设定功能可以完成：借助 λ 控制功能的开、闭帮助查找故障和点火正时检查。

发动机运转时必须满足下列条件：

a. 冷却液温度不低于 80℃。

b. 测试时，散热风扇不允许转。

c. 空调关闭。

d. 其他用电设备关闭。

e. 在故障储存中没有故障存在。

②连接汽车故障计算机诊断仪 V. A. G1552 或 V. A. G1551，让发动机怠速运转。选择地址码 01 “发动机电子控制系统”。屏幕显示：

Test of vehicle systems	HELP
Select function ××	
车辆系统测试	帮助
选择功能 ××	

③输入 04 “基本设定” 功能，按 Q 键确认。屏幕显示：

Introduction of basic setting	HELP
Enter display group number ××	
引入基本设定	帮助
输入组别号 ××	

④输入需要显示的组别号，可以参见 “读测量数据块” 部分。这里用 01 显示组来举例图示过程，输入 01 显示组。屏幕显示：

Introduction of basic setting	Q
Enter display group number 01	
引入基本设定	确认
输入组别号　01	

⑤按 Q 键确认。屏幕显示：

System in basic setting 1			→
1	2	3	4
引入基本设定　1			→
1	2	3	4

⑥如果全部显示区域都在标准范围内，按→键。屏幕显示：

Test of vehicle systems	HELP
Select function　××	
车辆系统测试	帮助
选择功能　××	

⑦输入 06“结束输出”功能，按 Q 键确认。

6）控制单元编码：如果控制单元编码没有显示或者更换了控制单元之后，都必须对控制单元编码。

①连接汽车故障计算机诊断仪 V. A. G1552 或 V. A. G1551，接通点火开关，选择地址词 01“发动机电子控制系统”。屏幕显示：

Test of vehicle systems	HELP
Select function　××	
车辆系统测试	帮助
选择功能　××	

②输入 07“控制单元编码”功能，按 Q 键确认。屏幕显示：

Code control unit	Q
Feed in code number　×××××(0-32000)	
控制单元编码	Q
输入编码号码　×××××(0-32000)	

③输入这种车辆的编码号（手动变速器车辆编码号为 08001），按 Q 键确认。控制单元的识别内容将显示在 V. A. G1552 故障阅读仪的屏幕上。

④关闭点火开关后再打开。当点火开关再次打开，新输入的编码将起作用。按→键。屏幕显示：

Test of vehicle systems	HELP
Select function ××	
车辆系统测试	帮助
选择功能 ××	

⑤输入 06“结束输出”，按 Q 键确认。

7）读取测量数据块

①连接汽车故障计算机诊断仪 V. A. G1552（或 V. A. G1551）让发动机怠速运转。选择地址码 01 “发动机电子控制系统”。

②输入 08 “读测量数据块” 功能，按 Q 键确认。屏幕显示：

Read measuring value block HELP Enter display group number ××
读测量数据块 帮助 输入组别号 ××

③输入相关的显示组号，按 Q 键确认。例如输入 00 显示组号，按 Q 键确认。屏幕显示：

Read measuring value block 0 → 1 2 3 4 5 6 7 8 9 10
读测量数据块 → 1 2 3 4 5 6 7 8 9 10

④从一个组变到另一个组按表 1-4 方法操作。

表 1-4 显示组切换操作

显示组	V. A. G1552	V. A. G1551
进一组	按↑组	按 3 键
退一组	按↓组	按 1 键
退回重输组号	按 C 键	按 C 键

⑤显示组内容见表 1-5。

表 1-5 显示组一览表

显示组号	屏幕显示	说明
00 基本功能	Read measuring value block 0 1 2 3 4 5 6 7 8 9 10	1. 冷却液温度 2. 发动机负荷 3. 发动机转速 4. 蓄电池电压 5. 节气门角度 6. 怠速空气质量控制值 7. 怠速空气质量测量值 8. 混合气成分控制值(λ 控制值) 9. 混合气成分测量值(λ 测量值) 10. 混合气成分测量值(λ 测量值)
01 基本功能	Read measuring value block 1 1 2 3 4	1. 发动机转速 2. 发动机负荷(每转喷射持续时间) 3. 节气门角度 4. 点火提前角

（续）

显示组号	屏幕显示	说明
02 基本功能	Read measuring value block 2 1 2 3 4	1. 发动机转速 2. 发动机负荷（曲轴每转喷射持续时间） 3. 发动机每循环喷射持续时间 4. 进气质量
03 基本功能	Read measuring value block 3 1 2 3 4	1. 发动机转速 2. 蓄电池电压 3. 冷却液温度 4. 进气温度
04 怠速稳定	Read measuring value block 4 1 2 3 4	1. 节气门角度 2. 怠速空气质量测量值（空挡位置） 3. 怠速空气质量测量值（自动变速器驱动挡） 4. 工作状况 Leerlauf 怠速 Tetllast 部分负荷 Vollast 全负荷 Schub 加浓 Anreicherung 超速
05 怠速稳定	Read measuring value block 5 1 2 3 4	1. 怠速转速（测量值） 2. 怠速转速（规定值） 3. 怠速控制 4. 进气质量
06 怠速稳定	Read measuring value block 6 1 2 3 4	1. 怠速转速 2. 怠速控制 3. 混合气 λ 控制 4. λ 点火提前角
07 λ 控制和 ACF 阀系统	Read measuring value block 7 1 2 3 4	1. 混合气 λ 控制 2. λ 传感器电压 3. 活性炭罐电磁阀 N80 占空比 4. 燃油箱净化系统动作时混合气修正因素
08 λ 调节值	Read measuring value block 8 1 2 3 4	1. 发动机每循环喷射持续时间 2. 怠速时 λ 调节值 3. 部分负荷时 λ 调节值 4. 油箱净化系统 TE active 活性炭罐电磁阀动作 TE not active 活性炭罐电磁阀关闭 Λadaption 活性炭罐电磁阀关闭 λ 调节起作用
09 λ 调节值	Read measuring value block 9 1 2 3 4	1. 发动机转速（测量值） 2. 混合气 λ 控制 3. λ 传感器电压 4. 怠速时 λ 调节值

（续）

显示组号	屏幕显示	说明
10 λ调节值	Read measuring value block 10 1 2 3 4	1. 活性炭罐电磁阀 N80 占空比 2. 燃油箱净化系统动作时进混合气修正因素 3. 活性炭罐过滤器充满水平 4. ACF 阀供应空气的比例
11 汽油消耗	Read measuring value block 11 1 2 3 4	1. 发动机转速 2. 发动机负荷（曲轴每转喷射持续时间） 3. 车速 4. 汽油消耗
12 汽油消耗	Read measuring value block 12 1 2 3 4	1. 发动机转速 2. 蓄电池电压 3. 汽油消耗 4. 点火提前角
13 爆燃控制	Read measuring value block 13 1 2 3 4	1. 第1缸爆燃控制点火滞后角 2. 第2缸爆燃控制点火滞后角 3. 第3缸爆燃控制点火滞后角 4. 第4缸爆燃控制点火滞后角
14 爆燃控制	Read measuring value block 14 1 2 3 4	1. 发动机转速 2. 发动机负荷（曲轴每转喷射持续时间） 3. 第1缸爆燃控制点火滞后角 4. 第2缸爆燃控制点火滞后角
15 爆燃控制	Read measuring value block 15 1 2 3 4	1. 发动机转速 2. 发动机负荷（曲轴每转喷射持续时间） 3. 第3缸爆燃控制点火滞后角 4. 第4缸爆燃控制点火滞后角
16 爆燃控制	Read measuring value block 16 1 2 3 4	1. 第1缸爆燃传感器信号电压 2. 第2缸爆燃传感器信号电压 3. 第3缸爆燃传感器信号电压 4. 第4缸爆燃传感器信号电压
17 催化转换器加热	Read measuring value block 17 1 2 3 4	1. 发动机转速 2. 发动机负荷（曲轴每转喷射持续时间） 3. 催化转换器加热能量平衡 4. 点火提前角（目前催化转换器未装）
18 海拔高度适配	Read measuring value block 18 1 2 3 4	1. 发动机转速 2. 发动机负荷（没有高度修正） 3. 发动机负荷（有高度修正） 4. 按空气密度来修正的高度修正因素
19 扭矩减小	Read measuring value block 0 1 2 3 4	1. 发动机转速 2. 发动机负荷（曲轴每转喷射持续时间） 3. 变速器挡位信号 4. 点火提前角

（续）

显示组号	屏幕显示	说明
20 工作状态	Read measuring value block 20 1 2 3 4	1. 发动机转速 2. 选挡杆位置 3. 空调开关 4. 空调压缩
21 λ 控制工作状态	Read measuring value block 21 1 2 3 4	1. 发动机转速 2. 发动机负荷（曲轴每转喷射持续时间） 3. 冷却液温度 4. λ 控制关闭/打开
23 节气门控制部件	Read measuring value block 23 1 2 3 4	1. 节气门控制部件工作状态 2. 节气门定位器最小停止位置 3. 节气门定位器紧急运行停止位置 4. 节气门定位器最大停止位置
24 爆燃控制	Read measuring value block 24 1 2 3 4	1. 发动机转速 2. 发动机负荷（曲轴每转喷射持续时间） 3. 点火提前角 4. 第 1 至第 4 缸总点火滞后角平均值
98 节气门控制部件匹配	Read measuring value block 98 1 2 3 4	1. 节气门电位计电压 2. 节气门定位电位计电压 3. 工作状态：怠速/部分负荷 4. 匹配状态：正在匹配 匹配完成 匹配未完成 匹配错误
99 λ 控制	Read measuring value block 99 1 2 3 4	1. 发动机转速 2. 冷却液温度 3. 混合气在成分 λ 控制 4. λ 控制关闭/打开

9. 汽车故障检测与诊断的一般项目和内容

（1）一般步骤

1）识别故障。

2）确认故障症状。

3）基本常规检查。

4）电控系统检测。

5）进行修理。

6）确认修理成功。

要注意的问题是，大多机械部分及一些电子系统都不受电控系统的监控。因而这些部分或系统的故障引起汽车使用性能变化时，ECU 不会产生相应的故障码，也无法在电控单元的数据流或示波器检测到这些故障。在检测到电控系统无故障码时，就应该仔细检查和排除机械部分的故障。在进行识别故障这一步时，应与顾客充分交谈，准确了解故障和其产生的条件及症状的严重程度。可以询问如下问题：

1）故障是一直存在还是有时才出现？出现时是否有规律？现在是否还发生？

2）故障是否发生于某些特定时间，如加速或爬坡，或特定温度(如冷起动或热起动)时？

3）症状是噪声、振动、气味、性能故障或是上述任意几项的组合？

4）这些故障以前是否出现过，曾采取什么措施进行修理？

5）汽车最近一次维修是什么时候？修理时采取了什么措施？

（2）一般项目和内容　确认故障症状，要注意顾客描述汽车的症状可能会与实际情况有些差异。在顾客驾车并说明故障症状时，最好能与顾客在一起。如不行，也要自己驾车体验一下这些症状。另外要记住，没有症状就说明没有故障。如果没有体验到故障的症状，就不要试图去修理。无目的的工作只会让你浪费很多时间和精力而徒劳无获。所以开始进行故障排除之前，应先确认故障。

在基本检查时，发动机正常工作都要求具备三个条件：

1）正常压力和流量的燃油供给。

2）合适的气缸压力（压缩）。

3）足够的点火能量。

这些环节的缺陷常常会引起驾驶性能方面的故障，而这些故障通常被人误以为是控制系统的问题。某些电控系统还带有自适应性修正，想仅靠检查电控系统来找出故障原因，只会使你事倍功半。所以最好在确定发动机机械和常规易损元件状态良好之后，再检查电子控制系统的问题。应检查的发动机机械系统如下：

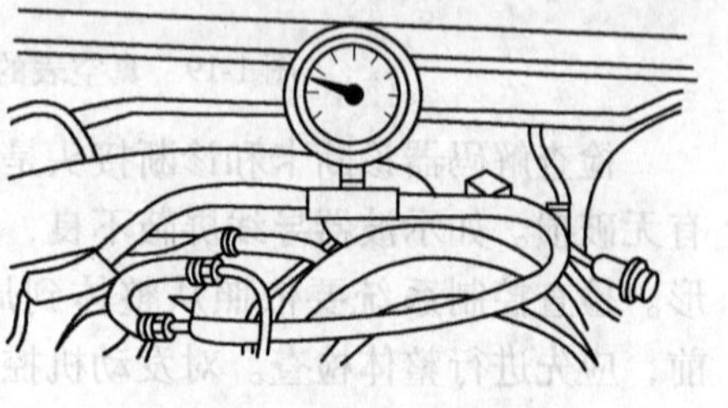

图 1-18　燃油压力测试

①检测燃油系统可安装压力表，用来检查燃油泵压力是否足够。再检查一下喷油泵的供油量是否满足标准，见图 1-18。如果上述两个条件都已具备，再查一下电子喷油系统，喷油脉冲可以用 LED 灯迅速检查出来。燃油不干净也可能是一种故障。劣质燃油不仅妨碍发动机的工作，还会影响控制系统，增加尾气污染物的排放，导致机械性故障。注意：发动机会因吸入空气量过多或过少而产生很多问题。检查空气滤清器和通气管，确保无堵塞或空气泄漏。

②检查燃烧室密闭性和发动机基本工作的最佳方法就是进行气缸压力检测（压缩比试验）。但有一些汽车的火花塞很难拆下，所以压缩比试验通常不那么方便。也可以用一个真空仪来检测歧管真空度，以判断发动机是否密闭良好。图 1-19 所示为在各种状态下真空表的读数。但真空度测试的结果没有压缩比试验可靠。除此之外，还可以选择动力平衡实验来进行测试判断，但其精度比上述两种方法都低。

③点火电压测试，可检查点火线圈的次级电压，再测一下基本点火正时和点火提前角是否符合标准。检查点火系统的最佳方法，是进行示波器波形分析或进行跳火测试见图 1-20。检查车辆有无明显的毛病，先排除一些简单故障。如检查线路连接插头和真空管有无松动或断路；检查有无机油和冷却液泄漏以及破损的驱动带和管子；再检查有无机械、电气和碰撞方面的损坏。

4）虽然电控系统的工作方式都是相似的，但每个系统都有其独特性。如故障是属于电子方面的，就应充分了解所涉及的系统控制原理和结构特点，还可以查阅原厂说明书或一些可靠的售后资料，如：

①相关电路图。

②诊断故障码、故障检测流程图。

③电控单元和端子作用图解。

④测试标准。

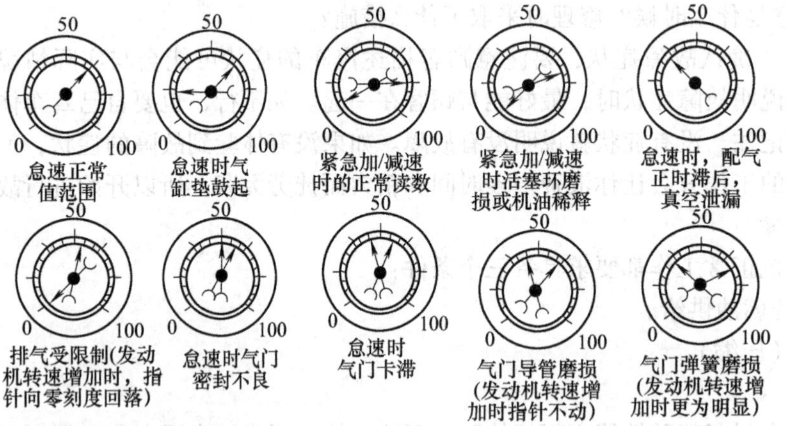

注：图中表读数的单位为kPa。

图 1-19 真空表的常见读数

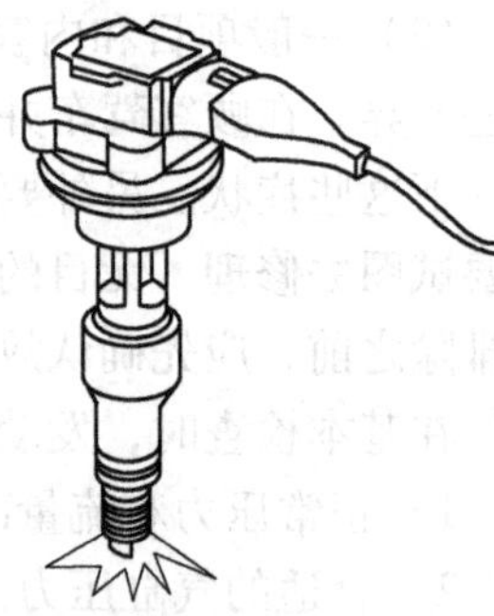

图 1-20 跳火测试

检查解码器诊断卡和诊断接头是否正确；仪器中蓄电池状态是否良好；检查示波器导线有无破损。如示波器导线屏蔽不良，会产生干扰信号，形成错误的波形。检查控制系统要依照从整体到局部的原则。精确地检查局部之前，应先进行整体检查。对发动机控制系统进行全面测试时，应使发动机达到正常工作温度，使发动机进入闭环工作状态。带电控系统的汽车在仪表板上有一盏故障指示灯（MIL），开启点火钥匙而不起动发动机，灯就会亮，如图 1-21 所示。

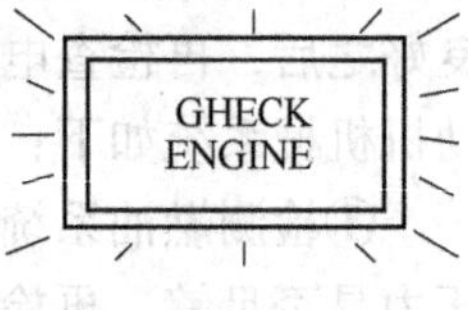

图 1-21 发动机警示灯

先开动一下钥匙检查指示灯是否良好。对大多数系统来说，若 MIL 灯不亮，系统不会进入诊断状态，解码器无法与系统连接。这种情况还可能阻碍系统进入闭环状态，造成驾驶性能故障。因此测试之前，应首先排除 MIL 灯的故障。接下来，利用解码器检查是否有存储在存储器中的故障，其连接方式见图 1-22。通过查看故障码，可以找出发生故障的具体电路（回路）或子系统。而要找到开始故障检修的地方，但还需进行进一步测试以确定故障原因。对于不产生故障码的系统，可以通过观察汽车故障计算机诊断仪的数据流参数来检查有无异常的状况，确定发生故障的电路。由于从汽车故障计算机诊断仪取得的信息、故障类型及可疑电路不同，接下来的检修步骤也有所不同。应将目标缩小至某一具体元件或线路，然后通过测量确认故障点。注意：确定故障后，应进行核查。在更换元件之前，要看看输入元件的信号是否都正常，接头连接是否良好。连接处（尤其是搭铁端）松脱和破损引起的电子故障通常比元件失效引起的故障要多。

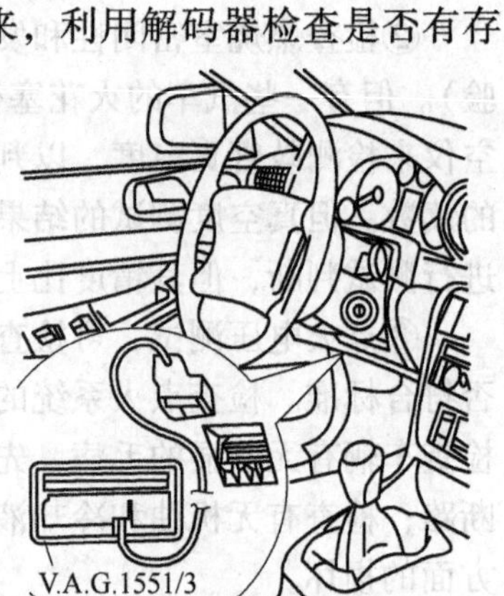

图 1-22 汽车故障计算机诊断仪连接

5）进行修理时，将故障范围缩小到一个点上，即可开始修理。卸下元件后，要对其进行测试以验证是否存在故障见图1-23。安装新零件之前最好检查一下新零件。注意：修理电路时要小心，微电压信号回路的电阻很小，接错线或连接不良都会导致严重的后果。

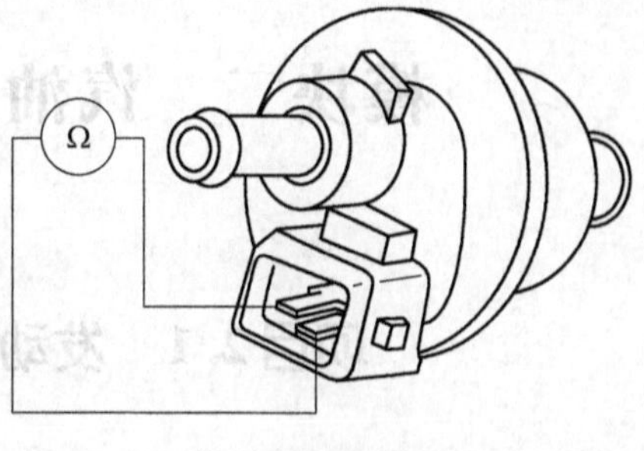

图1-23　测量故障元件

6）确认修理成功这是故障检修的最后一步。复检故障回路，如故障已消失，则说明修理成功。但有时回路故障不止一个，第一个故障修好以后第二个故障才显现出来。此时要对原来修过的地方重新进行故障检修。检查完整个回路后，应重新读取故障码，并进行路试，以确保故障症状都已消除。

设备、工具和材料准备

1）整车一部，设备齐全，技术状态良好。
2）相关检修工、量具一套。
3）汽车专用万用表一个。
4）汽车故障诊断仪一部。
5）有举升机的汽车维修工位一个。

操作步骤

1）讲解安全操作规程。
2）认知汽车故障诊断与检修的常用工、量具及其注意事项。
3）认知汽车故障诊断与检修的常用仪表和仪器及其注意事项。
4）巡回指导，及时点评。
5）考核。

考核标准

序　号	主要内容	考核要求	评分标准	配分	扣分	得分
1	认知常用工、量具	熟悉使用方法 理解注意事项	（1）任选工具并会使用　10分 （2）任选量具并会使用　10分 （3）熟悉工、量具的使用注意事项　10分	30		
2	认知常用仪表仪器	熟悉使用方法 理解注意事项	（1）会使用汽车专用万用表　20分 （2）会使用汽车故障计算机诊断仪　20分 （3）熟悉仪表、仪器的使用注意事项　10分	50		
3	安全操作	在保证人身和设备安全	违反安全文明生产规程　扣10~20分	20		
备　注			合　计			
			教师签字	年	月	日

想一想，做一做

1）如何正确使用汽车专用万用表？应注意哪些事项？
2）如何正确使用汽车故障计算机诊断仪？应注意哪些事项？

模块二 汽油发动机的检测与故障诊断

项目2.1 发动机无法起动的故障检测与诊断

项目内容

1）掌握发动机无法起动的综合诊断方法。

2）掌握点火系统、供给系统故障的诊断与排除。

3）熟悉机械内部故障的诊断与排除。

项目目的

1）能熟练正确地进行跳火试验。

2）能正确分析缸压变化。

3）能根据发动机的不正常现象判断发动机的故障。

4）排除故障后发动机能正常工作。

5）传统点火系统的故障设置及选取原则见表2-1。

表2-1 故障设置及选取原则

序　号	故障设置	选取原则
1	点火系统低压线路断路	在所列故障中任意选取两项
2	点火线圈的初级线圈短路	
3	断电器触点无工作间隙	
4	电容器击穿短路	
5	汽油泵故障	

技术标准及要求

1）汽油发动机能顺利起动，怠速、中速、加速各工况良好。

2）蓄电池电压符合标准，一般火花塞的间隙为0.7～0.8mm。

3）一般轿车的缸压为1.0～1.3MPa，各缸缸压不低于标准值的15%，缸压差不大于3%。

4）曲轴箱窜气量为2～4L/min，气缸漏气率极限为30%～40%，怠速运转时，进气管歧真空度为57.33～70.66kPa。

相关知识

造成汽车发动机不能起动的原因很多，牵涉到电源系统、起动系统、点火系统、燃油和空气供给系统以及发动机机械系统的技术状态，这也是汽车最常见的故障。

汽车发动机的起动故障，主要从以下两方面入手来分析。

1. 发动机的基本运行条件是否满足

首先，我们来分析汽车发动机能够正常运转必须具备的几个条件：

1）气缸要有良好的压缩性能。

2）数量和浓度均合适的混合气。

3）足够的火花能量和正确的点火时刻。

4）起动系统技术状态良好。

5）蓄电池电压大于12V。

如果以上五个要素中有一个要素出现异常，便会引起发动机不能起动或起动困难。

2. 电控发动机电控单元应能准确识别出起动状态

在电控发动机中，由于起动工况的特殊性，使得控制系统必须有对应的控制程序来进行起动控制。在起动时，发动机电控单元 ECM 首先要根据点火开关、空挡起动开关、曲轴位置以及转速等信号，辨别出发动机正处于起动状态，然后再结合冷却液温度、曲轴转速、节气门位置等信号计算出喷油时间、点火时刻、起动空气流量等控制值，去驱动喷油器、点火器和怠速控制执行机构，以实现顺利起动。

如若电控单元没能识别出起动状态，则发动机将不能起动；如若仅仅是冷却液温度、转速等信号失准，一般只会造成起动困难。

为了快速正确地排除汽车起动困难的故障，需要先学习这些相关知识。

注意事项：

1）起动发动机时，连续起动不得超过5s，两次起动发动机时间间隔不少于30s。

2）使用缸压表时要按缸压表使用说明操作。

3）检查喷油情况时要远离明火。

设备、工具和材料准备

1）技术状况良好的发动机总成一台。

2）火花塞套筒1个，常用工具1套。

3）棉丝、盛有汽油的油壶一只，导线数根，缸压表1个。

4）排除故障时可用更换的性能合格的零部件。

操作步骤

1. 分缸试火

拔下任意缸火花塞分缸高压线，将高压线接头距缸体 7～10mm，起动发动机进行跳火试验，火花应该呈蓝白色或紫蓝色为正常。如果无火或火花很弱呈红色，可初步确诊为点火系故障。如果火花正常，则进行下一步检查。

2. 检查喷油

先检查供油系统。观察化油器浮子室窗口油面或拆下化油器上口的空气室盖，油面应在中间或稍偏下；快速扳动节气门，观察加速喷口喷油情况，加速喷口应连续喷油且不滴油。如果油面过低或油面过高，或加速喷口不连续喷油，均可初步确诊为供油系统故障。如果油面正常、喷油正常，则进行下一步检查。

3. 拆检火花塞

拆下火花塞，检查火花塞上是否有水、有油，并检查火花塞电极的间隙、电极质量，并作跳火试验。如果火花塞正常，则进行下一步检查。

4. 检查点火正时

1）将1缸活塞转到压缩上止点，检查分电器的分火头是否指向1缸分缸线头上。如果不是，则进行调整。

2）查跳火时应注意：检查分电器是否正处于恰好高压跳火位置，否则应转动分电器外壳调整。

3）检查分缸线次序，如桑塔纳四缸发动机发火顺序为1—3—4—2（顺时针）。

5. 检查气缸缸压

在发动机冷却液温度正常时，用缸压表逐缸测量，每缸测量三次，取最大值，应符合技术标准。

6. 检查发动机机械内部

用缸压表检测缸压时，如果在起动机刚转动的瞬间，缸压表指针上升很少，以后由低逐渐升高，但仍达不到标准的压力，则可能是气缸、活塞、活塞环处漏气。如果在起动机刚转动的瞬间，缸压表指针上升很少，以后缸压读数仍然很低，一般情况是气门漏气。相邻两缸进气歧管压力均下降，发动机运转时化油器有回火现象，可确定为气缸垫冲坏，缸体、缸盖结合面不平导致漏气。也可通过加机油法检测缸压，同时通过检测曲轴箱窜气量、气缸漏气量（率）、进气歧管真空度来判断发动机内部的机械故障。

考核标准

序号	考核内容	配分	评分标准	考核记录	扣分	得分
1	正确使用工具仪器	10	工具使用错误扣5分			
2	根据发动机无法起动的故障现象，确定故障性质	20	确定错误扣10分			
3	查找发动机无法起动的原因	20	检查方法错误扣10分			
			检查程序错误扣10分			
			检查结果错误扣10分			
4	确定故障部位（口述）	10	确定错误扣10分			
5	故障排除	20	不能排除扣20分			
			不能完全排除酌情扣分			
6	验证排除效果	10	没有验证扣10分 验证方法不当酌情扣分			
7	遵守安全规程，正确使用工量具，操作现场整洁	10	每项扣2分，扣完为止			
	安全用电，防火，无人身设备事故		因操作不当发生重大事故，此题按0分计			
备注		合计		100		
		教师签字		年 月 日		

想一想，做一做

发动机无法起动的原因都有哪些？试按分析的原因分别模拟设置故障，看看能否起动？

项目 2.2　点火正时的检查与调整

项目内容

1）掌握使用点火正时灯（仪）检查发动机的点火正时。

2）掌握发动机的静态正时调整和动态正时调整。

项目目的

1）按正确的操作规程，利用点火正时灯检查点火正时。

2）调整点火正时，使之符合技术标准。

技术标准及要求

1）桑塔纳轿车点火提前角为6°±1°，具体标准见表2-2。

表 2-2　上海桑塔纳轿车 JV 发动机点火提前角技术参数

怠速/(r/min)		800±50		
初始点火提前角/(°)		上止点前 6±1		
闭合角(真空管拔下)	规定值/(°)	19±3(800r/min)		
	导通率	22%±3%		
	使用极限/(°)	62±3(3500r/min)		
	导通率	69%±3%		
离心提前(真空管拔下)	转速/(r/min)	900~1100	2300	4800
	提前角度/(°)	0	14~18	22~26
真空提前(分电器已装)	真空度/kPa	6~12	20	
	提前角度/(°)	0	5~7	

2）捷达轿车点火提前角为200°±1°(800±50)r/min。

相关知识

发动机回火大多数是因为混合气过稀造成，而混合气过浓会使发动机放炮。若发动机可燃混合气空燃比正常，发生回火、放炮现象的原因，大多数是由于点火系故障造成。如点火不正时，正时齿轮、正时带以及分电器触发机构有故障所致。另外点火系统工作不良，将严重影响发动机的动力性、经济性和排放性能。

一般传统点火系统由蓄电池、断电器、分电器、点火线圈、附加电阻、电容器和火花塞等组成。一般电子点火系统由蓄电池、点火线圈、点火信号发生器、点火器、分电器、火花塞和点火开关等组成。上海桑塔纳轿车发动机点火系统组成，见图 2-1。点火系统连线图，见图 2-2。

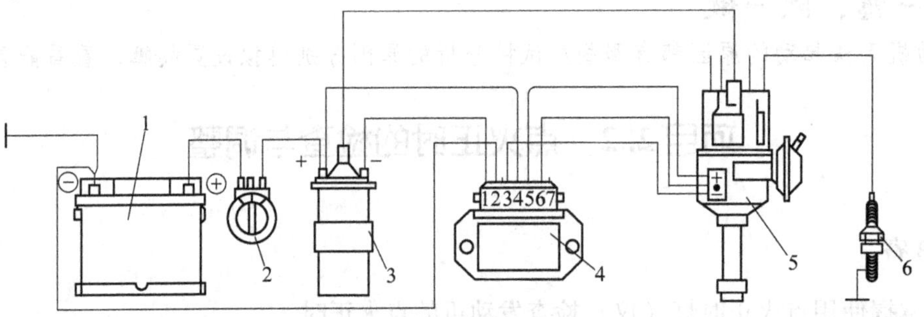

图 2-1 上海桑塔纳轿车发动机点火系统

1—蓄电池 2—点火开关 3—点火线圈 4—点火器

5—内装霍尔信号发生器的分电器 6—火花塞

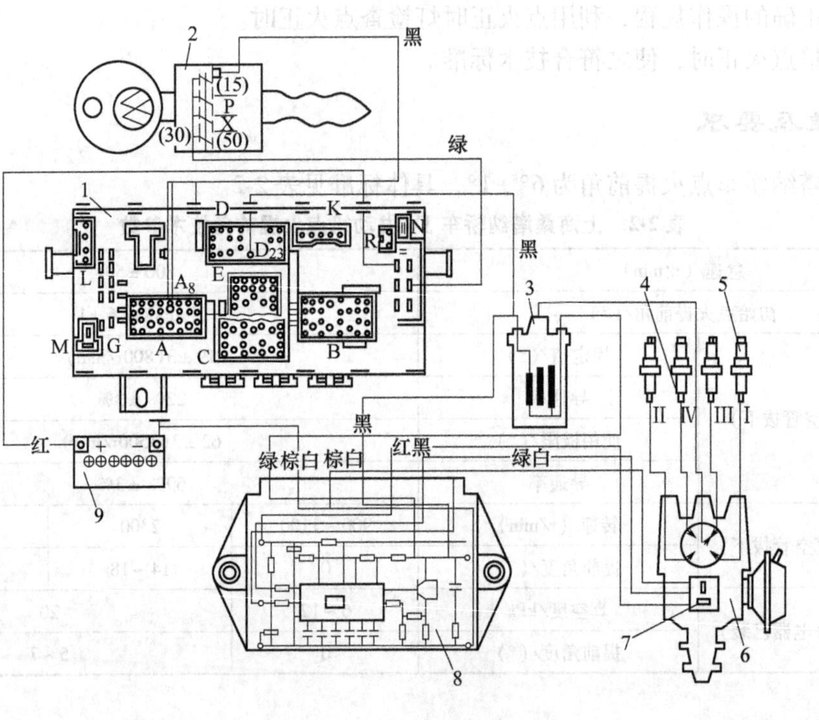

图 2-2 点火系统连线图

1—中央线路板 2—点火开关 3—点火线圈 4—高压导线 5—火花塞

6—分电器 7—霍尔传感器 8—点火控制器 9—蓄电池

点火系统的主要功用是控制点火必须正时，要具备足够的点火能量；并能够根据发动机的转速、负荷自动调节点火时间，以保证在压缩上止点后 10° 做功，从而获得最好的动力性、经济性和排放性能。点火效果以有轻微爆燃为最佳。

点火系统常见故障为发动机不能起动或起动困难，个别气缸不点火，点火时间不当，点火错乱等。点火系统故障常见部位为火花塞、分电器、电子点火器、点火线圈等。

注意事项：

1）起动发动机时，连续起动不得超过5s，两次起动发动机时间间隔不少于30s。

2）使用缸压表时要按缸压表使用说明操作。

3）检查喷油情况时要远离明火。

设备、工具和材料准备

1）工作性能良好的发动机试验台架1台或汽车1辆。

2）点火正时灯1个或点火正时仪1台，转速表、真空表各1个。

3）一字槽、十字槽螺钉旋具各1把，呆扳手1套。

操作步骤

1. 点火正时检查

1）一般检查：起动发动机，使冷却液温度上升到80℃，急加速，如转速不能随之立即增高，感到发闷，或在排气管中有突突声，说明点火过迟；如出现类似金属敲击声，说明点火过早。

2）使用点火正时灯（仪）检查

①查找并验证飞轮或曲轴前端带轮上1缸压缩终了上止点标记和点火提前角标记，擦拭使之清晰可见，如标记不清晰，最好用粉笔或油漆将标记描白。

②将点火正时灯（仪）正确连接到汽车发动机上，将传感器插接在1缸火花塞与高压线之间，必要时，接上转速表和真空表。

③起动发动机至正常工作温度状态，保持在怠速下稳定运转。打开正时灯并对准正时标记（正时刻度盘或正时指针），调整正时灯电位器，使正时标记清晰可见，就如同固定不动一样。此时表头读数即为发动机怠速运转时的点火提前角。用同样的方法可分别测出不同工况、转速时的点火提前角并记录。

④在拆下真空管接头并堵住（点火提前机构不起作用）的情况下，怠速时测出的点火提前角为初始提前角（基本点火正时）。实际上，在怠速时由于离心式和真空式调节器未起作用或作用很小，在第③步怠速时测量的提前角基本就等于初始提前角。在拆下真空管的情况下，发动机在某一转速下测量的提前角减去初始提前角，即可得到该转速下的离心提前角；反之，在连接真空管的情况下，发动机在同样转速下测量的提前角减去离心提前角和初始提前角，则又可以得到真空提前角。用同样的方法可分别测出初始提前角及不同工况、转速、负荷时的离心提前角和真空提前角并记录。

⑤测出的点火提前角应与规定标准值进行对照，判断点火提前角的大小是否符合要求，不符合要求，应调整点火正时。

有条件时最好进行路试检查。检查条件：发动机走热后，在平坦、坚硬路面上以最高挡最低稳定车速行驶。急加速时，若听到轻微的突爆声且瞬间消失（装有爆燃限制器的发动机就没有突爆声），车速迅速提高，则为点火正时正确；若突爆声强烈明显且长时间不消失，则为点火过早；若听不到突爆声，且加速缓慢，排气管有突突声，则为点火过迟。

2. 点火正时调整

调整点火提前角的基本方法是转动分电器壳体。点火过早时应顺着分电器轴旋转方向转动分电器壳体；点火过迟时则反向转动分电器壳体。点火正时的调整有静态正时和动态正时。

1）静态正时调整

①查间隙（电子点火式的可略过）：用塞尺检查断电器触点间隙，正常应为0.35～0.45mm。调整时，用螺钉旋具松开锁紧螺钉，转动调整螺钉使之符合要求。

②找记号：转动曲轴，将1缸活塞转到压缩行程上止点附近（向火花塞孔塞棉丝或用手指感觉到有压力以验证），对准飞轮或带轮上的初始点火正时标记上。

③调零：有辛烷值调节器的应将其调整在零位。

④对分火头：检查分火头是否正对着分电器盖上的1缸高压线插孔，否则予以调整。松开分电器固定螺钉并适当转动，使分火头对准1缸分缸线插孔位置，对准后初步固定。

⑤查跳火：检查分电器是否正处于恰好高压跳火位置（初级电流恰好切断位置），否则转动分电器外壳位置进行调整，然后固定分电器。

⑥对分缸线顺序：按点火顺序，顺着分火头转动方向，插上各缸分缸线。3缸发动机是：1—2—3；4缸发动机是1—3—4—2（桑塔纳、奥迪、切诺基等）或1—2—4—3（BJ2021）；6缸发动机一般是1—5—3—6—2—4。

2）动态正时调整，可采用点火正时灯（仪）监测下进行调整。起动发动机，急加速时发动机应加速良好。如果加速有突爆声，则为点火过早；如果加速不良且发闷，排气管有突突声，则为点火过迟。顺着分火头转动方向转动分电器壳，则点火推迟。逆分火头转动方向转动分电器壳测点火提前。

调整完毕，再次检查点火提前角是否符合要求，否则再调整、再检查，直至符合为正。

考核标准

序号	项目设置	考核要求	评分标准	配分	扣分	得分
1	检测点火正时	在飞轮或曲轴前端做上正确的点火提前角标记	操作不正确扣10分 操作不熟练扣5分	50		
		将点火正时灯(仪)连接到汽车上并起动发动机检查	操作方法不正确扣10分 检查方法错误扣10分			
		判断点火提前角的大小	判断错误扣15分			
2	调整点火正时	调整点火提前角	调整方法不正确扣15分 调整结果不正确扣15分	40		
		调整完毕,再次检查点火提前角	检查方法不正确扣5分 检查结果不正确扣5分			
3	安全文明生产	遵守安全规程,正确使用工量具,操作现场整洁	每项扣2分,扣完为止	10		
		安全用电、防火,无人身设备事故	因操作不当发生重大事故,此题按0分计			
			合计	100		
备注			教师签字	年	月	日

想一想，做一做

如何进行发动机点火系统的正时检查?

项目 2.3　气缸压缩压力的检测

项目内容

1）按正确的操作规程用气缸压力表测量气缸压缩压力。
2）判断气缸压力是否符合技术标准。
3）能根据气缸压缩压力分析故障的原因。
4）排除故障后发动机能正常工作。

项目目的

1）了解经验法、直观法以及测量起动机电流或电压法检查缸压。
2）熟悉用气缸压力表测量气缸的压力。
3）掌握通过气缸压力分析故障的原因。
4）排除发动机由于气缸压力引起的故障。

技术标准及要求

1）桑塔纳轿车气缸压力（YP 发动机）1.0～1.2MPa。
2）桑塔纳轿车气缸压力（JV 发动机）1.1～1.3MPa。
3）发动机的气缸压缩压力应符合要求。

相关知识

气缸密封性与发动机气缸活塞组的技术状况直接相关，因而气缸密封性的检测参数可作为气缸活塞组技术状况的评价指标。

这里所指的气缸活塞组包括气缸、活塞环、活塞、气缸盖、气门和气缸垫等包围发动机工作介质的零部件，见图 2-3。

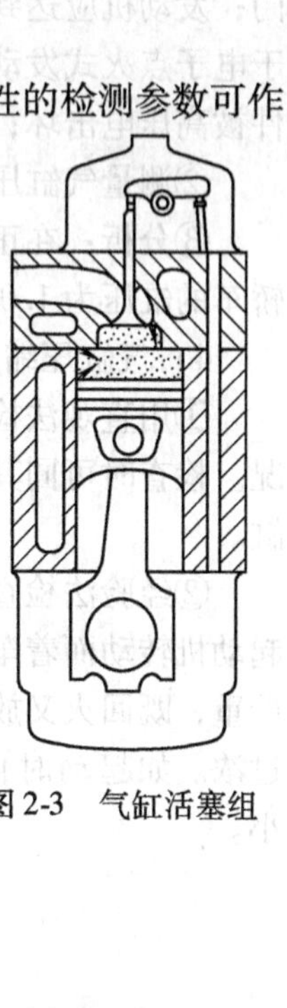
图 2-3　气缸活塞组

在使用过程中，由于烧蚀、磨损、积炭、结胶等原因，气缸活塞组技术状况变坏，从而使气缸密封性不良，造成发动机动力性和经济性下降。

评价气缸密封性的主要参数有：气缸漏气率、气缸压缩压力、进气歧管真空度、曲轴箱窜气量。但这些参数各有侧重，具有不同的使用特点，在使用时应注意各自的适用性。

1. 气缸压缩压力检测

根据热力学有关结论，气缸压缩压力与发动机平均指示压力和的热效率有直接关系。气缸压缩压力是评价气缸密封性最为直接的指标，并且由于所用仪器简单，测量方便，因此得到广泛应用。

（1）利用气缸压力表检测法

1）气缸压力表：气缸压力表是一种专用压力表，一般由表头、导管、单向阀和接头等组成，见图2-4。

2）气缸压力表接头：气缸压力表接头有螺纹管接头和锥形或阶梯形橡胶接头两种。螺纹管接头可以拧在火花塞或喷油器的螺纹孔中；橡胶接头可以压紧在火花塞或喷油器中。单向阀处于关闭位置时，可保持测量的气缸压缩压力读数（保持压力表指针位置）；单向阀打开时，可使气缸压力表指针回零，以用于下次测量。

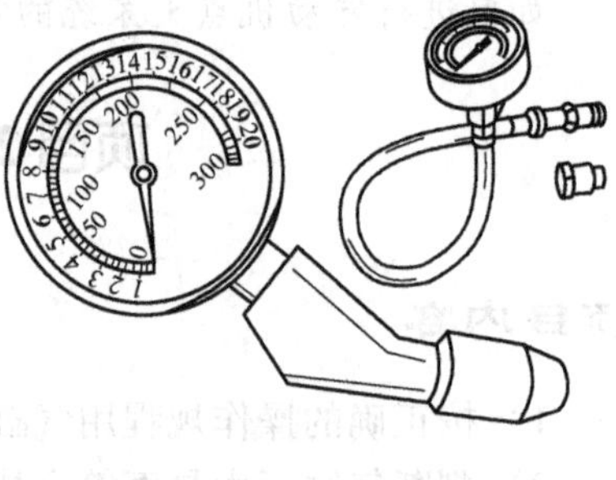

图2-4 气缸压力表

3）检测结果的影响因素：用气缸压力表测量的气缸压缩压力，不仅与气缸密封性有关，还受发动机转速的影响，即与活塞在缸内压缩行程所持续的时间密切相关。

设备、工具和材料准备

1）技术状况良好的发动机总成1台，并根据要求设置故障。

2）排除故障时可用更换性能合格的零部件若干。

3）火花塞套筒、气缸压力表及测量起动机的电流或电压的测试仪各1个。

操作步骤

1）拆除全部火花塞或喷油器及空气滤清器。

2）检验气缸压力表。

3）逐缸测量气缸压力。

①前提条件：必须保证有足够的起动转速，蓄电池电压充足；完全打开节气门和阻风门；发动机应达到正常工作温度，冷却液温度达到85～95℃，机油温度达到70～90℃；对于电子点火式发动机，应将插接在分电器盖上的中心高压线拔掉，并将其搭铁，防止电子元件被高压电击坏；对于装有燃油切断电磁阀的应拆开燃油切断电磁阀插接件。

②测量气缸压力：用缸压表逐缸测量，每缸测量3次，取最大值。

③分析：在正常情况是各缸缸压不低于规定值的8%，各缸缸压差应不大于3%。一般轿车的缸压为1.0～1.3MPa。

4）气缸压缩压力过低引起的故障，还可以通过以下两种方法进行粗略诊断：

①用直观法检查缸压：用手指压住火花塞孔，起动发动机，凭手指压力感觉气缸压力情况。检查时可同其他气缸对比，气缸中压缩气体反作用力不大的气缸为气缸压力不足的气缸。

②经验法检查气缸压力：如起动发动机时有反转趋势，可能是点火过早；如发动机随起动机转动而着车，随起动机停转而熄火，一般为点火系统初级电路故障，如起动时振抖严重，既回火又放炮，可能是点火错乱或配气错乱；如起动时排气管冒黑烟，可能是混合气过浓。如起动时伴有化油器节奏性连续回火，可能是进气门关闭不严或排气门开度过小。

考核标准

序　号	作业项目	考核内容	评分标准	配分	扣分	得分
1	测量	拆除全部火花塞或喷油器及空气滤清器	操作方法不正确扣10分 操作不熟练扣5分	10		
		检验气缸压力表	检验方法不正确扣20分	20		
		逐缸测量气缸压力	检查方法错误扣20分 读数错误扣10分 检查方法错误扣10分	30		
2	复检	测完一次后，再复检一次取其平均值	测试方法错误扣10分 读数不正确扣10分 每漏测一项扣分10	30		
3	安全文明生产	遵守安全规程，正确使用工量具，操作现场整洁	每项扣2分，扣完为止	10		
		安全用电、防火，无人身设备事故	因操作不当发生重大事故，此题按0分计			
备注			合　计	100		
			教师签字	年　月　日		

想一想，做一做

用缸压表分别检查汽油机和柴油机的气缸压力，并比较分析检查方法、检查结果的异同。

项目2.4　利用真空表对发动机的综合故障进行检测与诊断

项目内容

1）能熟练正确地使用真空表。

2）能准确分析真空表的异常指示与发动机故障之间的关系。

3）排除故障后的发动机应能正常工作。

4）故障设置及选取原则见表2-3。

表2-3　故障设置及选取原则

序　号	故障设置	选取原则
1	进气管垫或化油器垫漏气	在所列故障中任意选取一项
2	气缸垫窜气	
3	气门工作不良	
4	混合气过浓或过稀	
5	点火过迟或过早	

项目目的

1）掌握利用真空表检测发动机故障的方法及原理。

2）根据真空表显示的异常指示找出发动机的故障原因。

3）排除发动机的故障。

技术标准及要求

1）发动机的点火系统、配气机构、密封性能等各部分良好且发动机温度正常时，在相当于海平面高度的条件下的怠速状况，真空度在57.33～71.66kPa（430～530mmHg）之间，且较稳定，表示正常。注意：海拔每升高1000m，真空度将减小10kPa（76mmHg）。

2）发动机在怠速工况下，迅速开闭节气门时，真空度应在6.66～84.66kPa（50～635mmHg）之间随之摆动，且变化较灵敏，表明良好。

3）真空表要安装在节气门的后方，技术标准见表2-4。

表2-4 真空度技术标准

工　况	真　空　度
怠速	57.33～71.66kPa(430～530mmHg)
加速	6.66～84.66kPa(50～635mmHg)

相关知识

在发动机控制系统中，很多执行机构是利用进气歧管的真空度作为动力源，用真空式膜片执行器来实现控制动作的。因此在诊断时，需要利用真空测量仪给执行器施加标准的真空信号，来检查它们是否工作良好，从而判断故障的所在。

设备、工具和材料准备

1）一个量程0～100kPa（0～760mmHg）的真空表。

2）一台技术状况良好且经检验合格的发动机总成。

3）连接真空表的橡胶软管接头。

4）火花塞套筒、扳手、螺钉旋具等常用工具。

5）盛有机油的机油壶1个。

6）排除故障时可供更换的性能合格的零部件若干。

操作步骤

检查发动机的燃油润滑系统、冷却系统、电器系统及外观状况，进行起动前的准备。

1）安装真空表：将真空表用软管与发动机进气歧管测压孔接头相连接。或连接在化油器下座雨刮器接头上。真空表由表头和软管组成，真空表的量程为0～101.325Pa，旧式表头的量程为0～760mmHg，1mmHg＝0.133kPa。

2）使变速器处于空挡位置，起动发动机，以略高于正常怠速运转速运转。检查真空表和进气歧管连接软管及各接头部位，预热发动机准备检测。

3）当发动机达到正常工作温度（冷却液温度80°C以上），在怠速、加速、减速等各种工况下观察真空表示值，并据以判断发动机工作状况，确定故障发生部位及原因，并予排除，使发动机运转工况正常。怠速、急加速时，真空表示值应符合以上技术标难和要求。

4）怠速时，若真空表指针低于正常位置，则主要是活塞环、进气歧管或化油器衬垫漏气造成的，也可能与点火过迟或配气过迟有关。

5）怠速时，若真空表指针落至13.33kPa（100mmHg）左右，则说明某进气门处有结胶。

6）怠速时、若真空表指针有规律地下跌某一数值，则为某气门烧毁。

7）怠速时，若真空表指针跌落6.66kPa左右，则表明气门与气门座不密合。

8）怠速时，若真空表指针很快地在46.66～60kPa（350～450mmHg）之间摆动，升速时指针反而稳定，则表示进气门杆与其导管磨损松旷。

9）怠速时，若真空表指针在33.33～74.66kPa（250～560mmHg）之间缓慢摆动，且随发动机转速升高摆动加剧，则为气门弹簧弹力不足或气缸衬垫泄漏。

10）怠速时，若真空表指针停留在26.66～50.66kPa（200～380mmHg）之间，则为气门机构失调，气门开启过迟。

11）怠速时，若真空表指针跌落在46.66～57.33kPa（350～430mmHg）之间，则为点火时刻过迟。

12）怠速时，若真空表指在46.66～53.33kPa（350～400mmHg）之间缓慢摆动，则是火花系间隙太小或断电器触点接触不良。

13）怠速时，若真空表指针在17.33kPa（130mmHg）以下，则是进气歧管或化油器衬垫漏气。

14）怠速时，若真空表指针在17.33～64kPa（130～480mmHg）之间大幅度摆动，则说明气缸垫漏气。

15）若真空表指针最初指示较高，怠速时逐渐跌落到0，则为排气消声器或排气系统堵塞。

16）怠速时，若真空表指针在46～57.33kPa（33～43mmHg）之间缓慢摆动，则为化油器调整不良。

17）按真空表指针示值及摆动情况，结合其他故障症状及诊断方法，判断发动机故障并予排除。

18）故障排除后，进行重新检测，验证发动机工况。

进气歧管真空度的检测是一项综合性很强的检测，能测的项目很多，而且检测时无需拆下火花塞等机件，是最重要、最实用和最快速的测试方法之一。但是进气歧管真空度的检测也有不足之处，它往往不能指出故障的确切部位。比如，真空表能指示出气门有故障，但不能指示哪一个有故障，此情况只能再借助于测气缸压力或测气缸漏气量（率）的方法才能确诊。

考核标准

序号	考核内容	评分标准	配分	扣分	得分
1	正确使用工具、仪表	使用方法不正确扣5分	10		
		真空表安装位置错误扣5分			
2	根据真空表读数异常的现象找出故障原因	检验方法不正确扣15分	40		
		检查程序错误扣10分			
		判断结果错误扣15分			

（续）

序号	考核内容	评分标准	配分	扣分	得分
3	根据查找到的故障原因，排除故障（个别故障可口述）	不能排除扣20分	30		
		自制一处故障扣5分，扣完为止			
4	验证故障排除后的效果	不验证扣10分	10		
5	遵守安全规程，正确使用工量具，操作现场整洁，不超时	每项扣5分，扣完为止	10		
	安全用电、防火，无人身设备事故	因操作不当发生重大事故，此题按0分计			
备注		合　计	100		
		教师签字	年　月　日		

想一想，做一做

试测量进气歧管怠速时的真空度，并对测量结果进行分析。

项目2.5　电控汽油发动机怠速不良的故障检测与诊断

项目内容

1）掌握根据发动机不正常怠速现象判断导致发动机怠速不良的原因。
2）掌握排除发动机故障的方法。
3）故障设置及选取原则见表2-5。

表2-5　故障设置及选取原则

序号	故障设置	选取原则
1	个别气缸不工作或工作不良	在所列故障中任意选取两项
2	点火时间过早	
3	气门间隙过大或过小	
4	节气门未作基本设定	
5	怠速控制阀工作不良	

项目目的

1）能熟练操作废气分析仪。
2）能熟练调整发动机的怠速。
3）能正确检查并调整气门间隙。
4）能熟练检查发动机点火正时。
5）排除故障后发动机能正常工作。

技术标准及要求

1）发动机怠速运转平稳，怠速为600～850r/min（具体转速要看发动机的气缸数和发动机要求)。

2）火花塞的间隙：0.70~0.90mm。

3）发动机在怠速时，污染物排放符合国家规定。

相关知识

1. 怠速控制系统的类型

目前常见的怠速空气控制有两种基本类型：一是直接控制节气门全关时的最小开度，即所谓的节气门直动式；二是控制节气门旁通管路中的空气流量，即所谓的旁通空气式，见图2-5。

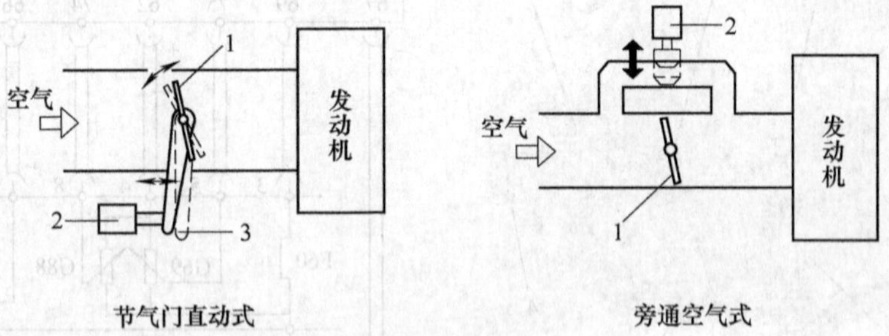

图2-5　怠速空气量的控制方式

1—节气门　2—怠速控制阀执行机构　3—节气门操纵臂

怠速控制系统主要由相关的传感器、执行器和电控单元ECM组成，各组成部分的功用见表2-6。

表2-6　怠速控制系统的组件及功能

组　件		功　能
传感器	转速传感器(Ne信号)	检测曲轴转速
	节气门位置传感器	检测发动机处于怠速状态
	冷却液温度传感器	检测发动机冷却液温度
	起动开关信号	检测发动机正在起动中
	空调开关(A/C)信号	检测空调的工作状态(ON、OFF)
	车速(里程)传感器	检测车速
	空挡启动开关信号(P/N)	检测换挡手柄位置
	液力变矩器负荷信号	检测液力变矩器负荷变化
	动力转向开关信号	检测动力转向工作状态
	发电机负荷信号	检测发电机工作状态
执行器	怠速控制阀(ISC)	控制节气门旁通空气量
ECM	根据从各传感器输入的信号,把发动机的实际转速与各传感器输入的信号所决定目标转速进行比较。根据比较得出的差值,确定相当于目标转速的控制量,去驱动控制空气量的执行器,使怠速转速控制在目标转速上	

在ECM的ROM中存储有各种怠速工况下的最佳怠速转速——目标转速。发动机怠速运

转时，ECM将发动机的实际转速与由各传感信号所决定的目标转速进行比较，根据比较所得差值，确定相当于目标转速的控制量，去驱动控制空气量的执行器，使怠速转速保持在目标转速附近。

2. 节气门直动式怠速控制系统

桑塔纳2000Gsi、捷达GT、GTX以及红旗CA7220E等型轿车，就采用了节气门直动式怠速控制执行机构，由节气门组件J338对怠速进行综合控制，见图2-6。

节气门控制组件J388与发动机电控单元J220（ECM）的电路连接关系，见图2-7。

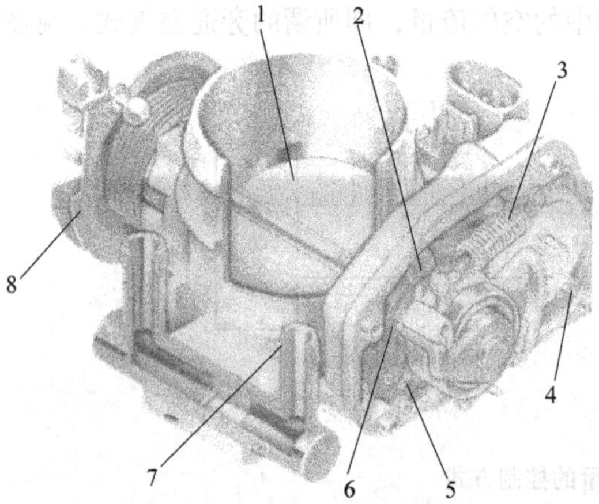

图2-6　节气门控制组件J338的结构

1—节气门　2—怠速节气门电位计　3—应急弹簧　4—怠速控制电动机V60　5—节气门电位计G69　6—怠速开关　7—冷却液进出管口　8—节气门操纵臂

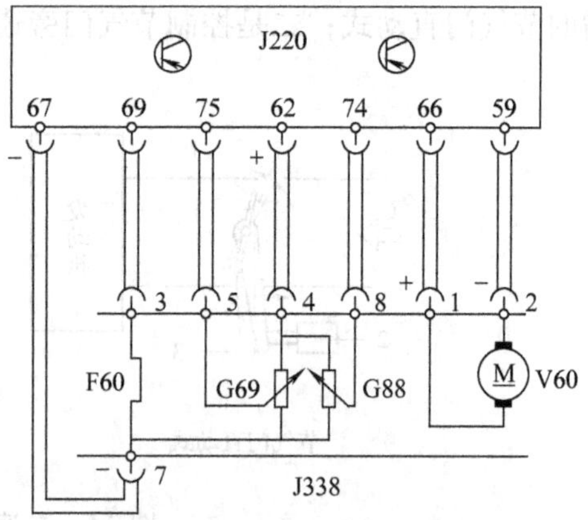

图2-7　节气门控制组件J338与发动机电控单元J220（ECM）连接电路

F60—怠速开关　G69—节气门电位计　G88—怠速节气门电位计　J220—发电机电控单元　J338—节气门控制组件　V60—怠速控制组件

节气门电位计G69安装在节气门轴上，与驾驶员操纵的加速踏板联动。它将节气门的开度转换为电信号输送给电控单元，作为电控单元判断发动机运转工况的依据。在配装自动变速器的汽车上，电控单元还要利用该信号来控制自动变速器。

3. 旁通空气式怠速控制机构

旁通空气式怠速控制执行机构，在节气门的旁通气道内设立一个阀门，阀门开大，旁通空气道截面增大，空气流量增大，怠速转速提高；反之，怠速转速降低。常见的控制形式有：步进电动机式、旋转滑阀式和线性脉冲电磁阀式。

（1）步进电动机式怠速控制阀　步进电动机式怠速控制阀由永磁转子、定子绕组总成和把旋转运动变成直线运动的进给丝杆以及阀门等部分组成。步进电动机的转子可在ECM的控制下，顺时针或逆时针旋转一定的角度，通过进给丝杆带动阀轴轴向移动，改变阀与阀座之间的截面积，进而调节流经节气门旁通气道的空气量，见图2-8。

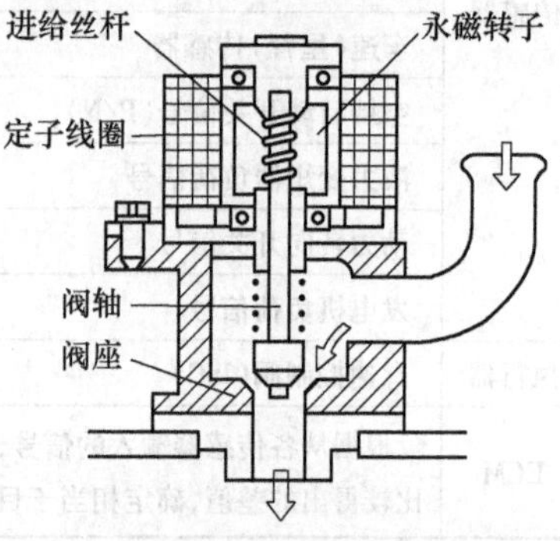

图2-8　步进电动机式怠速控制阀的结构

步进电动机的控制电路如图2-9所示。ECM按照一定

的顺序使 $VT_1 \sim VT_4$ 晶体管适时导通，分别向步进电动机四个定子绕组供电，驱动步进电动机旋转，调节旁通空气量，来调节怠速转速。

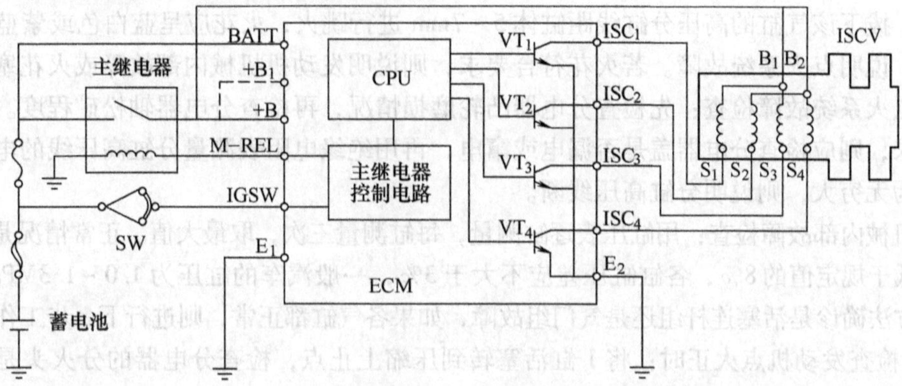

图 2-9　步进电动机式怠速控制系统原理电路

（2）旋转滑阀式怠速控制相关注意事项

1）调整发动机怠速，应在发动机运转至正常温度情况下进行。

2）分缸线试火时要注意安全。

3）检查气门间隙时要在发动机不发动的情况下进行。

4）调整发动机怠速后，应用废气分析仪检测发动机排污物是否达标。

设备、工具和材料准备

1）技术状况良好的发动机总成 1 台，排除故障时可用于更换的、性能合格的零部件若干。

2）火花塞套筒、缸压表、废气分析仪、感应式发动机转速表、塞尺各 1 件。

3）常用工具 1 套。

操作步骤

1）先起动发动机，仔细听进气系统是否有漏气声，如果有漏气声应检查以下部位：

①化油器衬垫、进气歧管衬垫处等。

②真空装置及管路是否有老化、破裂、脱落。

③空气滤清器是否堵塞。

④曲轴箱通风装置是否失效。如果进气系统没有漏气声，则进行下一步检查。

2）检查化油器故障

①调整节气门拉杆。

②用化油器清洗液着车清洗化油器。

③接上汽车废气分析仪和感应式发动机转速表，调整怠速达到规定值。如果化油器正常，则进行下一步工作。

3）检查个别气缸不工作或工作不良。检查步骤如下：个别气缸不工作或工作不良的诊断可采用单缸断火法。若单缸断火后，发动机转速明显下降，表明该气缸工作良好；若某气缸断火后，发动机转速不下降或下降不明显，均表明该气缸不工作或工作不良。查出个别气缸不工作或工作不良后再判断是点火系统还是发动机机械内部故障导致个别气缸不工作或工作不良。拔下该气缸的高压分缸线距缸体5～7mm进行跳火，火花应呈蓝白色或紫蓝色。若火花弱，说明点火系统故障。若火花符合要求，则说明发动机机械内部故障或火花塞故障。

①点火系统故障检查：先检查分电器凸轮磨损情况，再检查分电器轴松矿程度。如果都符合要求，则应检查分电器盖是否漏电或窜电，再用绝缘电阻表测量分缸高压线的电阻。如果电阻为无穷大，则说明分缸高压线断。

②机械内部故障检查：用缸压表逐缸测量，每缸测量三次，取最大值。正常情况是：各缸缸压不低于规定值的8%，各缸缸压差应不大于3%，一般汽车的缸压为1.0～1.3MPa。用加机油的方法确诊是活塞连杆组还是气门组故障，如果各气缸都正常，则进行下一步工作。

4）检查发动机点火正时：将1缸活塞转到压缩上止点，检查分电器的分火头是否指向1缸分缸线头上。如果不是，则进行调整。点火过早，使分电器顺着分火头旋转方向转过一个角度。点火过迟，使分电器逆分火头旋转方向转过一个角度。如果发动机点火正时正常，则进行下一步工作。

5）检查气门间隙：先用规定的扳手松开锁紧螺母，把规定厚度的塞尺插入气门脚上，用螺钉旋具转动调整螺母使气门间隙达到规定值：

冷态：进气门（0.23±0.05）mm；排气门（0.45±0.05）mm；

热态：进气门（0.20±0.05）mm；排气门（0.40±0.05）mm。

怠速不稳是发动机维修中遇到最多的故障。如果诊断思路不正确会延长修理时间，降低工作效率，甚至使车主等待不及而转到另一家汽修厂。

1. 怠速不稳的分类

1）如何观察怠速不稳

①观察发动机缸体抖动程度，也可以观看机油尺晃动的程度，平稳的油尺很清晰，抖动的油尺看起来是双的。

②从发动机转速表观察，转速以怠速期望值为中心抖动，或在期望值一侧剧烈抖动，程序中的怠速期望值包括标准怠速值、负荷（打开灯光，自动变速器挂上挡等）怠速值、空调怠速值、暖车怠速值。

③原地起动发动机，坐在座椅上感觉车身剧烈抖动。

2）按出现规律分类

①冷车（冷却液温度低于50℃）有节奏的不稳。

②热车（冷却液温度高于50℃）有节奏的不稳。

③无规律的剧烈抖动一、两下。

3）按抖动程度分类

①正常，以怠速期望值，10r/min抖动。

②一般不稳，以怠速期望值，20r/min抖动。

③严重不稳，超过怠速期望值，20r/min抖动。

④在怠速期望值的一侧剧烈抖动。

4）按原因关联分类

①直接原因：指机械零件脏污、磨损、安装不正确等，导致个别气缸功率的变化，从而

造成各气缸功率不平衡，致使发动机出现怠速不稳。

②间接原因：指发动机电控系统不正常，导致混合气燃烧不良，造成各气缸功率难以平衡，使发动机出现怠速不稳。

5）按故障系统分类

①进气系统。

②燃油系统。

③点火系统。

④发动机机械系统。

6）怠速抖动机理，是气缸内气体作用力的变化（一个气缸气体作用力变化或几个气缸气体作用力变化），引起各气缸功率不平衡，导致各活塞在做功行程时的水平方向分力不一致，出现对发动机横向摇倒的力矩不平衡，从而产生发动机抖动。也可以说，凡是引起发动机气缸内气体作用力变化的故障，都有可能导致发动机怠速抖动。

2. 怠速不稳的原因

（1）进气系统

1）进气歧管或各种阀泄漏造成不该进入的空气、汽油蒸汽、燃烧废气进入到进气歧管，使得混合气过浓或过稀，使发动机燃烧不正常。当漏气位置只影响个别气缸时，发动机会出现较剧烈的抖动，对冷车怠速影响更大。常见原因有：进气总管卡子松动或胶管破裂；进气歧管衬垫漏气；进气歧管破损或其他机件将进气歧管磨出孔洞；喷油器 O 形密封圈漏气；真空管插头脱落、破裂；曲轴箱强制通风，PCV 阀开度大；活性炭罐阀常开；废气再循环 EGR 阀关闭不严等。

2）节气门和周围进气道的积炭、污垢过多，空气通道截面积发生变化，使得电控单元无法精确控制怠速进气量，造成混合气过浓或过稀，使燃烧不正常。常见原因有：节气门有油污或积炭；节气门周围的进气道有油污、积炭；怠速步进电动机、占空比电磁阀、旋转电磁阀有油污、积炭。

3）怠速空气执行元件故障导致怠速空气控制不准确。常见原因有：节气门电动机损坏或发卡；怠速步进电动机、占空比电磁阀、旋转电磁阀损坏或发卡。

4）电控单元接收错误信号而发出错误的指令，引起发动机怠速进气量控制失准，使发动机燃烧不正常，属于怠速不稳的间接原因。常见原因有：空气流量计或其线路故障；进气压力传感器或其线路故障；发动机电控单元插头因进水接触不良或电控单元内部故障。

（2）燃油系统

1）喷油器故障：喷油器的喷油量不均、雾状不好，造成各气缸发出的功率不平衡。常见原因有喷油器堵塞、密封不良、喷出的燃油成线状等。

2）燃油压力故障：油压过低，从喷油器喷出的燃油雾化状态不良或者喷出的燃油成线状，严重时只喷出油滴，喷油量减少使混合气过稀。油压过高，实际喷油量增加，使混合气过浓。常见原因有燃油滤清器堵塞；燃油泵滤网堵塞；燃油泵的泵油能力不足；燃油泵安全阀弹簧弹力过小；进油管变形；燃油压力调节器有故障；回油管压瘪堵塞。

3）喷油量失准：各传感器或线路故障，导致电控单元发出错误指令，使喷油量不正确，造成混合气过浓或过稀，是怠速不稳的间接原因。具体原因有：空气流量计（或进气歧管压力传感器）故障；节气门位置传感器故障；节气门怠速开关故障；冷却液温度传感器故障；进气温度传感器故障；氧传感器失效；以上传感器的线路有断路、短路、接地故障；发动机电控单元插头因进水接触不良或电控单元内部故障。

（3）点火系统

1）点火模块与点火线圈：近些年各车型多将点火模块与点火线圈制成一体，点火模块或点火线圈有故障主要表现为高压火花弱或火花塞不点火。常见原因有：点火触发信号缺失；点火模块有故障；点火模块供电或接地线的连接松动、接触不良；初级线圈或次级线圈有故障等。

考核标准

序 号	故障设置	考核要求	评分标准	配分	扣分	得分
1		正确使用工具、仪器	工具使用错误扣5分	10		
2		根据怠速不良的故障现象，确定故障性质	确定错误扣10分	20		
3		确定故障的原因	检查方法错误扣10分 检查程序错误扣10分 检查结果错误扣10分	30		
4		确定故障部位（口述）	确定错误扣10分	10		
5		排除发动机怠速不良故障	不能排除扣20分 不能完全排除酌情扣分	20		
6		遵守安全规程，正确使用工量具，操作现场整洁	没有验证扣10分 验证方法不当酌情扣分	10		
7		安全用电、防火，无人身设备事故	因操作不当发生重大事故，此题按0分计			
备注			合　计	100		
			教师签字	年　月　日		

注：考核时间为45min。

想一想，做一做

如何检查真空漏气所造成的发动机怠速不稳故障？都需要检查哪些地方？

项目2.6　汽油发动机动力不足的故障检测与诊断

项目内容

1）掌握诊断发动机功率下降故障的方法。

2）能运用正确的判断方法找出故障的部位。

3）能排除发动机功率下降的故障。

4）故障设置及选取原则见表2-7。

表 2-7　故障设置及选取原则

序　号	故障设置	选取原则
1	点火系统故障	在所列故障中任意选取两项
2	供排系统故障	
3	机械故障	
4	冷却系统故障	
5	润滑系统故障	

项目目的

1）正确分析发动机功率下降的原因。

2）熟悉发动机冷却系统、润滑系统故障的检查。

3）掌握发动机点火系统、供排系统、机械部分故障的诊断与排除。

4）掌握发动机功率下降故障的排除方法。

技术标准及要求

1）发动机功率的检测需要在发动机综合测试仪上进行。根据《机动车辆运行安全技术条件》的规定，在用车发动机功率不得低于额定功率的75%，大修后发动机功率不得低于额定功率的90%。

2）气缸密封性的检测标准是根据《机动车辆运行安全技术条件》的规定，大修竣工后发动机的气缸压力应符合原设计规定，汽油发动机各气缸压力差应不超过气缸平均压力的3%。

3）发动机在各种工况下，发动机的功率都应符合要求。

相关知识

1. 电控单元控制的汽油发动机增压系统

所谓发动机增压，就是将空气进行预压缩，然后再供入气缸的一种技术措施。它通过提高进气的密度来增加进气量，从而可以使发动机的功率增加。当今在汽油发动机上得到广泛应用的有涡轮增压和机械增压两种。

图 2-10 所示为一种由电控单元控制的机械增压系统。空气按下列顺序流过系统各部件：空气滤清器→空气流量传感器→节气门体→机械增压器→中间冷却器→气缸。机械增压器由曲轴带轮经传动带和电磁离合器驱动。当电磁离合器接通时，压气机工作，当电磁离合器断电时，压气机停止工作。

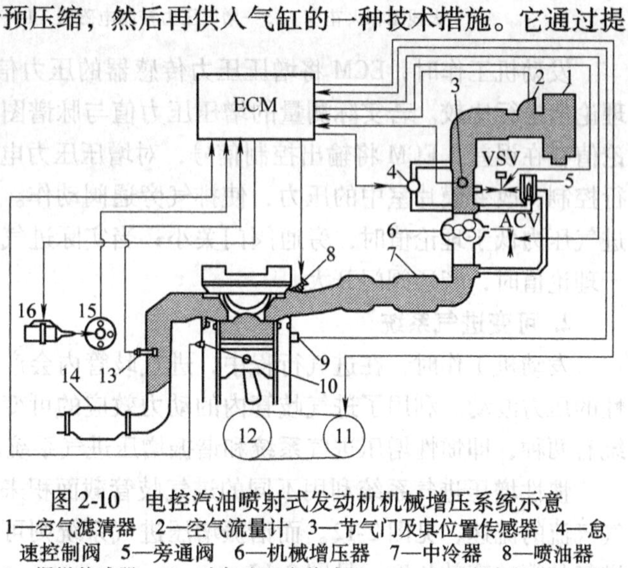

图 2-10　电控汽油喷射式发动机机械增压系统示意
1—空气滤清器　2—空气流量计　3—节气门及其位置传感器　4—怠速控制阀　5—旁通阀　6—机械增压器　7—中冷器　8—喷油器　9—爆燃传感器　10—冷却液温度传感器　11—电磁离合器　12—曲轴带轮　13—氧传感器　14—TWC　15—分电器　16—点火线圈

在怠速或低速小负荷下，不需要

增压，ECM 使电磁离合器断电，离合器分离，增压器停止转动。同时，ECM 给进气旁通阀通电使其开启，空气经进气旁通阀及旁通管路进入增压器下游的进气歧管。当 ECM 接通离合器电源时，离合器接合，增压器工作。

图 2-11 所示的是由电控单元控制的涡轮增压系统。电控单元 ECM 通过操纵增压压力控制电磁阀控制膜片式控制阀左侧气室内的压力。当左室压力低时，右室内的弹簧推动膜片左移，并带动联动杆将排气旁通阀关闭。发动机的排气推动涡轮机旋转，并带动同轴的压气机一起旋转。进气管岐内的空气被压气机压缩后经由中间冷却器进入气缸。当左室压力高时，膜片右移，并通过联动杆将排气旁通阀打开，使部分排气直接排入大气，从而降低涡轮机转速和增压压力。

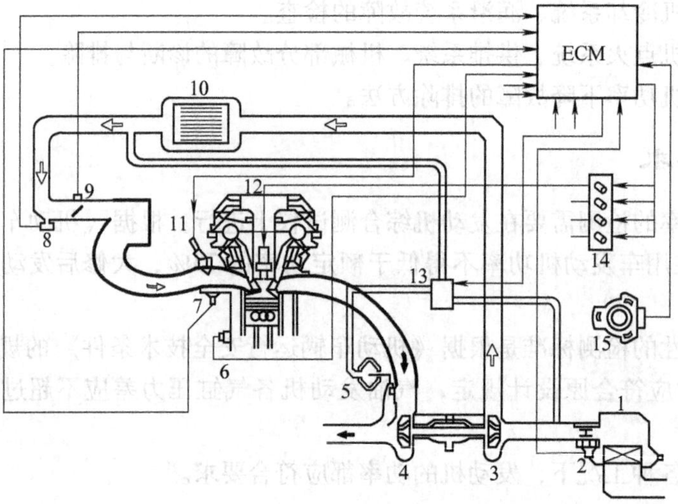

图 2-11　带有涡轮增压的汽油机电子控制系统

1—空气滤清器　2—空气流量计　3—压气机　4—涡轮机　5—膜片阀　6—爆燃传感器　7—冷却液温度传感器　8—增压压力传感器　9—节气门传感器　10—中冷器　11—喷油器　12—点火线圈和火花塞　13—增压压力控制电磁阀　14—点火器　15—曲轴位置传感器

发动机工作时，ECM 将增压压力传感器的压力信息，与储存在脉谱图中相应工况下的理论值进行比较。若实际测量的增压压力值与脉谱图中的理论值存在误差，ECM 将输出控制信号，对增压压力电磁阀进行控制，改变膜片室中的压力，使排气旁通阀动作。当实际进气压力低于理论值时，旁通阀门关小；当实际进气压力高于理论值时，旁通阀门开大。

2. 可变进气系统

发动机工作时，在进气行程中，进气歧管内会产生周期性的压力波动。利用了进气歧管内的动力效应的可变进气系统有两种，即惯性增压进气系统和谐振增压进气系统。

惯性增压进气系统利用不同的进气歧管截面积来改变进气气流的流速，见图 2-12。而谐振增压进气系统则可以改变进气歧管的有效长度，见图 2-13。

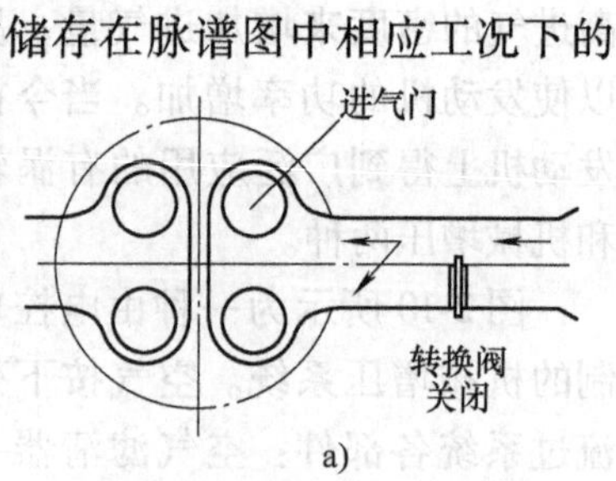

图 2-12　惯性增压进气系统

可变进气转换阀的控制方法各车型并不完全一样。

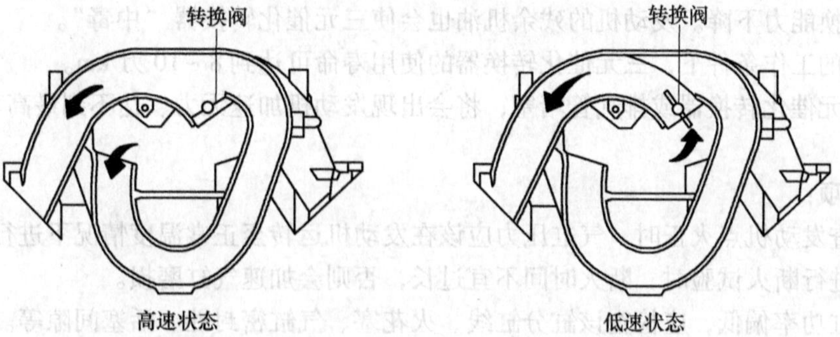

图 2-13 谐振增压进气系统

进气转换阀的开启和关闭，是由膜片式执行器来完成的。膜片室中的工作压力，受三通电磁阀控制，三通电磁阀则由 ECM 操纵。

当发动机在中、低速（不大于 5200r/min）状态下工作时，三通电磁阀不通电，膜片式执行器与三通电磁阀的空气滤清器（通大气）之间的通路被切断，膜片式执行器与真空罐之间形成通路，真空作用在执行器膜片室。膜片带动拉杆，关闭进气转换阀门，见图 2-14。

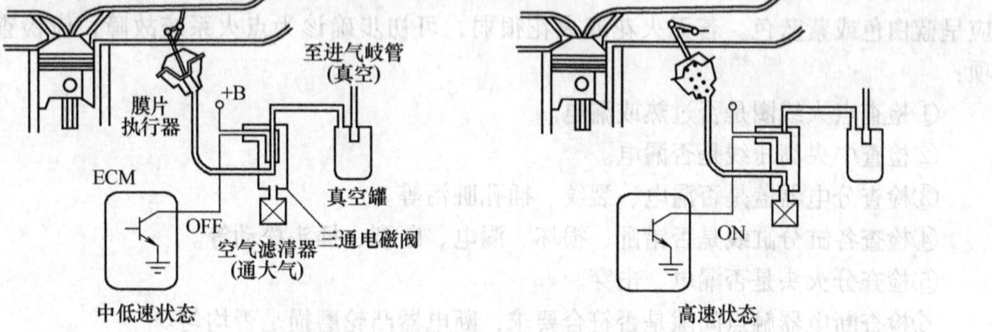

图 2-14 可变进气系统的控制原理图

当发动机在高速（大于 5200r/min）状态下工作时，ECM 输出控制信号使三通电磁阀通电，膜片式执行器与真空罐之间的通道被切断，转而与大气接通，此时大气压作用在执行器膜片室，使膜片带动拉杆将进气转换阀打开，结果各气缸的进气通道变为两个，见图 2-14。

3. 三元催化转换器（TWC）

三元催化转换器不仅能促使 CO、HC 氧化，也能促使 NO_x 还原，从而使 CO、HC 和 NO_x 三种有害成分都得到净化，生成 N_2、CO_2 和 H_2O。三元催化转换器和空燃比闭环控制结合在一起，形成了现在所能达到的最有效的污染净化系统。

要达到转化率高且使用寿命长的理想状况，三元催化转换器的使用温度应在 400 ~ 800℃之间。当温度达到 800 ~ 1000℃时，会加速催化剂的热老化。当温度超过 1000℃时，会导致催化剂迅速变质，很快就完全丧失催化功能。另外，若发动机工作不正常，如燃烧失火或混合气长期处于浓的情况下，可能使催化剂温度达到 1400℃以上，这时会将载体材料烧熔而使 TWC 完全损坏。

如果使用了含铅汽油，则铅的生成物会沉积覆盖在催化剂活性表面，造成“铅中毒”

而使催化转换能力下降。发动机的残余机油也会使三元催化转换器“中毒”。

在良好的工作条件下，三元催化转换器的使用寿命可达到8~10万km。

如果三元催化转换器或排气管堵塞，将会出现发动机加速无力、达不到最高车速等故障现象。

注意事项：

1）检查发动机点火正时、气缸压力应该在发动机运转至正常温度情况下进行。

2）在进行断火试验时，断火时间不宜过长，否则会加速气缸磨损。

3）单缸功率偏低，应检查该缸分缸线、火花塞、气缸密封性、活塞间隙等。

设备、工具和材料准备

1）技术状况良好的轿车1辆，并按本模块的故障设置要求设置故障。

2）点火正时灯、点火示波器、气缸压力表、发动机综合测试仪各1个。

3）常用工具1套。

操作步骤

1）拔下中央高压线，将高压线接头距机体7~10mm，起动发动机进行跳火试验，火花应呈蓝白色或紫蓝色。若无火花或火花很弱，可初步确诊为点火系统故障，应检查以下几项：

①检查点火线圈是否过热或漏电。

②检查中央高压线是否漏电。

③检查分电器盖是否漏电、裂纹、插孔脏污等。

④检查各缸分缸线是否错乱、损坏、漏电、断裂、插头松动等。

⑤检查分火头是否漏电、击穿。

⑥检查断电器触点间隙是否符合要求，断电器凸轮磨损是否均匀。

⑦检查分电器轴是否松旷，电容是否被击穿。

⑧检查分电器搭铁是否良好。

⑨检查发动机点火正时是否符合要求，若火花正常，进行下一步检查。

2）拆下化油器进油管，起动发动机，观察出油管出油的情况。如果出油管出油不足，则应检查燃油的油路是否有堵塞、泄漏以及汽油泵的泵油性能；如果出油管出油符合要求，则应进行下一步检查。

3）起动发动机并加速，观察排气管口出烟情况。如果排气管不冒烟，则应检查排气管是否堵塞；如果排气管随加速冒烟增多，则应进行下一步检查。

4）拔下与进气歧管连接的PCV阀管，用嘴吹PCV阀管，应不通，如果通，则说明PCV阀失效；如果不通，则应进行下一步。

5）检查发动机点火正时，如果点火正时正常，则应进行下一步检查。

6）用缸压表检查发动机各缸的气缸压力，一般汽车的缸压在1.0~1.33MPa之间，如果缸压过低，则应该检查以下几项：

①检查气门组的密封性。

②检查气缸垫、气缸体、气缸盖。

③检查气缸活塞组的密封性，如果各缸缸压都符合要求，则应进行下一步检查。

7）拆下气门室罩，用塞尺检查气门的间隙。如果气门间隙符合要求，则进行下一步工作。

8）起动发动机，使发动机运行一段时间，检查发动机的温度。如果温度过高，则应检查冷却系统是否能进行大循环以及冷却风扇的风量；如果冷却系统良好，则应该检查发动机的润滑系统。

考核标准

序号	故障设置	考核要求	评分标准	配分	扣分	得分
1		正确使用工具、仪器	工具使用错误扣5分 使用不当酌情扣分	10		
2		根据发动机功率下降的故障查找出故障原因	检查方法错误扣10分 检查程序错误扣10分 检查结果错误扣10分	30		
3		明确发动机功率下降的故障部位（口述）	确定错误扣10分	10		
4		排除发动机的故障（个别可口述）	不能排除扣30分 不能完全排除酌情扣分	30		
5		验证排除效果	没有验证扣10分 验证方法不当酌情扣分	10		
6		遵守安全操作规程，操作现场整洁	每项扣2分，扣完为止	10		
		安全用电、防火，无人身设备事故	因操作不当发生重大事故，此题按0分计			
备注			合　计	100		
			教师签字	年　月　日		

注：考核时间为45min。

想一想，做一做

试分析轿车加速不良、货车爬坡能力下降的原因。

项目2.7　发动机润滑系统的故障检测与诊断

项目内容

1）能正确根据发动机工作时的不正常现象判断油压过低的故障原因。
2）能熟练检查发动机机油的质量。
3）能熟练检查机油泵的“三隙”。
4）故障排除后发动机能正常运行。

5）能够根据经验法或测定法分析故障的原因。
6）能够正确使用缸压表检测气缸的压力。
7）能熟练检查PCV通风阀是否失效。
8）排除故障后发动机机油油耗符合标准。
9）故障设置及选取原则见表2-8。

表2-8 故障设置及选取原则

序号	故障设置	选取原则
1	电路指示系统的线路	在所列故障中任意选取两项
2	油压传感器	
3	机油油量	
4	电容器击穿短路	
5	机油泵	
6	气门室盖处	
7	PCV通风阀	
8	机油滤清器衬垫	
9	放油塞	
10	汽油泵密封面	

项目目的

1）了解检查机油油面高度，机油的质和量。
2）熟悉检查机油泵的方法。
3）熟悉检查各轴承的间隙。
4）掌握排除发动机润滑油压力过低故障的方法。
5）了解检查各密封处漏油的方法。
6）熟悉检测缸压的方法。
7）掌握判断发动机润滑油油耗过大的原因。
8）掌握检查通风阀，排除发动机润滑油油耗过大故障的方法。

技术标准及要求

1）一般轿车在怠速状态的机油压力应达到49～78kPa，在常用转速范围内应为196～490kPa，中等转速下应不低于98kPa。当发动机高速运转时油压不应大于490kPa。
2）机油的温度不易过高，一般保持在70～80℃。
3）一般发动机润滑油油耗正常情况下小于0.1L/100km。
4）排除故障后，发动机的机油油耗应符合要求。

相关知识

1. 润滑系统的组成

桑塔纳2000型轿车发动机是压力循环式润滑，润滑油路见图2-15。油底壳内的机油经液压泵加压和机油滤清器滤清后，被输送到主油道内。然后分两路分别润滑两大机构的曲轴和配气凸轮轴。机油压力表的油压传感器安装在主油道上，是一个常闭式油压开关，通过机油压力表显示主油道内的压力。油压过低报警开关安装在离主油道较远的缸盖配气凸轮轴油道上，是一个常开式油压开关，油压过低时闭合，并接通红色油压过低报警灯警示。

桑塔纳 3000 型轿车四缸 AJR 型发动机润滑油路，见图 2-16。东风汽车六缸发动机的润滑油路，见图 2-17。

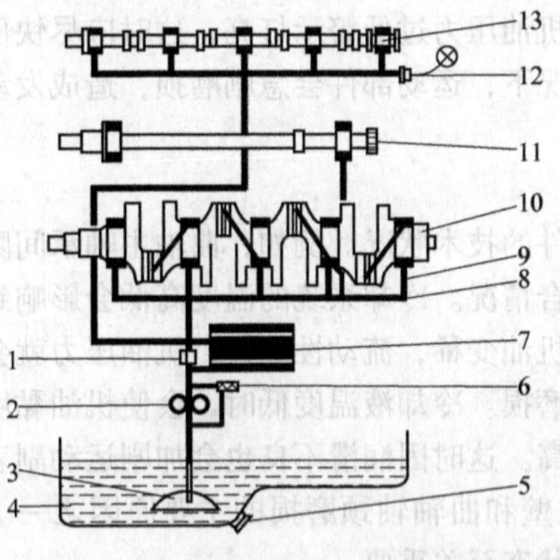

图 2-15 桑塔纳 2000 型轿车发动机润滑系统示意图

1—旁通阀 2—机油泵 3—集滤器 4—油底壳 5—放油塞 6—安全阀 7—机油滤清器 8—主油道 9—分油道 10—曲轴 11—中间轴 12—压力开关 13—凸轮轴

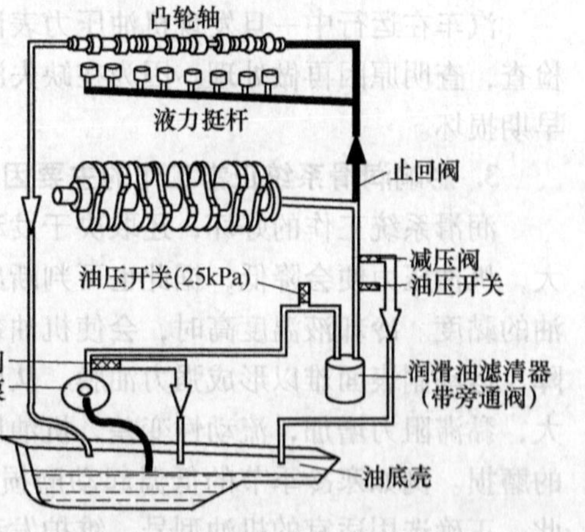

图 2-16 桑塔纳 3000 型轿车四缸 AJR 型发动机润滑系统示意图

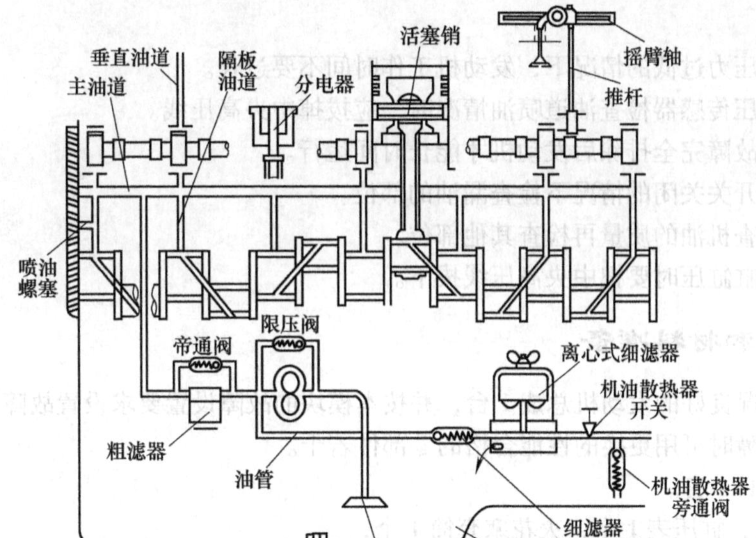

图 2-17 六缸发动机的润滑油路

2. 润滑系统的功用

发动机润滑系统有润滑、密封、清洗、冷却、防腐蚀、减振、降噪等的功用。一般汽油发动机机油正常压力应为0.2～0.4MPa，一般不低于0.15MPa，不高于0.45MPa；柴油发动机机油压力因柴油发动机的压缩比高，机械负荷较大而较高，一般为0.29～0.59MPa。具体发动机的机油压力许用值可参阅相关维修手册。

汽车在运行中一旦发现机油压力表读数异常或机油压力过低警示灯亮，这时应尽快停车检查，查明原因再做处理。因为在缺失润滑油的情况下，运动部件会急剧磨损，造成发动机早期损坏。

3. 影响润滑系统正常工作的主要因素

润滑系统工作的好坏，还取决于发动机其他部件的技术状况。例如，曲轴主轴承间隙变大，机油压力便会降低，据此也可判断出轴承的配合情况。冷却系统的温度高低会影响到机油的黏度。冷却液温度高时，会使机油黏度变小，机油变稀，流动性加快，机油压力就会下降，运动副表面难以形成强力油膜，从而加剧机件磨损。冷却液温度低时，会使机油黏度增大，黏滞阻力增加，流动性变差，机油压力就会升高。这时因润滑不良也会加剧运动副表面的磨损。例如寒冷季节的低温起动磨损，就是气缸壁和曲轴轴颈磨损的主要原因之一。因此，正确选用适宜的机油型号，维护发动机的技术状态至关重要。

4. 机油压力过低的原因

1）外部泄漏，一般可见油迹。

2）运动副（曲轴轴承和轴颈）间因机械磨损间隙变大，润滑液流失快。

3）发动机冷却液温度过高造成机油黏度下降，压力下降。

4）机油泵内部磨损或限压阀卡滞；内部泄露使泵油能力下降。

5）机油压力传感器或机油压力表故障。

注意事项：

1）在机油压力过低的情况下，发动机工作时间不要过长。

2）拆下油压传感器检查油道喷油情况时，应拔掉中央高压线。

3）在确定故障完全排除后发动机才能长时间运行。

4）在点火开关关闭的情况下检查漏油的部位。

5）应先检查机油的质量再检查其他部位。

6）检测气缸缸压时要把中央高压线拔下。

设备、工具和材料准备

1）技术状况良好的发动机总成1台，并按本模块的故障设置要求设置故障。

2）排除故障时可用更换的性能合格的零部件若干。

3）常用工具1套。

4）机油1L，缸压表1个，火花塞套筒1个，

操作步骤

1. 润滑油压力过低的故障诊断

（1）试车检查

1）如果油压始终过低，应先拔出机油尺检查机油量。若机油充足，则应检查机油压力表或传感器。当拆下机油传感器短时间起动发动机时，若机油喷出无力，则应检查机油滤清器旁通阀、限压阀、集滤器、机油泵。

2）如果刚起动发动机时油压正常，运转一段时间后油压迅速降低，则应检查油面。若油面正常，则应检查机油质量。

3）如果运转时油压突然降低，应立即熄火，检查机油有无突然大量泄漏，如机油滤清器衬垫损坏等。

4）如果刚起动发动机后机油压力就低，应检查有无泄漏，再检查机油压力表和传感器。

5）如果急加速时同时伴有轴承异响，则应检查轴承间隙。

（2）检查机油的量和质

1）检查机油油面：可拔出机油尺擦干净后检查。在发动机熄灭一段时间，等待润滑油全部流回油底壳后再进行，并且要停放在平地上。发动机检查油面应在机油尺最大与最小之间。

2）检查机油的油质：可用手指捻试并与规定牌号对比，若机油过稀，则应检查汽油泵膜片、气缸垫、缸体、缸盖。如果机油正常，则进行下一步检查。

（3）判断电路指示系统和润滑系统油路故障

1）将导线从传感器上拆下，打开点火开关，使导线与机体搭铁。如机油压力表指针急速上升到头，则说明油压表良好；如机油压力表指针不动，则说明机油压力表失效。

2）拆下传感器，起动发动机，观察油喷情况，如流出的机油充足，则说明传感器失效；反之，如油压不足，则说明故障在润滑系统油路上，如果故障在润滑系统油路上，则进行下一步检查。

（4）检查机油滤清器　检查滤芯是否堵塞，检查旁通阀是否工作正常。如果机油滤清器正常，则进行下一步检查。

（5）拆检机油泵

1）机油泵简易检验方法：拆下机油泵，使集滤器浸入在机油中，用手转动机油泵轴，作泵油试验。如发现有大量的泡沫随机油从出油口冒出，再堵塞限压阀外部的透气孔，继续泵油，如能使泡沫消失，说明该限压阀柱塞与缸筒配合间隙过大。如泵出的机油无泡沫现象，用布团塞紧出油口，并用手用力按住，继续转动机油泵轴，如此时感到阻力很大，难于转动，则说明机油泵性能良好。

2）拆检测量机油泵的磨损情况，如果机油泵正常，则进行下一步检查。

（6）解体发动机检查各轴承的间隙

2. 发动机润滑油消耗过大的故障诊断

（1）关闭点火开关，检查各密封垫或油封是否漏油

1）气门室盖处是否有机油（上漏），如果有机油，则应检查气缸盖、气缸垫；如果没有机油，则进行下一步检查。

2）检查油底壳、放油塞是否漏油（下漏），如果不漏，则进行下一步检查。

3）检查正时齿轮、曲轴前油封是否漏油（前漏），如果不漏，则进行下一步检查。

4）检查曲轴后油封、凸轮轴后油堵是否漏油（后漏），如果不漏，则进行下一步检查。

5）检查机油滤清器、汽油泵密封面是否漏油（侧漏），如果不漏，则进行下一步检查。

（2）检查排气管冒蓝烟故障的诊断　排气管冒蓝烟，则说明机油被吸入燃烧室，应进行下面几项检查：

1）检测缸压，如果缸压不正常，则应用加机油的方法确定故障部位。

2）检查 PCV 通风阀是否失效。

3）如果加机油口有脉动冒烟，则应检查气缸活塞组磨损情况。

4）如果排气管冒蓝烟，加机油口不脉动冒烟，则应检查气门导管处是否密封及气门导管的间隙是否过大，气门挡油圈是否失效。

考核标准

序　号	故障设置	考核要求	评分标准	配分	扣分	得分
1		正确使用工具、仪器	工具使用错误扣 5 分	10		
2		根据故障现象，确定故障性质	确定错误扣 10 分	20		
3		查找故障的原因	检查方法错误扣 10 分 检查程序错误扣 10 分 检查结果错误扣 10 分	20		
4		确定故障部位（口述）	确定错误扣 10 分	10		
5		故障排除	不能排除扣 20 分 不能完全排除酌情扣分	20		
6		验证排除效果	没有验证扣 10 分 验证方法不当酌情扣分	10		
7		遵守安全规程，正确使用工量具，操作现场整洁	每项扣 2 分，扣完为止	10		
		安全用电、防火，无人身设备事故	因操作不当发生重大事故，此题按 0 分计			
备注			合　计	100		
			教师签字	年	月	日

注：考核时间为 50min。

想一想，做一做

试分析发动机烧机油的原因。

项目 2.8　发动机冷却不良的故障检测与诊断

项目内容

1）根据发动机冷却液温度过高的故障现象，找出故障原因。

2）运用正确的方法排除故障。

3）故障设置及选取原则见表 2-9。

表 2-9　故障设置及选取原则

序　号	故障设置	选取原则
1	节温器故障	在所列故障中任意选取两项
2	水泵故障	
3	散热器散热不良	
4	冷却风扇故障	
5	点火正时不正确	

项目目的

1）了解调整点火正时的方法。

2）熟悉根据发动机运转时过热的故障现象，找出故障的原因。

3）掌握运用点火正时灯。

4）排除发动机过热的故障。

技术标准及要求

1）点火提前角符合原厂规定。

2）发动机节温器应正常。

3）冷却风扇工作正常。

4）发动机在各种工况下运转时，其冷却液温度表应显示正常。

5）散热器散热良好，表面不得有过多污物，内部水垢不能太多。

6）风扇带挠度为 10～15mm（在 30～40N 的作用下）。

相关知识

1. 冷却系统的组成

冷却系统主要由水泵、散热器、节温器、风扇、分水管、水套、百叶窗、冷却液温度表或冷却液温度报警器等组成。根据风扇驱动方式的不同，可分为机械风扇式冷却系统和电动风扇式冷却系统，机械风扇式冷却系统普遍采用硅油式或电磁式风扇离合器。现代轿车广泛采用电动风扇式强制冷却系统，其电动风扇由温控开关或控制器控制，且配有膨胀水箱。桑塔纳 2000 型发动机电动风扇式强制冷却系组成见图 2-18。

2. 冷却系统的功用

冷却系统的功用，是使发动机在所有工况下都能保持在适当的温度范围内（80～90℃）。既要防止发动机过热，也要防止冬季发动机过冷。在发动机冷起动之后，冷却系统还要保证发动机迅速升温，尽快达到正常的工作温度。在行车过程中发现冷却液温度表读数异常，冷却液指示灯点亮，应立即停车检查。因为冷却液温度过高将造成发动机过热，零件强度降低，机油变质，磨损加剧，导致发动机动力性、经济性、可靠性等的全面下降。冷却液温度过低或使发动机长期在低温下工作，均会使散热损失及摩擦损失增加，零件磨损加剧，排放恶化，发动机工作粗暴，功率下降及燃油消耗率增加。

冷却系统的工作原理是利用发动机带动水泵和风扇，强制使冷却液循环，配合风扇带走热量。冷却强度可根据节温器和风扇热敏控制开关自动调节，从而使发动机在适当的温度范围内工作。

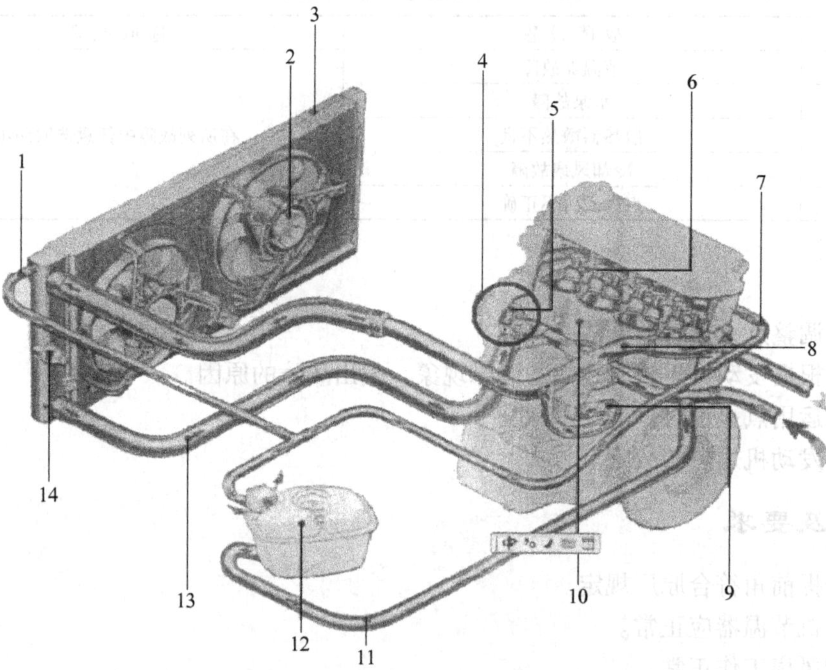

图 2-18 桑塔纳 2000 型轿车发动机电动风扇强制冷却系

1—过热蒸汽管 2—电动风扇 3—散热器 4—齿形带带轮 5—水泵、节温器 6—气缸盖水套 7—发动机水套排气管 8—冷却液上橡胶软管 9—节气门热水管 10—气缸体水套 11—冷却液下橡胶软管 12—冷却液膨胀水箱 13—进液管 14—电动风扇双速热敏开关

注意事项：

1）在发动机冷却液温度下降后再拆下节温器。

2）在断开风扇电源的情况下，检查散热器的表面有无污物。

3）先拔下风扇的插头再检查风扇的叶片。

4）检查点火正时，发动机工作时间为何不应过长。

设备、工具和材料准备

1）技术状况良好的发动机总成 1 台，并按本模块的故障设置要求设置故障。

2）点火正时灯、加热器、烧杯、温度计各 1 个。

3）常用工具 1 套。

操作步骤

1）起动发动机，观察故障的不同症状，如回火、放炮、加速不良、发动机爆燃等。如果发动机有爆燃、回火、放炮现象，则应检查发动机的点火正时；如果发动机出现加速不良现象，则应检查供油系统或清洗化油器；如果没有以上现象，则进行下一步工作。

2）关闭点火开关，检查百叶窗是否关闭或开度不足。

3）检查风扇

①检查风扇带松紧度是否适当，否则可扳动发电机或动力转向泵进行调整。

②检查风扇叶片固定情况，叶片是否变形，风扇的风量是否达到要求。其方法是在发动机运转时，将一张薄纸放在散热器前面，若薄纸被牢牢吸住，说明风量足够。否则应调整风扇叶片的角度。

4）检查冷却液

①检查液面，液面高度是否符合要求。

②检查液质，检查冷却液中锈皮或水垢是否过多。

5）检查电路故障

①检查指示系统，可用螺钉旋具将感应塞中心极与发动机机体作搭铁试验。若搭铁后冷却液温度表指针摆动，则说明冷却液温度表良好；若冷却液温度表指针不动，则表明冷却液温度表有故障。

②检查温控开关及装置，检查方法是：当散热器温度升到93～98℃时，风扇开始转动；当散热器温度下降到88～93℃时，风扇停止转动，否则应进行检修。

6）检查散热器：检查散热器外部和内部清洁状况。散热器外部有泥土、油污或散热器因碰撞而变形，均影响风量的流过，导致发动机温度过高，应清洗或调整。散热器内部积有水垢将会影响冷却液传热，应用化学剂清洗。

7）检查节温器

①用手触试发动机缸体、缸盖和小循环通水管，正常情况为：温度差应不大，且很烫。如果触试缸盖至散热器的通水管和散热器上部感到不烫，触试散热器下部及下部通水管感到温度很低，则说明节温器大循环阀门打不开。

②拆下节温器，将节温器悬挂在水中加热并放入温度计，检查阀门开始开启和完全开启时的温度以及全开时阀门的升程。

8）检查水泵

①检查水泵传动带的松紧度。

②检查水泵的泵水能力，检查时用手握住发动机顶部至散热器的通水管，然后由怠速加速到高速，如感到通水管内的流速随发动机的转速的增加而加快，则说明水泵工作良好；反之，则说明水泵泵水能力不足。

9）检查发动机机械内部方面是否有故障。

考核标准

序号	故障设置	考核要求	评分标准	配分	扣分	得分
1		正确使用工具、仪器	工具使用错误扣5分	10		
2		根据故障现象，确定故障性质	确定错误扣10分	20		
3		查找故障的原因	检查方法错误扣10分 检查程序错误扣10分 检查结果错误扣10分	20		
4		确定故障部位（口述）	确定错误扣10分	10		

（续）

序　号	故障设置	考核要求	评分标准	配分	扣分	得分
5		故障排除	不能排除扣20分	20		
			不能完全排除酌情扣分			
6		验证排除效果	没有验证扣10分 验证方法不当酌情扣分	10		
7		遵守安全规程,正确使用工量具,操作现场整洁	每项扣2分,扣完为止	10		
		安全用电、防火,无人身设备事故	因操作不当发生重大事故,此题按0分计			
备注			合　计	100		
			教师签字		年　月	日

注：考核时间为30min。

想一想，做一做

试分析发动机冷却液温度过高的原因。

项目2.9　发动机有异响的故障检测与诊断

项目内容

1）掌握发动机异响的诊断方法。
2）能运用正确的判断方法找出异响的部位。
3）排除发动机异响的故障。
4）故障设置及选取原则见表2-10。

表2-10　故障设置及选取原则

序　号	故障设置	选取原则
1	发动机气门间隙过大	在所列故障中(3、4、5项中)任意选取一项或选两项(1、2)
2	火点时间过早	
3	连杆轴颈与轴瓦配合间隙过大	
4	曲轴主轴颈与轴瓦之间配合间隙过大	
5	活塞与气缸之间配合间隙过大	

项目目的

1）了解发动机异响的特性。
2）熟悉通过发动机异响的现象，分析异响的原因。
3）掌握运用听诊器诊断发动机异响。
4）排除发动机异响的故障。

技术标准及要求

1）发动机的点火提前角、气门间隙，大、小轴瓦的配合间隙及活塞与气缸间隙符合原厂规定。

2）发动机各工况运转过程中不得有异常声音。

相关知识

发动机是一台由许多机构和系统组成的复杂机器。现代汽车发动机的结构形式很多，就其总体功能而言，基本上是由如下的机构和系统组成：曲柄连杆机构、配气机构、供给系统、润滑系统、冷却系统、点火系统和起动系统。如图 2-19 所示是一台四缸四冲程汽油发动机的立体结构总图。

一般汽油发动机都由上述两大机构和五大系统组成。对于汽车用柴油发动机，由于其混合气是自行着火燃烧的，所以柴油发动机没有点火系统。可见，发动机异响的根源与各个系统都有关系，尤其是两大机构。

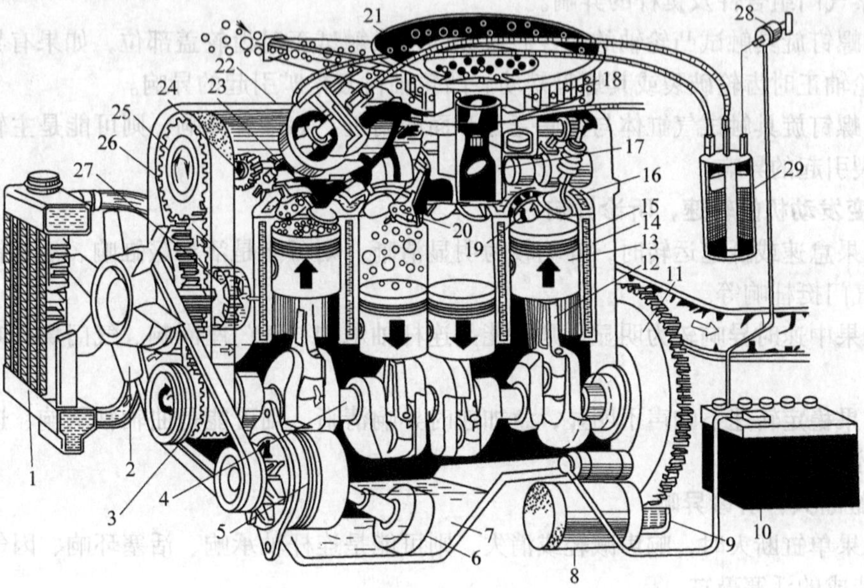

图 2-19 四缸四冲程汽油机结构图

1—散热器 2—冷却风扇 3—曲轴正时齿轮 4—曲轴 5—发电机 6—机油集滤器 7—油底壳 8—起动机 9—起动机齿轮 10—蓄电池 11—飞轮 12—连杆 13—活塞 14—气缸体 15—水套 16—气缸盖 17—化油器 18—空气滤清器内芯 19—排气门 20—进气门 21—空气滤清器壳 22—分电器 23—火花塞 24—凸轮轴 25—凸轮轴正时齿轮 26—凸轮轴正时齿带 27—水泵 28—点火开关 29—点火线圈

注意事项:

1）对于气门异响应在转速较低情况下进行听诊。

2）在判断异响故障时应先确定异响出自哪个区域。

3）如果发动机异响声音发闷，则不能加大节气门。

4）排除故障后，要验证故障是否彻底排除。

设备、工具和材料准备

1）技术状况良好的发动机总成1台，并按本模块的故障设置要求设置故障。

2）扭力表、点火正时灯、听诊器、塞尺各1个。

3）常用工具1套。

操作步骤

1. 发动机工作时进行听诊，找出异响部位

1）用螺钉旋具触试各缸燃烧室部位或触试与主轴承、气门相对的部位，如果有异响，则可能是活塞顶碰缸盖、气缸凸肩、气门座圈脱出、曲轴折断和主轴承松旷的异响。

2）用螺钉旋具触试气门室对面，如果有异响，则可能是活塞敲缸的异响；在气门室一侧可以听察气门组合件及挺杆的异响。

3）用螺钉旋具触试凸轮轴的前、后衬套部位或触试正时齿轮盖部位，如果有异响，则可能是凸轮轴正时齿轮破裂或其螺母松动、凸轮轴衬套松旷引起的异响。

4）用螺钉旋具触试气缸体与油底壳分开面的附近，如果有异响，则可能是主轴承发响或曲轴断裂引起的异响。

2. 改变发动机的转速，听诊异响

1）如果怠速或低速运转时，异响较为明显清晰，则可能是活塞敲缸响、活塞销响、气门脚响、气门挺杆响等。

2）如果中速时异响较为明显，则可能是连杆轴承响、气门座圈响、气门烧损响、凸轮轴响等。

3）如果稳定转速下响声不明显，急加速时异响清晰，则可能是曲轴轴承响、连杆轴承响，活塞环响。

3. 单缸断火，听诊异响

1）如果单缸断火时，响声减轻或消失，则可能是连杆轴承响、活塞环响、因气缸配合间隙过大造成的活塞敲缸。

2）如果单缸断火时，响声明显加重，则可能是活塞销窜出或松旷发响，连杆轴承盖螺栓松动发响，活塞因裙部锥度过大造成敲缸响，飞轮固定螺栓松动发响。

3）如果相邻双缸断火时，响声减轻或消失，则可能是曲轴主轴承响。

4）如果单缸断火时，响声不变或变化不大，则可能是气门脚响等。

4. 检查发动机工作循环与异响的关系

1）与工作循环有关的异响：曲柄连杆机构引起的异响与工作循环有关时，均为火花塞跳火1次发响2次，如活塞敲缸、活塞销响、连杆轴承响、活塞环漏气响。配气机构引起的异响均为火花塞跳火1次发响1次，如气门脚响、气门挺杆响、气门弹簧响、气门座圈响。

2）与工作循环无关的异响：有些异响的出现是无规律的，通常与工作循环无关的间歇发响，多是发动机附件故障，如水泵、发电机等安装不良或其传动带固定螺母松动等引起，可采用发动机附件分别停转法诊断，并根据声响特征大致区分故障部位。

5. 检查异响与发动机温度之间的关系

如果发动机刚起动时，异响明显，发动机温度正常后，响声减弱或消失，则可能是活塞与气缸的间隙过大产生敲缸。如果响声与发动机的温度变化无关且响声在气门室，则可确定为气门间隙过大。

考核标准

序号	故障设置	考核要求	评分标准	配分	扣分	得分
1		正确使用工具、仪器	工具使用错误扣5分	10		
2		根据发动机在运转过程中产生异响的规律，查找出异响原因	检查方法错误扣10分 检查程序错误扣10分 检查结果错误扣10分	30		
3		明确发动机异响的故障部位（口述）	确定错误扣10分	10		
4		排除发动机异响的故障（个别可口述）	不能排除扣30分 不能完全排除酌情扣分	30		
5		验证排除效果	没有验证扣10分 验证方法不当酌情扣分	10		
6		遵守安全规程，正确使用工量具，操作现场整洁	每项扣2分，扣完为止	10		
		安全用电、防火，无人身设备事故	因操作不当发生重大事故，此题按0分计			
备注			合　计	100		
			教师签字	年　月　日		

注：考核时间为30min。

想一想，做一做

1. 如何用经验法来判断发动机异响的部位。
2. 当润滑不良时，发动机异响会加剧吗？

项目2.10　发动机排放异常的故障检测与诊断

项目内容

1）正确使用汽油发动机废气分析仪检测汽车尾气排放。
2）正确分析发动机排放超标的故障原因。
3）排除汽油发动机排放超标的故障。

4）故障设置及选取原则见表2-11。

表2-11 故障设置及选取原则

序　号	故障设置	选取原则
1	个别气缸工作不良	在所列故障中任意选取两项
2	空气滤芯太脏	
3	点火正时不对	
4	化油器调整不当(化油器式发动机)	
5	传感器故障(电喷发动机)	

项目目的

1）了解用点火正时灯检测汽油发动机的点火正时。
2）熟悉使用汽车废气分析仪检测汽车尾气。
3）掌握分析汽油发动机排放超标的原因。
4）排除汽油发动机排放超标的故障。

技术标准及要求

装配点燃式发动机的车辆双怠速试验排气污染物限值见表2-12。
装配点燃式发动机的车辆怠速试验排气污物限值见表2-13。

表2-12 装配点燃式发动机的车辆双怠速试验排气污染物限值

车辆类型	怠　速		高　怠　速	
	CO(%)	HC($\times10^{-4}$%①)	CO(%)	HC($\times10^{-4}$%①)
2001年1月1日以后上牌照的$M_1$②类车辆	0.8	150	0.3	100
2001年1月1日以后上牌照的$N_1$③类车辆	1.0	200	0.5	150

① HC容积浓度按正己烷当量。
② M_1指车辆设计乘员数（含驾驶员）不超过6人，且车辆的最大总质量不超过2500kg。
③ N_1还包括设计上乘员数（含驾驶员）超过6人，或车辆的最大总质量超过2500kg但不超过3500kg的M类车辆。

表2-13 装配点燃式发动机的车辆怠速试验排气污染物限值

车辆类型	轻　型　车		重　型　车	
	CO(%)	HC($\times10^{-4}$%①)	CO(%)	HC($\times10^{-4}$%①)
1995年7月1日以前生产的在用汽车	0.8	150	0.3	100
1995年7月1日起生产的在用汽车	1.0	200	0.5	150

① HC容积浓度按正己烷当量。

相关知识

1. 汽油车排气污染物的标准及检测

（1）汽油车排气污染物的检验标准　国家标准GB18285—2000《在用汽车排气污染物限值及测试方法》，是我国在用汽车排气污染物限值及测试方法的最新国家标准。该国家标准中的加速模拟工况试验限值及试验方法，是参照美国国家环保局标准EPA-AA-RSPD-IM-

96-2《加速模拟工况试验规程、排放标准、质量控制要求及设备技术要求技术导则》(1996年7月) 制定的，使我国治理在用汽车排气污染走上了更为严格的道路。

国家标准 GB18285—2000《在用汽车排气污染物限值及测试方法》中规定，装配点燃式发动机的车辆，在检测中要进行怠速试验、双怠速试验和加速模拟工况（ASM）试验。又规定，按国家标准 GB18352. 2—2001《轻型汽车污染物排放限值及测量方法Ⅱ》认证（燃用优质无铅汽油的车辆）、设计乘员数不超过6人且最大总质量不超过2500kg的 M_1 类车辆和按该标准通过B类认证、设计乘员数超过6人，或最大总质量超过2500kg但不超过3500kg的M类车辆和 N_1 类车辆，进行双怠速试验或加速模拟工况（ASM）试验；除上述规定的其他M、N类装配点燃式发动机的车辆进行怠速试验。

按照国家标准 GB18285—2000《在用汽车排气污染物限值及测试方法》的规定，对于装配点燃式四冲程发动机，最大总质量大于或等于400kg，最大设计车速大于或等于50km/h的在用汽车，排放污染物限值如下：

装配点燃式发动机的车辆进行双怠速试验排气污染物限值见表2-12。从表中可以看出，高怠速排放测量值应低于怠速排放测量值。

1）装配点燃式发动机的车辆怠速试验排气污染物限值，见表2-14。

表2-14 装配点燃式发动机的车辆怠速试验排气污染物限值

车辆类型	轻型车		重型车	
	CO(%)	$HC(10^{-6})$①	CO(%)	$HC(10^{-6})$①
1995年7月1日以前生产的在用汽车	4.5	1200	5.0	2000
1995年7月1日起生产的在用汽车	4.5	900	4.5	1200

① HC容积浓度按正己烷当量。

2）汽油车排气污染物的检测：发动机排气异常故障的仪器诊断使用五气分析仪，见图2-20。

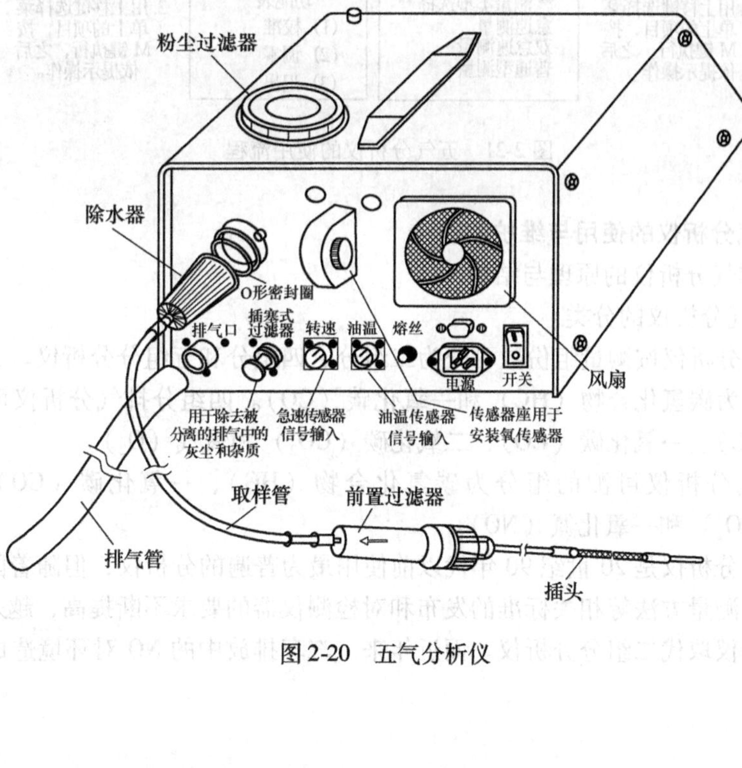

图2-20 五气分析仪

五气分析仪的使用流程见图2-21。

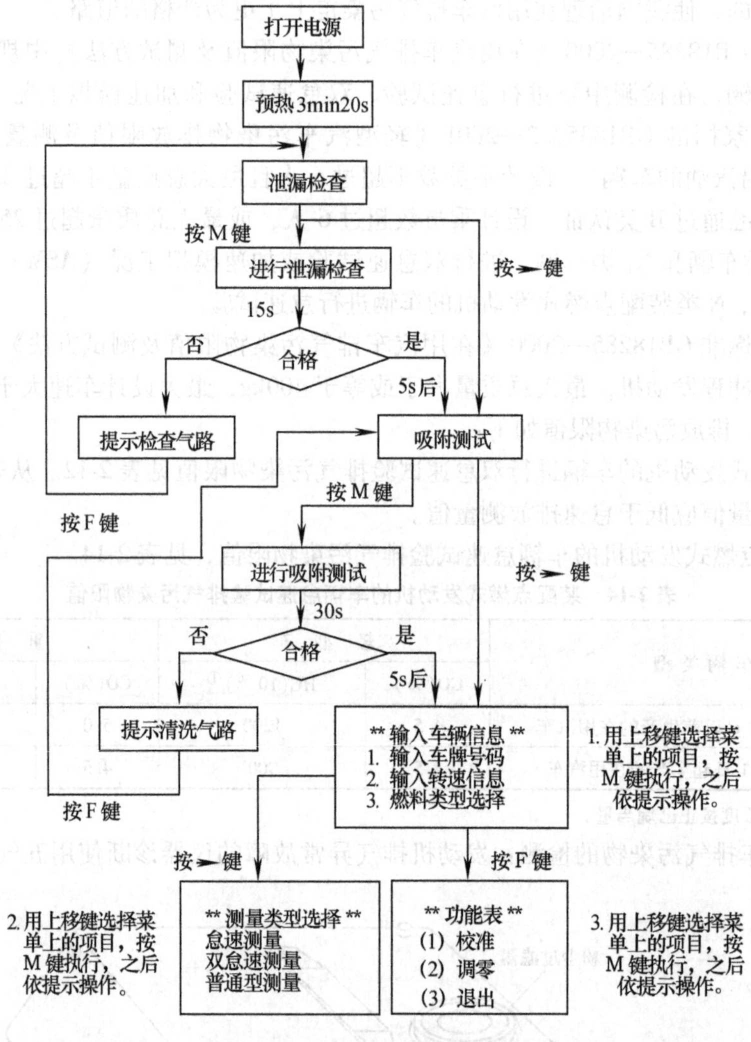

图2-21 五气分析仪的使用流程

2. 汽车排气分析仪的使用与维护

（1）汽车排气分析仪的原理与结构

1）汽车排气分析仪的分类

①汽车排气分析仪按测量组份数可分为二组分、四组分和五组分分析仪。二组分排气分析仪可测的组分为碳氢化合物（HC）和一氧化碳（CO）。四组分排气分析仪可测的组分为碳氢化合物（HC）、一氧化碳（CO）、二氧化碳（CO_2）和氧气（O_2）。

五组分排气分析仪可测的组分为碳氢化合物（HC）、一氧化碳（CO）、二氧化碳（CO_2）、氧气（O_2）和一氧化氮（NO）。

二组分排气分析仪是20世纪90年代以前使用最为普遍的分析仪，但随着国家关于汽车排放污染限值及测量方法等相关标准的发布和对检测仪器的要求不断提高，越来越多地采用四组分排放分析仪取代二组分分析仪。而近年来，汽车排放中的NO对环境造成的污染也引起重视，五组分排气分析仪也得到一定的应用。可见，四组分和五组分排气分析仪已经成为排气检测设备的主流。

②汽车排气分析仪按仪器的精度可分为Ⅱ级、Ⅰ级、0 级和 BAR—1997 级精度仪器，见表 2-15。

表 2-15　汽车排气分析仪的精度

等　级	误差类别	最大允许误差				
		HC	CO	CO_2	O_2	NO
Ⅱ	绝对误差	$\pm 30\times10^{-6}$	±0.2%	±1%	±0.2%	
	相对误差	±10%	±10%	±10%	±10%	
Ⅰ	绝对误差	$\pm 12\times10^{-6}$	±0.06	±0.5%	±0.1%	
	相对误差	±5%	±5%	±5%	±5%	
0	绝对误差	$\pm 10\times10^{-6}$	±0.03%	±0.5%	±0.1%	
	相对误差	±5%	±5%	±5%	±5%	
BAR—97	绝对误差	$\pm 4\times10^{-6}$	±0.02%	±0.3%	±0.1%	$\pm 25\times10^{-6}$
	相对误差	±3% ~5%	±3%	±3%	±5%	±4%

随着国家汽车排放污染的越来越严格控制，以及测量仪器技术的不断发展，原来普遍使用的Ⅱ级精度仪器也将逐步被Ⅰ级精度以上的仪器所取代。而 BAR—97 精度的仪器则是工况检测所必不可少的检测设备。

2）排气分析仪的工作原理

汽车排气分析仪采用红外不分光吸收原理，对汽车排气中的 HC、CO、CO_2 进行分析，而汽车排气中的 O_2 和 NO 则采用电化学电池原理进行分析。根据测得的 CO、CO_2、HC 和 O_2 的成分计算出过量空气系数 λ，并在检测废气的同时对 λ 值进行监测。

①不分光红外吸收原理：由异原子组成的气体分子（例如 CO、CH_4、CO_2 为异原子，O_2 为单原子），在特定的波长范围内吸收红外光线能量，其吸收的量与该气体分子的浓度成正比。图 2-22 所示为几种常见气体的红外吸收光谱。

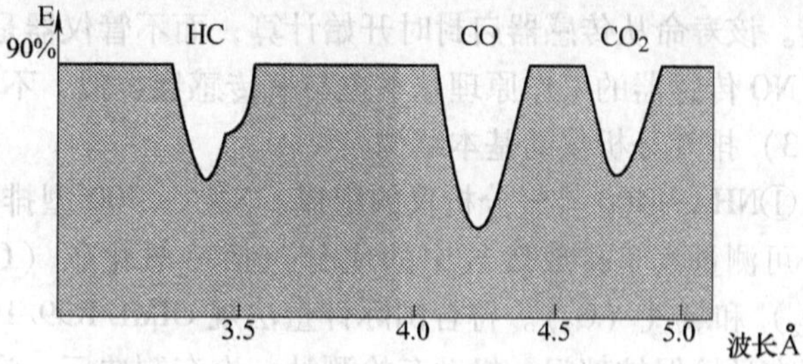

图 2-22　气体红外吸收光谱

光学系统的工作原理如图 2-23 所示。

从光源发出的红外光投射到取样气室，切光片按一定转速旋转，把光源发出的红外光周期性地遮断、打开，使光源发出的红外光分割成方波式光束。当样气中被测组分（CO、HC）为零时，没有红外吸收产生，通过滤光片之后到达半导体

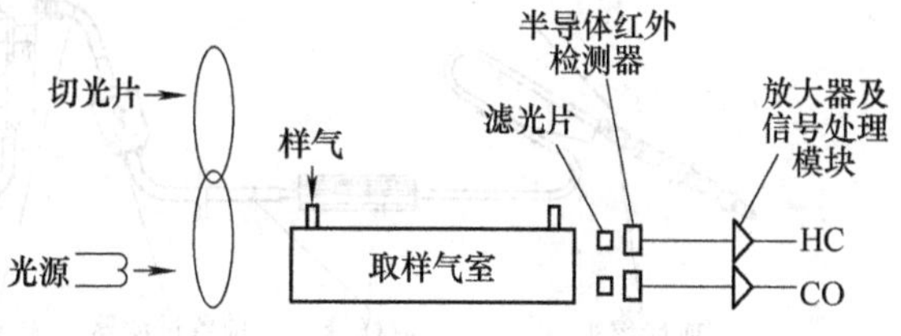

图 2-23　气体分析系统光学原理图

红外检测器上的红外光能量最强，半导体红外检测器输出信号最大。当样气中被测组分不为零时，CO 和 HC 气体将吸收部分对应其吸收波长的红外光能量。使得到达相应的半导体红外检测器上的红外光能量减少，其输出信号减少。

通过比较半导体红外检测器输出信号减少的程度，就可测出相应的 CO、HC 气体浓度。在仪器光学平台中，装有对应于每一种被测气体的滤光片和检测器。不同的滤光片由硅基片和表面涂层组成，表面涂层只允许特定的红外能量通过而到达检测器。检测器是一种半导体检测器，其功能是将所接到红外光能量转换成电信号，再通过信号放大及处理模块进行处理，得出检测结果。

②电化学电池原理：汽车排气分析仪中的 O_2 和 NO 的检测则采用电化学电池原理进行分析。

氧传感器的基本结构，见图 2-24。

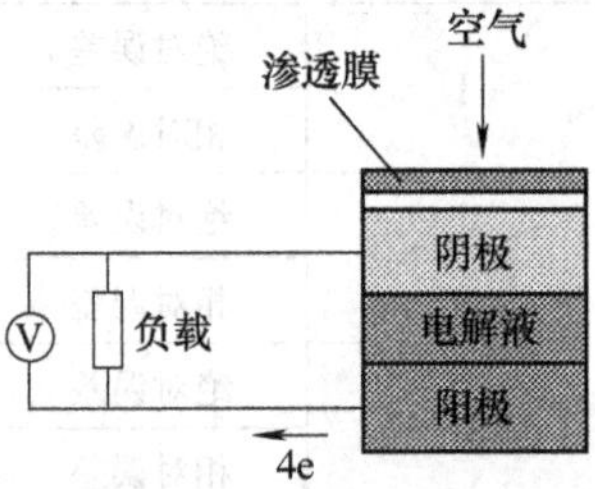

图 2-24　氧传感器结构图

氧传感器由一个电解阳极和一个空气阴极组成的有限度渗透型电化学电池。

电池的化学反应方程式为

$$2Pb + O_2 \rightarrow 2PbO$$

氧传感器相当于一个电流发生器，其所产生的电流正比于氧的消耗率，电流信号通过在输出端子跨接的一个电阻以产生相应的电压。在实际应用中，氧传感器的电流或信号取决于被测氧气在渗透膜上的渗透率。氧传感器上有一片特殊的塑料薄膜作为渗透膜，其渗透量受控于气体分子撞击膜壁上的微孔。如果气体分压增加，分子的渗透率增加。因此，输出的结果正比于氧的分压且在整个浓度范围内呈现线性响应。但氧传感器在实际应用中有寿命限制，在使用一段时间（通常一年左右，视传感器的制造质量而定），其输出将大幅下降至 0mV，不能满足线性要求，必须更换。该寿命从传感器启封时开始计算，而不管仪器是否投入使用。

NO 传感器的工作原理基本也与氧传感器类似，不再叙述。

3）排气分析仪的基本结构

①NHA—400 排气分析仪的组成。NHA—400 型排气分析仪是四组分气体检测的专业设备，可测量汽车排放废气中的成分包括一氧化碳（CO）、碳氢化合物（HC）、二氧化碳（CO_2）和氧气（O_2）。符合国际计量法规 OIML R99/1998（E）的 I 级仪器的规定，是广泛应用在环境保护部门、机动车检测站、汽车制造厂、汽车修理厂等单位的检测设备之一。

如图 2-25 所示，NHA—400 排气分析仪主要由仪器本体、短导管、前置过滤器、取样管、取样探头、嵌入式微型打印机等组成。

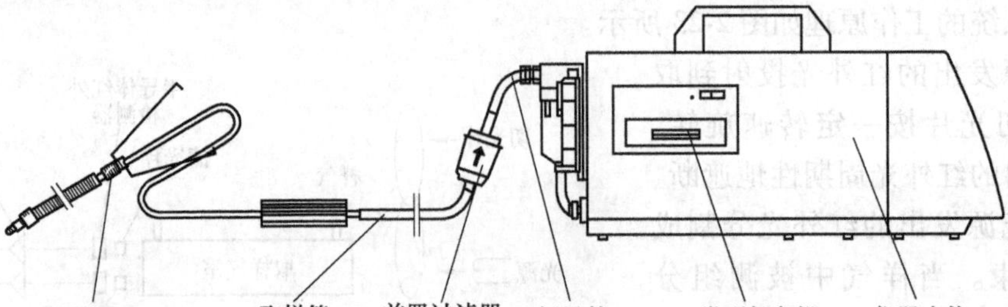

图 2-25　仪器的组成

②仪器前后面板的布置及各部件的功能。仪器本体的前面板的布置及各部分的名称见图2-26。

前面板各部分的功用：

“S”键：水平移动液晶显示屏上的光标（三角箭头），以选择所需的项目。

“K”键：确认所选择的项目；输入车牌号码时用于切换输入法。

“▲”键：上移液晶显示屏上的光标，选择所需的项目；调节显示屏上文字、图象的对比度；校准前用于修改校准气的设定值。

“▼”键：下移液晶显示屏上的光标，选择所需的项目，其余功能同“▲”键；在预热期间以及在主菜单下，按下“▲”键或“▼”键可以调节显示屏上文字、图形的对比度。用户可根据需要，调节到观察得最清晰为止。

液晶显示屏：显示中文菜单和测量数据。

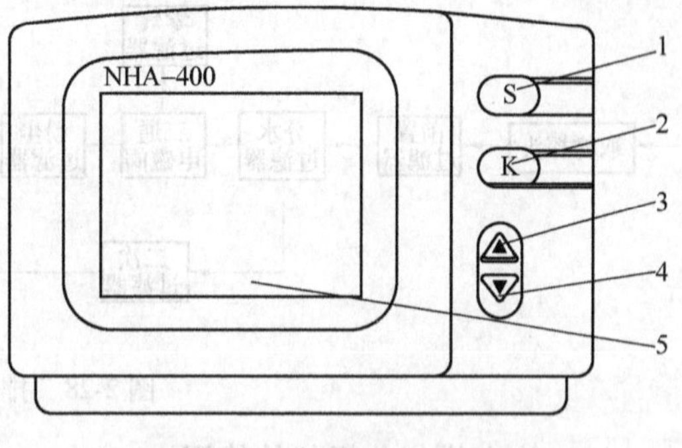

图 2-26　仪器前面板布置图

1—“S”键　2—“K”键　3—“▲”键　4—“▼”键　5—液晶显示屏

仪器后面板的布置及各部分的名称见图2-27。

后面板各部分的功用（见图2-28）如下：

1 及 13 是紧固螺钉，固定仪器罩壳，将其拆卸后可打开机箱。

2 是电源插座及开关，插座用于输入220V 交流电源，开关用于接通或断开电源，内装1A 保险管和电源噪声滤波器。

3～5 是排气口，样气测量后的排出口。

6 是油温信号插座，输入油温探头的信号。

7 是二次过滤器，过滤从分水过滤器出水口流出的样气。

8 是转速信号插座，输入转速测量钳的信号。

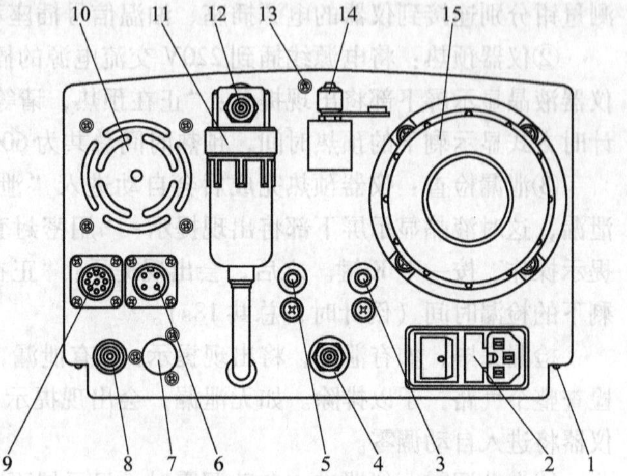

图 2-27　仪器后面板布置图

1—底板紧固螺钉　2—电源插座及开关　3—氧传感器排气口　4—主排气口　5—氧化氮传感器排气口　6—油温信号插座　7—二次过滤器　8—转速信号插座　9—输出信号插座　10—冷却风扇　11—分水过滤器　12—样气入口　13—背板紧固螺钉　14—标准气入口　15—粉尘过滤器

9 是输出信号插座，与外部计算机通信的RS232 接口及外接打印机的接口。

10 是冷却风扇，从废气仪内向外排风，以防仪器内部过热。

11 是分水过滤器，分离待测样气中的油、水，滤去粉尘。

12 是样气入口，通过短导管与前置过滤器出口相连，接入样气。

14 是标准气入口，校准时插标准气气瓶的入口。

15 是粉尘过滤器：滤纸式过滤器，滤去待测样气中残余的粉尘。

③排气分析仪的气路结构，见图 2-28。

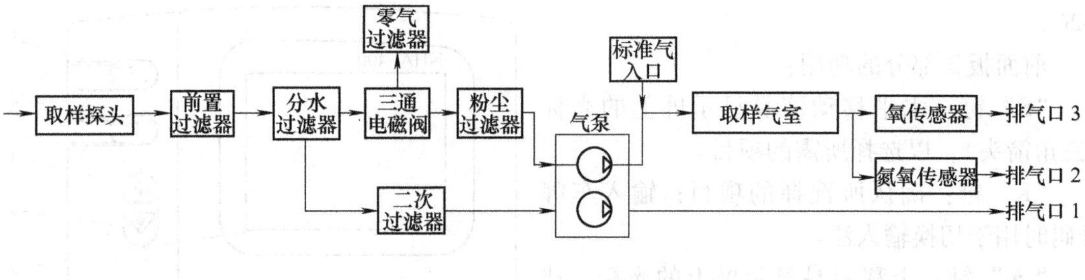

图 2-28 排气分析仪气路图

（2）汽车排气分析仪的使用

1）准备

①仪器安装：如图 2-26 所示，首先将取样管一端与取样探头的末端连接，另一端与附件中的前置过滤器的入口相连。然后将短导管一端与前置过滤器的出口相连，另一端与仪器的样气入口连接。检查各连接处，确认连接牢靠，无泄漏。确认前置过滤器、分水过滤器、粉尘过滤器及二次过滤器里已分别装入洁净的滤芯和滤纸。将电源线、油温测量探头和转速测量钳分别连接到仪器的电源插座、油温信号插座和转速信号插座上。

②仪器预热：将电源线插到 220V 交流电源的插座上，接通仪器的电源开关，预热仪器。仪器液晶显示屏下部将出现提示：“正在预热，请等待… ×××s”。其中，“×××s”是以倒计时方式显示剩下的预热时间，预热时间总共为 600s（环境温度不低于 20℃时）。

③泄漏检查：仪器预热完成后会自动进入“泄漏检查”子菜单，检查气路系统是否有泄漏，这时液晶显示屏下部将出现提示：“用密封套堵住探头，然后按 K 键”。用户应按此提示操作，按一下 K 键。之后，会出现提示：“正在检漏，…… ××s”，其中“××s”表示剩下的检漏时间（倒计时，总共 18s）。

检漏完毕，如有泄漏，将出现提示：“有泄漏，请检查，按 K 键再检…”。用户应仔细检查整个气路，予以排除。如无泄漏，会出现提示：“OK，按 K 键退出。”按一下 K 键后，仪器将进入自动调零。

④自动调零：仪器进入自动调零时，显示屏下部将出现提示：“正在调零，请等待…”。如果调零完成，显示屏右下角会显示“OK”。几秒钟后，下部的提示消失，显示屏进入主菜单。如果调零不正常，显示屏下部将显示：“调零错误”，几秒钟后，显示屏也将进入主菜单。

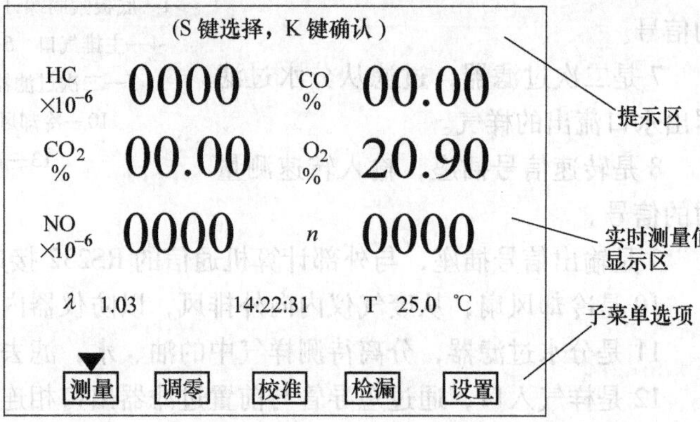

图 2-29 显示屏主菜单

2）待机状态：分析仪完成预热、泄漏检查和自动调零之后，显示屏进入主菜单，见图 2-29，仪器处于待机状态。

上部是提示区，中部是 HC、CO、CO_2、O_2、NO（NHA—400 无此数据）、n（转速）、λ（过量空气系数）、系统时钟和 T（润滑

油温度）的实时测量值显示区，下部是“测量”“调零”“校准”“检漏”和“设置”五个子菜单的选项。

按下S键，使光标移动到所需的选项上，再按一下K键，就可以从主菜单进入该子菜单。反之，无论从那个项目（子菜单）退出，都会返回到主菜单。

3）基本功能操作

①调零：仪器具有自动调零功能，能对零位进行周期性地（每半小时一次）自动校准，一般情况下无需再调零。但是当用户认为有必要调零时，可从当前子菜单返回到主菜单，按下S键，使光标移到“调零”选项上，再按下K键，仪器立即进入调零程序。显示屏下部的子菜单选项将变换为提示：“正在调零，请等待…”。调零完毕，显示屏右下角显示“OK”，几秒钟后显示屏下部的提示消失，重新恢复成五个子菜单选项。

②校准：仪器在使用过程中会产生漂移，传感器会老化，因此，仪器使用一段时间（一般3个月至6个月）后应进行量距校准。由于老化的原因，氧传感器使用一年左右就需要更换。在校准过程中，如果操作失误，造成数据严重偏差，在无法重新校准的情况下，可用“恢复原始校准值”进行恢复，使数据恢复到出厂时的状态（注：只能恢复HC，CO，CO_2 的原始数据，O_2 的数据无法恢复）。

量距校准使用一种三组分的标准气其质量分数应分别为：

CO：约3.5 % vol；

C_3H_8（丙烷）：约 2000×10^{-6}（0.2 %）vol；

CO_2：约14 % vol；

N_2（氮气）：剩余值。

校准时使用的实际校准值，以校准气气瓶标签上的成分标称值为准，其不应超出以上值的15%。

校准HC、CO和 CO_2 通道的量距，其步骤如下：

第一步是调零，校准前，应先进行零位校准。

第二步是在主菜单下按下S键，使光标移到“校准”选项上，再按一下K键，进入“校准”子菜单见图2-30。

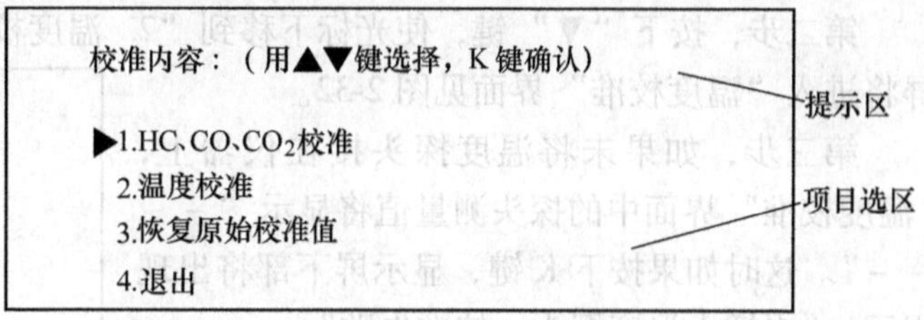

图2-30 “校准”子菜单

第三步是按下“▲”键或“▼”键，使光标位于项目“1. HC，CO，CO_2 校准”前，再按一下K键，进入“标准气浓度”设定界面见图2-31。

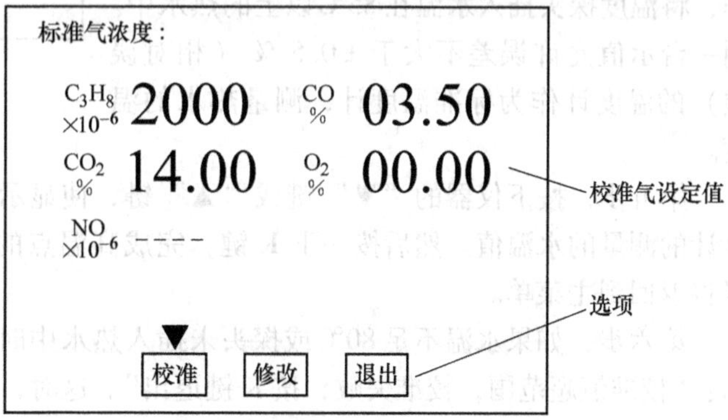

图2-31 “标准气浓度”设定界面

第四步显示屏显示的校准气成分设定值，是上次校准时使用的标准气成分值，如果与本次所用的三组分标准气的成分标称值不符，可先按下 S 键，使光标移到“修改”选项上，再按一下 K 键，光标“▲”将移到 C_3H_8 栏。然后，按显示屏上部的提示操作，将 C_3H_8 的设定值修改为气瓶上的标称值。改完后按下 S 键，使光标右移到 CO 栏，可继续修改 CO 的设定值。CO 栏改完后再按下 S 键，光标将下移到 CO_2 栏，可继续修改。三个通道改完后按下 S 键，光标“▲”将回到“校准”选项上变成“▼”。

第五步，如果 HC、CO 和 CO_2 通道校准气的设定值与本次所用的三组分气瓶的标称值相符，或者各设定值已修改完毕，在光标位于“校准”选项上时按一下 K 键，显示屏上部将出现提示：“通入标准气，数据稳定后按 K 键”，显示屏下部则显示两个选项：“校准”和“退出”，光标会自动移在“校准”选项上。

第六步，如果按提示操作，向仪器的标准气入口通入三组分标准气，待读数稳定后按一下 K 键。显示屏下部会出现提示：“正在校准…”，几秒钟后提示变换为：“OK”，表示 HC、CO 和 CO_2 通道的量距已完成校准。再按下任何一个键，显示屏将返回到主菜单。

如果未向仪器通入标准气就按下 K 键，显示屏上部会出现提示：“无通入标准气，校准失败”，再按下任何一个键，显示屏将返回到主菜单。

第七步，进入“校准”子菜单后如果不需要继续进行校准操作，可先按下“▼”键，使光标下移到“4. 退出”项目前，再按一下 K 键，显示屏将返回到主菜单。

第八步，校准完成后需取下校准气气瓶才能进行其他操作。

仪器在使用一段时间后，或认为有必要时，可对润滑油温度测量装置进行校准。

校准润滑油温度测量装置的步骤如下：

第一步，在主菜单下按下 S 键，使光标移到“校准”选项上，再按一下 K 键，使显示屏进入“校准”子菜单见图 2-33。

第二步，按下“▼”键，使光标下移到“2. 温度校准”项目前，再按一下 K 键。显示屏将进入“温度校准”界面见图 2-32。

第三步，如果未将温度探头接在仪器上，“温度校准”界面中的探头测量值将显示“－－－－”。这时如果按下 K 键，显示屏下部将出现提示：“未插入温度探头，校准失败”。

第四步，按照“温度校准”界面的提示操作，将温度探头插入水温在 85℃以上的热水中。用一台示值允许误差不大于 ±0.5 %（相对误差）的温度计作为标准温度计，测量热水的温度。

温度校准：
请将温度探头插入标准温度中，用▲▼键修改标准温度值，温度稳定后，按 K 键校准，按 S 键退出。
标准温度值：0099 ℃
探头测量值：0096 ℃

图 2-32 “温度校准”界面

第五步，按下仪器的“▼”键或“▲”键，使显示屏上的“标准温度值”等于标准温度计的测量的水温值。然后按一下 K 键，完成高温点的校准。校准完成后按下 S 键，显示屏将返回到主菜单。

第六步，如果水温不足 80℃或探头未插入热水中时按下了 K 键，显示屏下部将出现提示：“校准值超范围，校准失败，按 K 键退出”。这时，应按下 K 键退出，更换 85℃以上的热水或插好温度探头，按上述步骤重新校准。

恢复原始校准值时，按下“▲”键或“▼”键，使光标位于项目“3. 恢复校准值”

前，再按一下 K 键，仪器将恢复 HC、CO 和 CO_2 通道出厂前的初始值，并在显示屏下部提示“恢复 OK”，表示恢复成功。

③检漏：本仪器在预热完成后会自动进入泄漏检查（与“设置”有关），如有需要，用户可随时进行泄漏检查。

泄漏检查的步骤：

第一步，在主菜单下按下 S 键，使光标移到“检漏”选项上。然后按一下 K 键，显示屏将进入“泄漏检查”子菜单。

第二步，按液晶显示屏下部的提示操作，先用密封帽将取样探头的入口堵住，再按一下 K 键，18s 后将完成检漏。如存在泄漏，将出现提示：“有泄漏，请检查，按 K 键再检…”。如没有泄漏，会出现提示：“OK，按 K 键退出”。

第三步，如果存在泄漏，应仔细检查气路，予以排除。否则仪器将始终显示：“有泄漏，请检查，按 K 键再检…”。如没有泄漏，按一下 K 键后显示屏将返回到主菜单。

④设置：为了便于用户设定测量方式、发动机的冲程和燃料的种类，本仪器设立了“设置”子菜单见图 2-33。在主菜单下按下 S 键，使光标移到“设置”选项上。然后按一下 K 键，显示屏将进入“设置”子菜单。

（用▲▼S 键选择，K 键确认）

▶测量方式：√通用　怠速　双怠速
冲程：√四冲程　二冲程
点火方式：√单次　二次
燃料种类：√汽油　液化气
开机检漏：√有　无
车牌汉字：粤
显示存储数据
清除存储数据
修改时钟：03.01.01/12:00:08
退出

图 2-33　“设置”子菜单

本仪器有三种测量方式：通用测量、怠速测量和双怠速测量。

通用测量以不断显示即时测量数据的方式工作，适用于观察或监测机动车排放的实时值和 ASM 工况下的测试。

怠速测量方式是按照 GB/T 3845—1993《汽油车排气污染物的测量　怠速法》中怠速测量程序的规定编排的。

双怠速测量方式是按照 GB18285—2005《点燃式发动机汽车排气污染物排放限值及测量方法（双怠速法及简易工况法）》中的双怠速排放测量程序的规定编排的。

出厂时，仪器已将测量方式设置为“通用”。

三种测量方式的设置步骤如下：

在“设置”子菜单下，按照显示屏上部的提示，用“▲”键或“▼”键使光标移到“测量方式”前，按 S 键，“✓”选中符号会在“通用”，“怠速”，“双怠速”前轮流出现。

第一步，设置发动机行程。在“设置”子菜单下，按照显示屏上部的提示，选择所需的发动机行程。

出厂时，仪器已将发动机行程设置为“四行程”。

第二步，设置点火方式。点火方式表示发动机每个行程的点火次数，有“单次”和“二次”两种。

在“设置”子菜单下，按照显示屏上部的提示，选择所需的点火方式。

一般有“分电器”的发动机为“单次”点火，一般无“分电器”的发动机为“二次”点火，点火方式设置不正确会对转速测量带来不准或不稳定。出厂时，仪器已将点火方式设置为“单次”。

第三步，设置燃料种类。在“设置”子菜单下，按照显示屏上部的提示，选择所需的燃料项目。

燃料种类设置为“汽油”时，仪器的 HC 指示值表示正己烷当量；燃料种类设置为“液化气”时，仪器的 HC 指示值表示丙烷当量。出厂时，仪器已将燃料种类设置为“汽油”。

第四步，设置开机检漏。在“设置”子菜单下，按照显示屏上部的提示，选择所需的开机检漏方式。“有”表示每次开机都进行自动检漏，“无”表示开机不进行自动检漏。

出厂时，仪器已将开机检漏方式设置为“有”。

第五步，设置车牌汉字。当用户需要对车辆测量后的数据进行储存并记录车牌号码时，必定先要输入车牌的所属省、直辖市或自治区的代表汉字，本设置可以设定输入该汉字的首选值，避免对大部分同一地区车辆检测数据储存时重复输入该汉字，提高输入效率。

在“设置”子菜单下，按照显示屏上部的提示，用“▲”键或“▼”键使光标移到“车牌汉字”前，按 S 键，则“粤”“琼”“鄂”…向前翻显示被选中的车牌汉字，按 K 键，则“粤”“闽”“赣”…向后翻显示被选中的车牌汉字。

第六步，显示存储数据。本设置可对仪器内已储存的记录进行查询和浏览。

在“设置”子菜单下，按照显示屏上部的提示，用“▲”键或“▼”键使光标移到“显示存储数据”前，按 K 键，进入“显示存储数据”子菜单见图 2-34。

在子菜单顶部，有一项“已存储数量”的提示，其后面的数值表示仪器当前已经存储的记录总数，方便用户了解仪器当前的存储状况。

为方便用户对存储数据的查询，本仪器提供了两种查询方式：按车牌号码查询和按存储顺序查询。

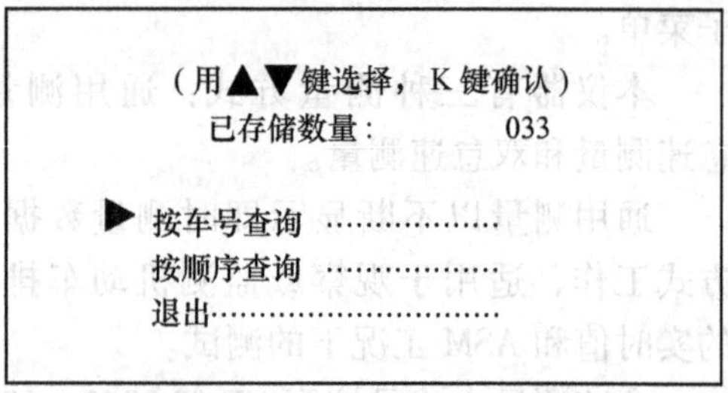

图 2-34 “显示存储数据”子菜单

按车牌号码查询的方式，用户只需要输入所要查询的车牌号码，就可以浏览到该车辆的检测结果。

按存储顺序查询的方式，为用户提供一个可以按仪器存储记录的顺序或倒序浏览所有记录的方式。

按车号查询时，在“显示存储数据”子菜单下，按照显示屏上部的提示，用“▲”键或“▼”键使光标移到“按车号查询……”前，按 K 键，进入按车牌号码查询状态，显示屏底部出现车牌号码输入栏见图 2-35。

按提示输入车牌号码，按 S 键使光标“▼”移动至“确认”，按 K 键进入查询状态。

如果存储记录中有用户输入的车牌号码的数据，则进入“按车号查询结果显示界面”见图 2-36。

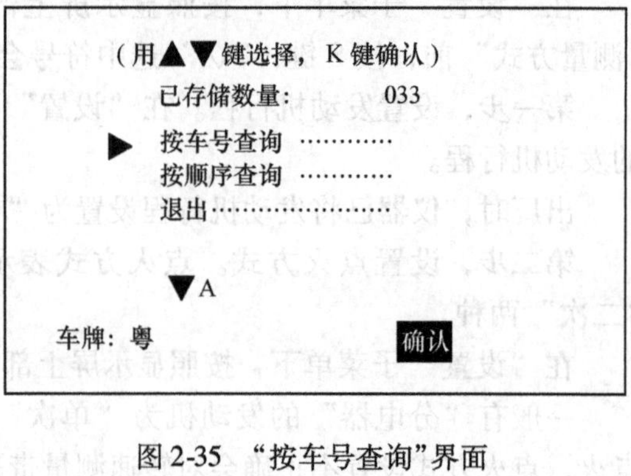

图 2-35 “按车号查询”界面

在显示数据的顶部，分别列出当前显示数据的记录号、车牌号码及存储日期时间。下面就分别列出该车牌号码的高怠速和低怠速的测量数据。浏览完之后，用户可以选择退出或再查。按S键，可以返回“显示存储数据”子菜单；如果同一个车牌号码有多条记录，则可以按K键，继续查询并显示出下一条记录。当查询并显示到最后一条记录，用户再按K键的时候，仪器提示“查询完成!”，此时用户按提示可以选择按S键返回“显示存储数据”界面，或按K键再重新查询该车牌号码。

如果存储记录中没有用户输入的车牌号码的数据，仪器提示“查询完成!”，此时用户按提示，按S键返回“显示存储数据”界面。

按顺序查询时，在“显示存储数据”子菜单下，按照显示屏上部的提示，用“▲”键或“▼”键使光标移到“按顺序查询……”前，按K键，进入按存储顺序查询界面见图2-37。

001	粤A12345		03.01.01/12:00		
	高怠速：				
HC:	0000	$\times10^{-6}$	CO:	00.00	%
CO_2:	00.00	%	O_2:	00.00	%
NO:	0000	$\times10^{-6}$			
	低怠速：				
HC:	0000	$\times10^{-6}$	CO:	00.00	%
CO_2:	00.00	%	O_2:	00.00	%
NO:	0000	$\times10^{-6}$			
	按S键退出,K键再查……				

图2-36　按车牌号查询结果显示界面

	（用▲▼键选择，S键退出）				
001	粤A12345		03.01.01/12:00		
	高怠速：				
HC:	0000	$\times10^{-6}$	CO:	00.00	%
CO_2:	00.00	%	O_2:	00.00	%
NO:	0000	$\times10^{-6}$			
	低怠速：				
HC:	0000	$\times10^{-6}$	CO:	00.00	%
CO_2:	00.00	%	O_2:	00.00	%
NO:	0000	$\times10^{-6}$			

图2-37　按存储顺序查询界面

在显示数据的顶部，分别列出当前显示数据的记录号、车牌号码及存储日期时间。下面就分别列出该车牌号码的高怠速和低怠速的测量数据。进入该“按存储顺序查询界面”，首先显示的是001号记录。此时，用户按“▲”键就可以按记录号的升序翻屏浏览，而按“▼”键则可以按记录号的降序翻屏浏览。为提高浏览效率，按K键，则可以立刻翻到当前记录号加10的记录，如当前记录号是001，按K键后，则立刻翻到记录号为011的车牌并显示。在浏览的任何时候，按下S键，则退出查询返回“显示存储数据”子菜单。

退出“显示存储数据”子菜单时，在“显示存储数据”子菜单下，按照显示屏上部的提示，用“▲”键或“▼”键使光标移到“退出”前，按K键，显示屏返回“设置”子菜单。

第七步，清除存储数据。在“设置”子菜单下，按照显示屏上部的提示，用“▲”键或“▼”键使光标移到“清除存储数据”前，按K键，则在其右侧显示“数据已清除”，表示全部数据清除成功。

清除存储数据前，应将存储的数据备份到计算机上，或确认该数据已无价值，否则数据将无法恢复。

第八步，修改时钟。在“设置”子菜单下，按照显示屏上部的提示，用“▲”键或“▼”键使光标移到“修改时钟”前，按K键，右侧显示的当前日期及时间（格式为：年．月．日/时:分:秒，如03.01.01/12:00:00）下方出现一个“▲”的光标。要进行修改，首先按 S 键，“▲”光标会在年、月、日、时、分下方轮流出现，表示选中要修改的部分，然后按“▲”键或“▼”键向上或向下修改选中部分的当前数值。重复上面的操作，直到时钟的各部分都符合要设定的数值为止。修改完毕后，按 K 键确认，“▲”光标消失，退出修改时钟状态，系统开始按照新设定的时钟值运行。

第九步，退出“设置”子菜单。如果要终止设置，退出该子菜单，在光标位于“退出”前，按下 K 键，显示屏将返回主菜单。仪器在退出“设置”菜单时，将保存各设置项的值。

⑤测量：在主菜单下按下 S 键，使光标移到“测量”选项上，再按一下 K 键。仪器将根据先前所设置的测量方式，进入相应的子菜单——“通用测量”、“怠速标准测量”或“双怠速标准测量”，并开始进行相应的测量工作。

“通用测量”子菜单（图 2-38）的上部是子菜单的名称和操作提示区，中部是 HC、CO、CO_2、O_2、NO、n（转速）、λ（过量空气系数）、T（润滑油温度）和系统时钟的即时测量值（对 NHA—400 则无 NO），下部是提示区和三个选项。右下角有一个指示当前流量的标尺，3 格到 5 格表示流量正常。1 格或无格则表示流量不足，发生气路阻塞，这时流量标尺下方“流量”二个字将出现闪烁。

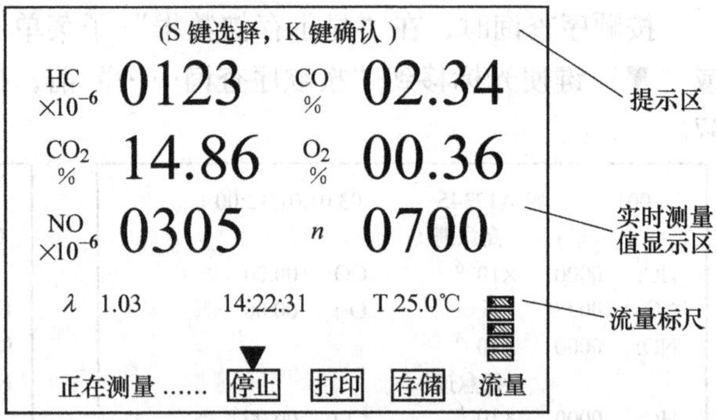

图 2-38 “通用测量”子菜单

进入“通用测量”方式后，仪器的气泵将起动。这时应把取样探头插入被测车辆的排气管中，插入深度为 400mm。显示屏将实时显示出排气中 HC、CO、CO_2、O_2、NO（NHA—400 无此项）的即时值以及 λ 值和系统时间。如果已安装好转速测量钳和油温测量探头，显示屏上还将实时显示出发动机转速（n）和润滑油温度（T）的即时值。

如果要打印测量结果，可按下 S 键，使光标移到“打印”项上，再按一下 K 键，则显示屏下部将出现车牌号码输入区，“▼”光标停留在车牌号码的第二位的顶部，等待用户输入当前数据的车牌号码。

本仪器可储存的车牌号码的格式为七位（包括首位的车牌汉字），如粤 A00001。按 S 键，“▼”光标会轮流出现在车牌号码的第一至七位和“确认”选项的顶部。在进行车牌号码输入时，本系统提供三种格式字符的输入法。在输入时，按 K 键切换输入法，“▼”右侧会轮流呈现“中”“A”和“0”字样。其中，“▼中”表示待输入的是各个省、直辖市和自治区的中文字简称即车牌汉字；“▼A”表示待输入的是 26 个大写英文字母；“▼0”表示待输入的是 0 ~ 9 十个数字、横线“-”或空格符号。

具体输入方法：例如要输入车牌号码为：粤 A12345。

输入第一位（第一位为设置的默认车牌汉字）：第一位输入跳过，“▼”光标自动移至第二位；若车牌号码的第一位车牌汉字与“设置”里的“车牌汉字”不相同则可以执行此位的输入）首先按 S 键将“▼”光标移至车牌号码的第一位，再按 K 键切换输入法为“▼中”，按“▲”键或“▼”键向上或向下切换汉字直到出现“粤”字为止。

输入第二位：按 S 键将“▼”光标移至车牌号码的第二位，再按 K 键切换输入法为“▼A”，按“▲”键或“▼”键向上或向下切换字母直到出现“A”字为止。

输入第三位：按S键将“▼”光标移至车牌号码的第三位，再按K键切换输入法为“▼0”，按“▲”键或“▼”键向上或向下切换数字直到出现“1”字为止。

后面几位的输入方法同理。

全部输入完毕后，按S键将“▼”光标移至“确认”选项，按K键确认，打印机将打印该车牌号码记录的的数据，同时光标将自动回到“停止”项上。

如果要储存测量结果，可按下S键，使光标移到“储存”项上，再按一下K键，即可储存原打印时输入的车牌数据，若无打印过数据，则进入车牌号码输入界面。输入完毕后，将储存该车辆数据。本仪器车牌储存的容量为200个，当存满200个数据再按K键储存时，仪器提示：“数据存储已满，按K键退出”。此时用户应进行清除。

如果要终止通用测量方式，退出该子菜单，可按下S键，使光标移到“停止”项上，再按一下K键，显示屏将返回到主菜单。

“怠速标准测量”子菜单的上部是子菜单的名称，中部是HC、CO、CO_2、O_2、NO、n、λ、T和系统时钟的即时测量值，下部是提示区，右下角也有流量标尺和“流量”二字。

将转速测量钳夹在发动机第1缸的火花塞高压线处，注意测量钳口背面的箭头，使其指向火花塞，如果箭头的方向反了，会得不到正确的转速信号。然后再将油温测量探头插入发动机的润滑油标尺孔中，一直插到探头接触到润滑油为止。

进入“怠速标准测量”子菜单后，仪器首先开始HC残留物的检查。显示屏下部将出现提示：“正在进行HC残留检查… ××s”，“××s”表示剩下的残留检查时间（倒计时，总共30s）。检查结束后，如合格，则显示：“HC残留检查OK”；如不合格，则显示：“HC残留检查超范围，请清洗管道…”。

HC残留物检查结束时，显示屏上部子菜单的名称将变换为提示：“额定转速：5000 ▲▼修改，K确认。”。用户应按下“▲”键或“▼”键，将该提示中的额定转速值设定为被测车辆的发动机额定转速标称值（精确到100 r/ min），然后按一下K键确认。

按下K键后，进入发动机预热阶段，显示屏上部的提示将变换为：“请加速到3500r/min”。见此提示后驾驶员应使发动机加速，并注视显示屏上不断变化的转速值，直到3500r/min左右为止（只有额定转速值为默认值——5000r/min时，提示才显示为：“请加速到3500r/min”。如果额定转速值设定为其他值，提示将显示为：“请加速到×××× r/min”，××××等于0.7倍的额定转速值设定值）。

当转速达到3500 r/min时，显示屏上部将出现提示：“请保持3500r/min”，下部则以倒计时方式显示：“ ××s”（总共60s，可由用户按K键终止）。完成后，将进入排放测量阶段。

测量怠速下的排放首先预热仪器，预热结束时，显示屏上部将出现提示：“请减速至怠速…”这时，驾驶员应松开加速踏板，使车辆减速。当转速下降到1100 r/min以下时，显示屏上部的提示会改变为：“请保持怠速…”，下部则显示：“请插入取样探头…”。

“请插入取样探头……”的提示出现后，应将仪器的取样探头插入车辆的排气管中，插入深度为400mm，同时使发动机继续保持怠速。

插好取样探头后，仪器开始对排气取样，提示区出现提示：“正在取样…… ××s”。“××s”表示剩下的取样时间（倒计时，总共45s，前15s是预备阶段，后30s为实际取样阶段）。取样倒计时结束时，怠速工况下的排放测量完毕。

怠速下的排放测量结束后，显示屏将转换为“测量完成”界面，上部显示 HC、CO、CO_2、O_2、NO（NHA—400 无此项）和 n 的最大值、最小值、平均值及 λ、油温和系统时钟，下部为“退出”“打印”和“储存”三个选项。

如果要打印测量结果，可按下 S 键，使光标移到“打印”项上，再按一下 K 键，将进入车牌号码输入界面，进行打印操作。

如果要储存测量结果，可按下 S 键，使光标移到“储存”选项上，再按一下 K 键即可。

测量完一辆车后，请将取样探头从排气管中拔出，从发动机上取下转速测量钳并拔出油温测量探头。

光标位于“退出”项上时，按一下 K 键，显示屏将返回到主菜单，而光标将自动回到“测量”选项上。

如果显示屏右下角的流量标尺低于 2 格，流量标尺下方“流量”二个字将出现闪烁，表示发生气路阻塞。这时仪器的测量功能会被锁定，如果按下 K 键，显示屏将返回到主菜单（双怠速排放测量时同此）。进行怠速排放测量时，如果中途要退出“怠速标准测量”子菜单停止测量，可同时按下“S”键和“K”键，显示屏将返回到主菜单。

“双怠速标准测量”子菜单的上部是子菜单的名称，中部是 HC、CO、CO_2、O_2、NO（NHA—400 无此项）、n、λ 和 T 的即时测量值，下部是提示区，右下角也有流量标尺和“流量”二字。

HC 残留物检查及发动机预热。进入“双怠速标准测量”子菜单后，仪器首先也将进行 HC 残留物检查和发动机预热。

发动机预热结束时，将进入高怠速下的排放测量阶段，显示屏上部将出现提示：“请减速到 2500r/min”。见此提示，驾驶员应将发动机减速，同时注视显示屏中部不断变化的转速值，直到转速降到 2500r/min 左右为止。这时，上部的提示将改变为：“请保持 2500r/min。”，下部将显示：“请插入取样探头…”。见此提示，驾驶员应将转速保持在 2500r/min ±50r/min 的范围内。与此同时，操作人员要将取样探头插入排气管中，插入深度为 400mm。

插入取样探头后显示屏上部将继续显示：“请保持 2500r/min。”，而下部的提示则改变为：“正在取样… ××s”（倒计时，总共 45s，前 15s 为预备阶段，后 30s 为实际取样阶段）。

如果在后 30s 期间，转速值超过 2500 ±250r/min 范围，显示屏上部将出现提示：“转速超范围，请保持 2500r/min”。这时仪器将停止取样，直到转速回到 2500 ±250r/min 范围内仪器才重新取样。

取样倒计时结束时高怠速下的排放测量完毕，将进入怠速下的排放测量阶段。这时显示屏下部的提示消失，上部将显示：“请减速至怠速…”。

显示屏上部出现“请减速至怠速……”的提示时，驾驶员应将车辆减速。当转速下降到 1100r/min 以下时，显示屏上部的提示会改变为：“请保持怠速…”，下部将显示：“正在取样… ××s”（倒计时，总共 45s）。

取样倒计时结束时，怠速下的排放测量完毕。这时显示屏将转换为“测量完成”界面，下部显示出“高速”“低速”“打印”“储存”和“退出”五个选项。

读取高怠速排放的测量数据。按下 S 键，将光标移到“高速”选项上，再按一下 K 键，显示屏将转换为“高怠速数据”界面，显示高怠速工况下的 HC、CO、CO_2、O_2、NO

（NHA—400 无此项）和 n 的最大值、最小值、平均值以及 λ、T 和系统时钟的数值，下部仍显示五个选项。

读取怠速排放测量数据。按下 S 键，将光标移到“低速”选项上，再按一下 K 键，显示屏将转换为“低怠速数据”界面，显示怠速工况下的 HC、CO、CO_2、O_2、NO（NHA—400 无此项）和 n 的最大值、最小值、平均值以及 λ、T 和系统时钟的数值，下部仍显示五个选项。

打印测量数据。按下 S 键，将光标移到“打印”选项上，然后按一下 K 键，进入车牌号码输入界面，仪器将打印出高怠速工况下和怠速工况下的排放的测量结果，同时光标将自动回到“退出”选项上。

储存测量数据。按下 S 键，使光标移到“储存”选项上，再按一下 K 键即可。

测量完一辆车后，请将取样探头从排气管中拔出，从发动机上取下转速测量钳并拔出油温测量探头。

光标位于“退出”项上时按一下 K 键，显示屏将返回到主菜单，而光标将自动位于“测量”选项上。如需继续进行双怠速排放测量，可按一下 K 键，然后重复以前的操作。

进行双怠速排放测量时，如果中途要退出“双怠速标准测量”子菜单停止测量，可同时按下“S”键和“K”键，显示屏将返回到主菜单。

检测工作全部结束，关断电源前，应将仪器设置为“通用测量”方式，并进入该子菜单，处于测量状态下（这时气泵处于工作状态下）10min 左右。同时，将取样探头放置在洁净的空气中，让洁净的空气通入仪器，吹净管道内残留的排放气体。

（3）汽车排气分析仪的维护

1）开启仪器机箱的方法：保养或维护时如需开启机箱，请按以下方法进行：

①按图 2-39 所示，稍用力将打印机的前盖板从打印机上扳下，然后按图示方法从机箱罩壳上取下整个打印机，再小心地拔下与仪器连接的带状电缆插头。

②旋下机箱的罩壳与底板间的四个紧固螺钉和仪器背板上标准气入口上方的两个紧固螺钉。将罩壳的两个侧壁略向外扳动，同时向后拉罩壳，即可卸下罩壳，打开仪器机箱。

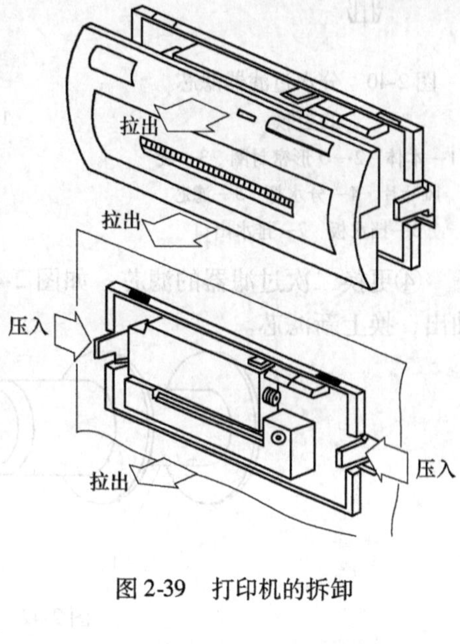

图 2-39 打印机的拆卸

2）更换过滤器的过滤元件。当仪器的取样系统被汽车排气中的粉尘、油泥等污物阻塞，导致取样系统的流量大大下降时，显示屏右下角的流量标尺将会低于 2 格，同时流量标尺下方“流量”二字也会出现闪烁。此时，应关断仪器电源，检查并清洗取样探头、取样管、短导管，更换前置过滤器、分水过滤器和二次过滤器的滤芯以及更换滤纸式粉尘过滤器的滤纸。阻塞排除后，仪器便可恢复正常工作。

①更换前置过滤器：将取样管和短导管从失效的前置过滤器上取下；从仪器的附件中取出新的前置过滤器，按外壳上标示的气流方向箭头连接取样管和短导管。取样管与前置过滤

器的小端连接，短导管与大端连接。

②更换分水过滤器的滤芯：如图 2-40 所示，逆时针方向拧松分水过滤器的存水杯，卸下存水杯。再旋下挡水板，将失效的滤芯卸下，换上新滤芯。安装新滤芯时务必注意，勿让硬物将其多孔表面划伤，影响过滤。

③更换滤纸式粉尘过滤器的滤纸：如图 2-41 所示，逆时针方向用力旋转粉尘过滤器的压盖，将其卸下，取下旧滤纸，换上新滤纸。然后拧紧压盖，务必使其不漏气。如果泄漏，可更换 O 形密封圈或在密封圈周围涂一些硅酮密封胶。

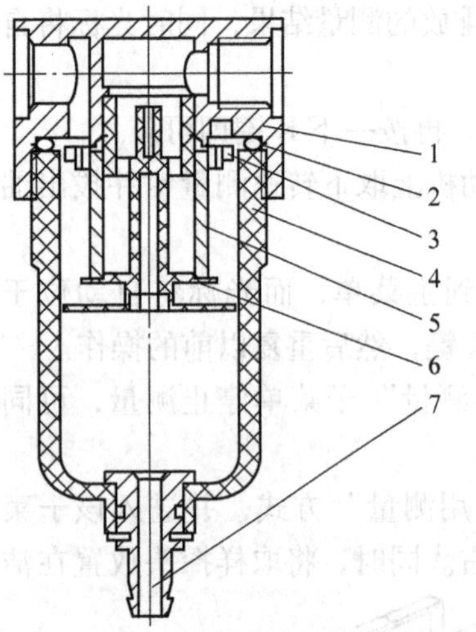

图 2-40 分水过滤器滤芯的更换

1—本体 2—O 形密封圈 3—旋风叶片 4—分水杯 5—滤芯 6—挡水板 7—排水出口

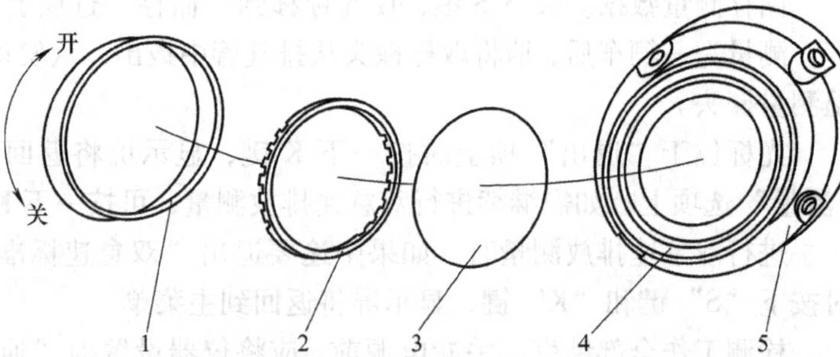

图 2-41 滤纸式粉尘过滤器滤纸的更换

1—过滤器压装盖 2—橡胶衬垫 3—滤纸 4—O 形密封圈 5—过滤器本体

④更换二次过滤器的滤芯：如图 2-42 所示，将二次过滤器的把手向外拉出，将旧滤芯抽出，换上新滤芯。

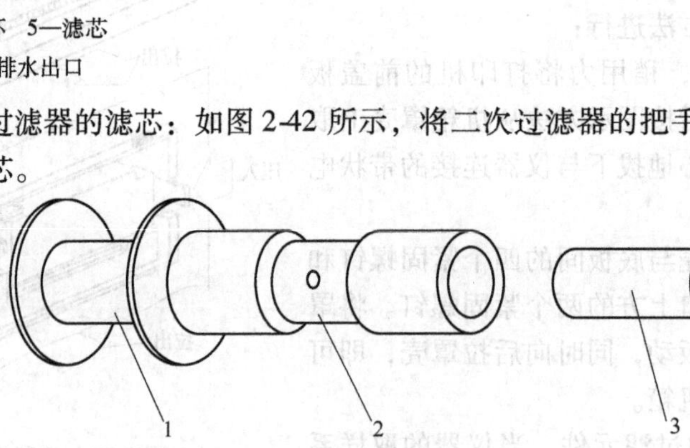

图 2-42 二次过滤器滤芯的更换

1—把手 2—护套 3—滤芯

3）HC 残留物检查不能通过的原因及处理方法

①如果 HC 残留物超标是由于被测车辆排气中的 HC 含量过高、测量时间过长，导致 HC 在取样系统的管路及元件中沉积、吸附所造成的。可将取样探头放在清洁的空气中，将仪器设置在“通用测量”方式，并处于“正在测量…”的状态下工作一段时间（约 1 ~ 3min）。让清洁的空气将管路中残留的 HC 吹净后再进行“HC 残留检查”。如果上述方法不

能奏效，可卸下取样探头和取样管，用清洁的压缩空气吹洗。

②如果用上述方法无效，应考虑更换前置过滤器、分水过滤器和二次过滤器的滤芯以及滤纸式粉尘过滤器的滤纸。

4）泄漏检查不能通过的原因及处理方法

①作泄漏检查时，取样探头入口处没有堵严密，导致漏气，堵好后重新试验。

②取样探头连接处漏气，重新连接、上紧。

③取样管破裂或穿孔，导致漏气，更换新的取样管。

④取样管或短导管两端老化，导致密封不良，剪去老化段或更换新的取样管。

⑤滤纸式粉尘过滤器的压盖处漏气，重新连接，上紧压盖，更换O形密封圈或在密封圈上涂一些硅酮密封胶。

⑥分水过滤器分水杯与本体连接处漏气，检查密封圈是否失效、丢失，连接处是否上紧，更换密封圈或重新安装。

⑦二次过滤器护套处漏气，护套没有插到位，重新安插到底。

⑧气泵的气囊破裂导致漏气，更换新的气囊。

设备、工具和材料准备

1）五气分析仪一台。

2）技术状况良好的发动机总成1台，并按本模块故障设置要求设置故障。

3）汽车废气分析仪、点火正时灯、数字式万用表、发动机转速表各1件。

4）常用工具1套。

操作步骤

1. 汽车排气检测

（1）仪器准备　FGA-4100（4G、5G）型汽车排气分析仪操作，按仪器使用说明书的要求做好各项检查工作。

1）接通电源，对分析仪预热5min以上。

2）用校准气样校准，先让分析仪吸入清洁空气，用零点调整旋钮把仪表指针调到零点。然后把仪器附带的标准气样从标准气样注入口灌入，再用标准调整旋钮把仪表指针调到标准指示值，在灌注标准气样时，要关掉分析仪上的泵开关。CO和HC两种气体的标准指示值要符合规定。对于CO分析仪，可把标准气样瓶上标明的CO浓度值作为校准的标准值；对于HC分析仪，由于是用丙烷作为标准气样，因而按下式求出乙烷的换算值，再用正乙烷的换算值作为校准的标准值：校准的标准值（即正乙烷换算值）=标准气样（丙烷）含量×换算系数

式中：标准气样（丙烷）含量即标准气样瓶上标明的含量值；换算系数是分析仪的给出值，一般为0.472~0.578。

3）简易校准：先接通简易校准开关，对于有校准位置刻线的仪器，可用标准调整旋钮把仪表指针调到正对标准刻线位置。对于没有标准刻度线的仪器，要在标准气样校准后立即进行简易校准，使仪表指针与标准气样校准后的指示值重合。

4）把取样探头和取样导管安装到分析仪上，检查取样探头和导管内是否有残留HC，

如果管内壁吸附残留 HC 很多，仪表指针大大超过零点以上时，要用压缩空气或布条等清洁取样探头和导管。仪器经过上述检查和校准后，即可投入使用。

（2）车辆准备

1）进气系统应装有空气滤清器，排气系统应装有排气消声器，并不得有泄露。

2）应保证取样探头插入排气管的深度不小于 300mm，否则排气管应加接管，但应保证接口不漏气。

3）发动机冷却液和润滑油温度应达到规定的热状态。

（3）检测方法

1）发动机由怠速加速到中等速度或 0.7 额定转速，维持 60s 后，再降至怠速状态。

2）把指示仪表的读数转换开关打到最高量程挡位。

3）将取样探头插入汽车排气管中，深度等于 300mm，并固定于排气管上。

4）一边观看指示仪表，一边用读数转换开关选择适于排气含量的量程挡位。

5）发动机在怠速状态下，维持 15s 后开始读数，读取 30s 内的最高值和最低值，其平均值即为测量结果。

6）检测工作结束后，把取样探头从排气管里抽出来，让它吸入新鲜空气工作 5min，待仪器指针回到零点后再关掉电源。

对于检测废气排放中的 CO、HC 等气体的浓度，除采用以上所述的怠速法，还有一种工况法。工况法要求汽车在底盘测功机上运行，并按照汽车在一定道路上的实际行程情况编制的实验工况进行。测定汽车排气中的一氧化碳、碳氢化合物、氮氧化物及各种污染物在样气中的含量时所得的数据，应是测量装置读数稳定后的数据。汽车排气中的碳氢化合物的浓度采用氢火焰离子检测器来测量，其工作原理是基于氢火焰中，若存在碳氢化合物时，将会产生大量离子这一现象来测定的。化学发光分析仪主要用于测定汽车氮氧化物的排放量，它是通过一氧化氮与臭氧发生反应，生成二氧化氮活化分子在近红外区域产生化学光子，再测定其发光强度，通过发光强度来确定一氧化氮的含量。

2. 故障排除

1）关闭点火开关，检查空气滤芯是否太脏，如果太脏，则应更换；如果空气滤芯正常，则进行下一步工作。

2）检查化油器调整是否不当

①油面高度是否合适。

②主量孔是否过大。

③加浓系统是否失效。

④加速系统是否失效。

3）检查点火正时是否符合要求。

4）用单缸断火的方法检查个别气缸是否工作不良。

5）对于电喷发动机，还应检查发动机传感器的工作情况。

注意事项：

1）汽油车怠速污染物的检测一定要把发动机怠速和温度控制在规定范围内。

2）取样探头、导管分为低浓度用和高浓度用两种，两者要分别使用。

3）检测时导管不要发生弯折现象。

4）多部车辆连续检测时，一定要把取样探头从排气管里抽出并等到仪表指针回到零点后，再进行下一部车的测量。

5）不要在有油或有机溶剂的地方进行检测。

6）要注意检测地点室内通风换气，以防人员中毒。

7）检测结束后，要立即把取样探头从排气管里抽出来。

8）取样探头不用时要垂直吊挂，不要平放，以防管内的积水腐蚀取样探头。

9）分析仪不要放置在湿度大、温度变化大、振动大或有倾斜的地方。

10）分析仪要定时保养，以确保使用精度。校准用的校准气样是有毒的，要注意保管。

考核标准

序　号	故障设置	考核要求	评分标准	配分	扣分	得分
1		正确使用工具、仪器	工具使用错误扣5分	10		
2		根据发动机无法起动的故障现象,确定故障性质	确定错误扣10分	20		
3		查找发动机无法起动的原因	检查方法错误扣10分	20		
			检查程序错误扣10分			
			检查结果错误扣10分			
4		确定故障部位(口述)	确定错误扣10分	10		
5		故障排除	不能排除扣20分	20		
			不能完全排除酌情扣分			
6		验证排除效果	没有验证扣10分 验证方法不当酌情扣分	10		
7		遵守安全规程,正确使用工量具,操作现场整洁	每项扣2分,扣完为止	10		
		安全用电、防火,无人身设备事故	因操作不当发生重大事故,此题按0分计			
备注			合　计	100		
			教师签字	年	月	日

注：考核时间为30min。

想一想，做一做

发动机排放控制技术有哪些？常见的尾气排放分析仪有哪些？

项目2.11　汽油发动机的检测与故障诊断综合实例

项目内容

1）能熟练正确地进行跳火试验。

2）能正确分析缸压变化。

3）能根据发动机的现象判断发动机的故障。

4）排除故障后发动机能正常工作。

5）故障设置及选取原则见表2-16。

表2-16 故障设置及选取原则

序 号	故障设置	选取原则
1	点火系统低压线路断路	在所列故障中任意选取两项
2	点火线圈初级线圈短路	
3	断电器触点无工作间隙	
4	电容器击穿短路	
5	汽油泵故障	

项目目的

1）掌握发动机无法起动的综合诊断方法。

2）掌握点火系统、供给系统故障的诊断与排除。

3）熟悉机械内部故障的诊断与排除。

技术标准

1）汽油发动机能顺利起动，怠速、中速、加速各工况良好。

2）蓄电池电压符合标准，一般火花塞的间隙为0.7～0.8mm。

3）一般轿车的缸压为1.0～1.3MPa，各缸缸压不低于标准值的8%，缸压差不大于3%。

4）曲轴箱窜气量为2～4L/min，气缸漏气率极限为30%～40%，怠速运转时，进气歧管真空度为50～70kPa。

相关知识

1. 燃油系统的元件检测

（1）汽油泵的测试：测试汽油泵工作状况时应保证蓄电池电压正常，汽油泵熔丝正常，汽油滤清器正常。

1）汽油泵电路的检查

①接通点火开关，应该能够听到汽油泵起动的声音，若用手指捏住输油管应能感到油压。

②如果汽油泵没有起动，应检查汽油泵、汽油泵继电器以及汽油泵控制电路。

③接通点火开关，汽油泵继电器必须有动作声，否则检查汽油泵继电器线路，如果线路正常，更换汽油泵继电器。

④如果汽油泵继电器良好，汽油泵仍然不工作，则在点火开关接通的情况下，用万用表测量汽油泵导线上的供电电压，电压的额定值约为蓄电池的电压（12V）。

如果电压额定值没有达到，则根据电路图查找并消除电路中的断路故障；如果达到了额定值，同时汽油泵处的搭铁导线没有发现断路情况，说明汽油泵有故障，应检查更换汽油泵。

2）汽油泵的检验

①点火开关置于 OFF，脱开汽油泵电插头。

②用绝缘电阻表测量汽油泵线圈电阻，如不在规定范围，则更换汽油泵总成。

③给汽油泵加上 12V 电源（注意极性），检查汽油泵的运转情况。如不正常，则更换汽油泵总成。注意：本实验应在 10s 内完成以免烧毁汽油泵线圈，同时使汽油泵远离蓄电池。

3）测量汽油泵供油量

①关闭点火开关。

②泄压后，将汽油压力表连接到输油管上。将软管接到回油管上，并伸到量杯内。

③使用接头导线短接汽油泵继电器的触点和蓄电池正极端子，使汽油泵运转建立系统油压后断电。

④倒空量杯，接通汽油泵，使之运转。测量规定时间内的泵油量，与规定值进行比较。如果没有达到最低的输油量，故障原因可能为输油管弯曲或阻塞，汽油滤清器阻塞，汽油泵故障等。

（2）喷油器的检测

1）喷油器工作情况的检查：在发动机运转时，用手触摸喷油器或用听诊器来检查喷油器是否工作，其工作情况是否与发动机转速相符。如不正常，检查喷油器或 ECM 输出的喷油信号。

如果喷油器难于接近，可以用断火的方法来检查。检查时动作要快，否则长时间断缸将加速三元催化转换器的失效。

2）检查喷油器有无堵、漏现象

①点火开关放在 OFF，脱开全部喷油器电插头。

②在油路上装汽油压力表，起发动机或短接汽油泵电源使汽油泵运转，建立油压。

③逐个给喷油器脉冲式电磁阀供 12V 电压，同时听响声是否正常。注意：如果是低电阻型的喷油器，则应在电路中串联一个阻值约 10Ω 的电阻，以保护喷油器线圈。

④给喷油器供电时，系统油压应下降，否则说明该喷油器有脏堵现象。

⑤若喷油器没有喷油而系统油压下降，则说明该喷油器处有泄漏。

⑥拆下全部喷油器观察，泄漏喷油器的喷孔处有黑色痕迹。

3）喷油器线圈阻值的检查：点火开关放在 OFF，脱开喷油器电插头，测量喷油器线圈电阻。如超出技术范围，则应更换。

4）检查喷油量、雾化情况和泄漏。

5）喷油器电路的检查

①点火开关放在 OFF，脱开喷油器电插头。

②点火开关放在 ON，将电压表的负测量笔搭铁，正测量笔先后测量线束电插头的两个端子，其中的一个端子应有 12V 电压。否则检查点火继电器以及它到蓄电池之间的线束连接情况。

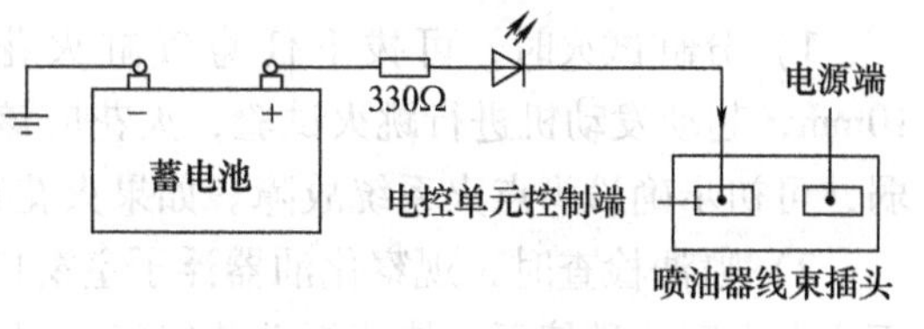

图 2-43　喷油器电路控制端的检查

③自制一个串联有 330Ω 左右电阻的二极

管试灯。在点火开关放在OFF的情况下，将试灯的正极与蓄电池正极相连，试灯的负极与线束电插头的电控单元控制端相连，见图2-43。

④接通起动机，试灯应闪烁。否则应检查喷油器电插头的控制端到ECM之间的线路及连接情况。

⑤如果所有气缸喷油器电插头上的试灯都不亮，则检查与喷油控制相关的传感器输入信号（如曲轴和凸轮轴位置传感器）；如检查部分喷油器时试灯未闪亮，则在检查完该喷油器的控制端连接情况后，检查ECM中的功率晶体管。

⑥拆下ECM，开盖检查晶体管的工作情况是否正常。如果晶体管良好，则说明ECM有故障。

2. 燃油系统检修注意事项

（1）油管的连接

1）将接头螺栓联接到高压油管接头时，务必采用新垫片以保证接头的密封性。先用手拧紧接头螺栓，再用专用工具拧紧到规定力矩。

2）将接头螺母联接到高压油管接头上时，应在油管端部的喇叭口处涂一层润滑油。先用手拧紧接头螺母，再用专用工具拧紧到规定力矩。

（2）维修后的查漏　对燃油系统维修后，应确认无渗漏现象。可以短接燃油泵电源并夹住回油软管，在高压下检查是否有泄漏。注意不可折叠回油软管，否则会使软管开裂。

（3）一次性元件的更换　燃油软管的夹箍不可重复使用，O形密封圈也不可重复使用。将O形密封圈往喷油器上安装前，需用汽油、发动机机油或自动变速器油进行润滑。注意切勿使用硅润滑油、齿轮油或制动液润滑O形密封圈，以防止密封圈变形或损坏。安装O形密封圈时，一定要小心防止损伤。

注意事项：

1）起动发动机时，连续起动不得超过5s，两次起动发动机时间间隔不少于30s。

2）使用缸压表时要按缸压表使用说明操作。

3）检查喷油情况时要远离明火。

设备、工具和材料准备

1）技术状况良好的发动机总成1台。

2）火花塞套筒1个，常用工具1套。

3）棉丝若干，盛有汽油的油壶1个，导线数根，气缸压力表1个。

4）排除故障时可用更换的性能合格的零部件若干。

操作步骤

1）分缸试火时，可拔下任意气缸火花塞的分缸高压线，将高压线接头距缸体7~10mm，起动发动机进行跳火试验，火花应该呈蓝白色或紫蓝色为正常。如果无火或火花很弱，可初步确诊为点火系统故障。如果火花正常，则进行下一步检查。

2）喷油检查时，观察化油器浮子室窗口油面的高度或拆下化油器上口的空气室盖，油面应在中间或稍偏下。快速扳动节气门，观察加速喷口喷油情况，加速喷口应连续喷油且不滴油。如果油面过低或油面过高或加速喷口不连续喷油，均可初步确诊为供给系故障。如果油面正常、喷油正常，则进行下一步检查。

3）拆下火花塞，检查火花塞上是否有水、有油，并检查火花塞电极的间隙、电极质量，并作跳火试验。如果火花塞正常，则进行下一步检查。

4）点火正时检查

①将1缸活塞转到压缩上止点，检查分电器的分火头是否指向1缸分缸线头上。如果不是，则进行调整。

②检查分电器是否正处于恰好高压跳火位置，否则应转动分电器外壳调整。

③检查分缸线次序，如桑塔纳4缸发动机发火顺序为1—3—4—2（顺时针）。

5）气缸缸压检查用气缸压力表逐缸测量，每缸测量3次，取最大值，应符合技术标准。

6）用气缸压力表检测缸压时，如果在起动机刚转动的瞬间，气缸压力表指针上升很少，以后由低逐渐升高，但仍达不到标准的压力，则可能是气缸、活塞、活塞环处漏气。如果在起动机刚转动的瞬间，气缸压力表指针上升很少，以后缸压读数仍然很低，一般情况是气门漏气。相邻两缸歧管压力均下降，发动机运转时化油器有回火现象，可确定为气缸垫冲坏，缸体、缸盖结合面不平导致漏气。也可通过加机油法检测缸压、检测曲轴箱窜气量、气缸漏气量（率）、进气歧管真空度来判断机械系统的内部故障。

考核标准

序号	故障设置	考核要求	评分标准	配分	扣分	得分
1		使用尾气分析仪检测汽车的尾气排放	使用错误扣12分 个别使用不当酌情扣分	20		
2		根据测量结果分析排放超标的故障原因	检查方法错误扣10分 检查程序错误扣10分 检查结果错误扣10分	30		
3		明确发动机排放超标的故障原因（口述）	确定错误扣8分	8		
4		排除发动机排放超标的故障	不能排除故障扣25分	25		
5		验证排除故障后的排放是否达标	不进行验证扣7分	7		
6		遵守安全规程，正确使用工量具，操作现场整洁	每项扣2分，扣完为止	10		
		安全用电、防火，无人身设备事故	因操作不当发生重大事故，此题按0分计			
备注			合　计	100		
			教师签字	年	月	日

注：考核时间为60min。

想一想，做一做

如何对电控发动机进行常规检查和维护保养？以及如何进行故障检测和诊断？

模块三　柴油发动机的检测与故障诊断

项目3.1　柴油发动机无法起动故障的检测与诊断

项目内容

1）了解柴油发动机供给系统的组成及工作原理。

2）熟悉分析柴油发动机无法起动的原因。

3）掌握调整柴油发动机调速器、校正喷油器的方法。

4）排除柴油发动机无法起动的故障。

项目目的

1）根据柴油发动机无法起动的故障现象，经分析查出故障的原因。

2）能运用正确的判断方法找出故障的部位。

3）排除柴油发动机无法起动的故障。

4）故障设置及选取原则见表3-1。

表3-1　故障设置及选取原则

序　号	故障设置	选取原则
1	柴油箱内无油或油量不足	在所列故障中1、2、3、4、5项中任意选取两项，或从6、7项中任选一项
2	低压油路堵塞	
3	低压油路管路接头松动	
4	节气门拉杆处于不供油位置	
5	高压油管中有空气	
6	喷油正时不正确	
7	喷油器压力弹簧调整过硬	

技术标准及要求

1）在环境温度不低于－5℃时，按原厂规定电压的蓄电池或外电源，用起动机应能顺利起动发动机。

2）在正常温度下，起动时间不得超过5s。

3）发动机供给系统正常时，发动机应能正常起动。

4）发动机的喷油正时、喷油压力应符合原厂规定。

相关知识

1. 柴油发动机燃料供给系统的组成

柴油发动机和汽油发动机相比两大机构、三大系统中，除供给系统差异较大外，曲柄连杆机构、配气机构、冷却系统、润滑系统则大同小异。因此，要诊断柴油发动机供给系统的故障，必须熟悉以下相关知识。

柴油发动机燃料供给系统一般由柴油箱、输油泵、低压油管、柴油滤清器、喷油泵、高压油管、喷油器、回油管路等组成，见图 3-1。

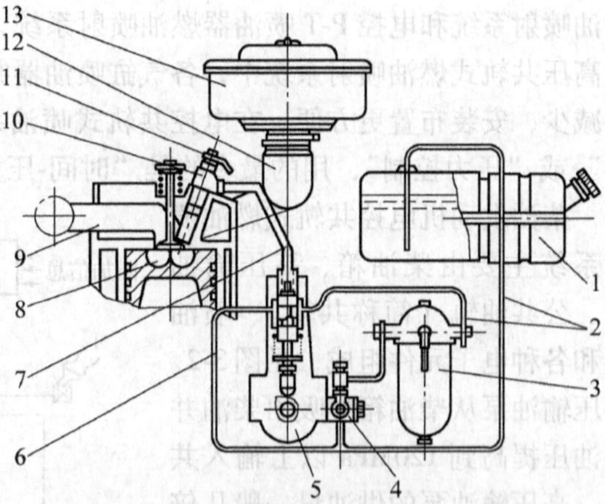

图 3-1 柴油发动机燃料供给系的组成

1—柴油箱 2—低压油管 3—柴油滤清器 4—输油泵 5—喷油泵 6、11—回油管 7—高压油管 8—燃烧室 9—排气管 10—喷油器 12—进气管 13—空气滤清器

柴油发动机燃料供给系统的作用是把过滤后清洁的燃油，用输油泵送给高压油泵，增压后按喷油正时规律打开喷油器，喷入压缩终了的燃烧室。在压力、温度、空然比合适的地方，开始着火燃烧，燃烧后把废气排入大气中。

柴油发动机燃料供给系统常见故障为混合气过浓、混合气过稀、怠速不稳、飞车、加速不良等。柴油发动机燃料供给系统故障常见部位为喷油泵、喷油器、输油泵等。

2. 柴油发动机燃料供给系统的维护

(1) 柴油发动机燃料供给系统维护作业内容

1) 检查、清洁或更换发动机空气滤清器，空气滤清器清洁有效，安装可靠。

2) 检查燃料供给系统接头及密封情况，接头无破损、渗漏，牢固可靠；清洁柴油滤清器，并视情更换；检查输油泵供油压力，必要时更换。

3) 检查喷油器和喷油泵的作用，必要时检查喷油压力和喷油状况，视情况调整供油提前角。

4) 检查和校紧气缸盖和进排气歧管各连接部位的螺栓和螺母，各衬垫应完好有效。

5) 检查和清洁增压器及中冷器。

(2) 柴油发动机燃料供给系统技术状况的检查 可用柴油发动机专用示波器、柴油发动机综合测试仪或汽柴油发动机综合测试仪等，测试各气缸高压油管中的压力波形，对柴油供给系统进行综合分析诊断。在没有检测仪器的情况下，也可将各气缸喷油器从发动机上拆下，再装上各分缸高压油管，用起动机带动喷油泵旋转，观察各喷油器的喷油质量。若各喷油器喷油油束雾化好，锥角适当，喷油声响清脆，喷油量一致性好，则喷油质量较好。若压力波形异常或喷油器的喷油质量不良，则应进一步深入诊断，确定附加检修项目。

(3) 柴油发动机燃料供给系统低压油路的检查 将油压表安装在输油泵和喷油泵之间的燃油管路或放气螺塞孔上，检测在规定转速下低压油路中燃油的最大压力，判断输油泵、柴油滤清器、柴油箱及油管的技术状况和连接情况。该压力值应符合车型的技术要求。若压力过低，首先检查柴油滤清器是否脏堵，若脏堵则应清洗或更换；其次检查油管接头是否有破损或渗漏，若有则应紧固或更换；最后检修输油泵，必要时检修或更换。

3. 柴油发动机电控燃油喷射系统简介

柴油发动机电控高压共轨式燃油喷射系统，包括电控共轨式燃油喷射系统、电控单体泵燃油喷射系统和电控P-T喷油器燃油喷射系统，其中最典型的是电控共轨式燃油喷射系统。在高压共轨式燃油喷射系统中，各气缸喷油器共用一个高压油轨（即高压油管），使系统元件减少，安装布置更方便。在电控共轨式喷油系统中，对喷油量的控制采用“时间-压力控制”或“压力控制”，用的最多的是“时间-压力控制”方式。

柴油发动机电控共轨式燃油喷射系统主要由柴油箱、高压输油泵、公共油轨（简称共轨）、喷油器和各种电子元件组成，见图3-2。高压输油泵从柴油箱中吸出柴油并将油压提高到120MPa以上输入共轨，高压输油泵的供油量一般几倍于实际喷油量，以保证供油的可靠性，多余的柴油经回油管流回柴油箱。高压输油泵的出口端装有一个用来调节共轨中油压的供油压力调节阀，ECU根据柴油发动机的转速、负荷等控制压力调节阀的开度，从而增加或减少高压输油泵的供油量，实现对共轨中油压的控制，以保证供油压力稳定在目标值，使喷油压差保持不变。此外，ECU还根据燃油压力传感器信号对共轨中的油压进行闭环控制。

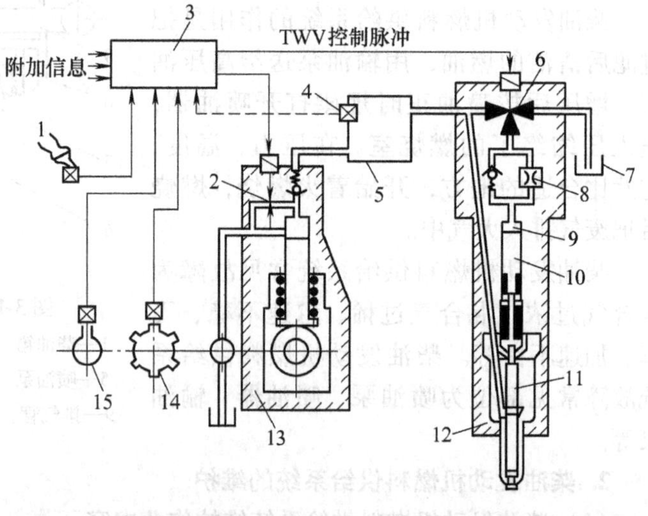

图3-2 日本电装公司的ECD-U2高压共轨式柴油喷油系统示意图
1—加速踏板位置传感器 2—柴油泵压力控制阀（PCV） 3—电控装置 4—燃油压力传感器 5—共轨管 6—三通阀门（TWV） 7—柴油箱 8—节流孔 9—控制室 10—液压活塞 11—喷嘴 12—喷油器 13—高压供油泵 14—发动机转速传感器 15—气缸识别传感器

在“时间-压力控制”系统中，ECU控制供油压力调节阀使喷油器的喷油压差保持不变，再通过控制三通电磁阀实现喷油量和喷油正时的控制。电磁阀通电开始时刻决定了喷油的开始时刻，其通电时间的长短决定喷油量的多少。

注意事项：

1）起动时间不得超过5s，并且每次起动的时间间隔不少于30s。

2）故障排除后，要验证故障是否完全排除。

设备、工具和材料准备

1）技术状况良好的柴油发动机总成1台，并按本模块故障设置要求设置故障。

2）喷油器校验器（附连接管）、喷油器压力调整垫片各1套。

3）管扳手、梅花扳手、开口扳手、套筒、扭力扳手各1件。

操作步骤

1）起动发动机，如果起动机带不动发动机，则按以下程序进行诊断：

①用手摇柄摇转发动机曲轴，如可摇转，则说明故障在起动系统，扭力不够，应检查起

动系统的电路及起动机的工作情况。

②若柴油发动机摇转不动，则说明故障机械卡滞，应踏下离合器自行摇转，若还不能摇转，则应检查起动机齿轮与飞轮齿圈是否卡滞。可将变速器挂入某一个挡位，前后推动车辆使起动机齿轮自动回位。如不属起动系统卡滞，则应检查发动机内部有无卡滞。若柴油发动机能够摇转，则为离合器、变速器有卡滞。如果起动机能带动发动机运转但不着车，则进行下一步检查。

2）检查发动机是否供油

①首先检查柴油箱内存柴油是否足够，柴油箱开关是否打开，柴油箱盖空气孔是否堵塞。

②可扳动手压泵试验，若拉出手压泵拉钮时，明显感到有吸力，松手后拉钮自动回位，则说明柴油箱至输油泵的油路堵塞。如果拉出手压泵拉钮时不感到有吸力，但下推拉钮时手感有阻力，则说明输油泵至喷油泵的油路堵塞，可先检查柴油滤清器是否堵塞。

③如果拉推手压泵均无正常的泵油阻力，则说明手压泵失效，应拆检输油泵，检查出油阀是否粘滞或不密封，弹簧是否折断或活塞损坏。如果发动机供油通畅，则进行下一步检查。

3）检查柴油中是否有空气检查方法是：旋松输油泵上的出油接头，扳动手压泵，观察排出柴油的情况。若泡沫状柴油排不尽，则说明输油泵至柴油箱一段油管或柴油箱内上油管破裂或接头松动。若泡沫状柴油能排尽，则应旋松柴油滤清器输出接头，再进行排气试验，检查该管路及接头是否漏气。如果柴油中无空气，则进行下一步检查。

4）检查高压油路

①接通起动机，查看喷油泵输入轴是否转动、联轴器是否连接可靠、联轴器有无断裂，半圆键是否完好。

②检查高压油管有无漏油。

③如果上述均正常，可在发动机转动时，用手触试各气缸高压油管，感觉喷油脉动情况。若有喷油脉动，则说明故障不在喷油泵而在喷油器。若无喷油脉动或脉动强度很弱，则说明故障在喷油泵。

④如果确定喷油器有故障，应将其从气缸上拆下，再接上高压油管，然后用一字槽螺钉旋具撬动喷油泵弹簧座进行高压泵油试验。检查是否喷油，有无滴漏，必要时拆检喷油器，查看弹簧弹力、针阀有无卡滞、喷油孔有无堵塞等。

⑤如果确定故障在喷油泵，则应拆开喷油泵侧盖，进一步检查。

⑥接通起动机，若喷油泵凸轮轴不转，则说明轴已断裂。

⑦检查供油调节拉杆是否总处于不供油位置。

⑧检查拨叉式油量调节机构的调节叉或齿条式油量调节机构的扇形小齿轮的固定螺栓是否松动，调节臂有无从中脱出，供油调节齿条是否粘住，其行程是否达到标准。

⑨检查喷油泵柱塞或柱塞控制套是否粘住。

⑩检查喷油泵出油阀是否被粘住，弹簧有无折断，出油阀是否密封。如果高压油路正常，则进行下一步检查。

5）调整喷油正时。

考核标准

序号	项目设置	考核要求	评分标准	配分	扣分	得分
1	正确使用工具、仪器	能正确使用检测、维修所需的仪器、工具	操作不正确扣5分 使用不当酌情扣分	10		
2	根据故障现象分析故障原因	掌握柴油发动机的工作原理，能分析故障原因	检查方法错误扣10分 检查程序错误扣15分 结果错误扣15分	40		
3	明确故障部位（口述）	根据故障现象能口述可能的故障部位	不能确定故障部位扣10分	10		
4	排除柴油发动机无法起动的故障	根据检查结果能排除故障	不能排除故障扣20分 排除不彻底酌情扣分	20		
5	验证排除效果		不进行验证扣10分	10		
6	安全文明生产	遵守安全规程，正确使用工量具，操作现场整洁	每项扣2分，扣完为止	10		
		安全用电、防火，无人身设备事故	因操作不当发生重大事故，此题按0分计			
备注			合　计	100		
			教师签字			年　月　日

想一想，做一做

如何进行柴油发动机的冷车起动？可以采取哪些预热措施？

项目3.2　柴油发动机游车故障的检测与诊断

项目内容

1）了解柴油发动机供给系统的结构及工作原理。

2）熟悉分析柴油发动机游车的原因。

3）掌握调整柴油发动机调速器的方法。

4）排除柴油发动机游车的故障。

项目目的

1）掌握柴油发动机燃料供给系统的组成、结构、工作原理。

2）根据柴油发动机游车的故障现象，找出故障的原因。

3）排除柴油发动机游车的故障。

4）故障设置及选取原则见表3-2。

表3-2　故障设置及选取原则

序　号	故 障 设 置	选 取 原 则
1	调速器内润滑油太脏或太少	在所列故障中任意选取一项
2	调速弹簧变形或断裂	
3	供油量调节机构卡滞	
4	个别气缸喷油器针阀卡滞	

技术标准及要求

1）发动机动力性能良好，运转平稳，怠速稳定。

2）发动机有良好的起动性能。

3）发动机怠速值符合原厂规定。

相关知识

怠速不平稳或无怠速是柴油发动机常见的一种故障，正常行驶时须经常“轰油门”，否则，很容易造成熄火，严重影响了车辆的正常驾驶。柴油发动机调速器、喷油器等的损坏，都可能引发此故障。出现由这种现象后，应及时解决，否则不仅影响安全驾驶，还会造成机件的损坏。要排除这类故障，就需要熟悉柴油发动机喷油器、调速器等的结构原理，了解故障形成的原因。

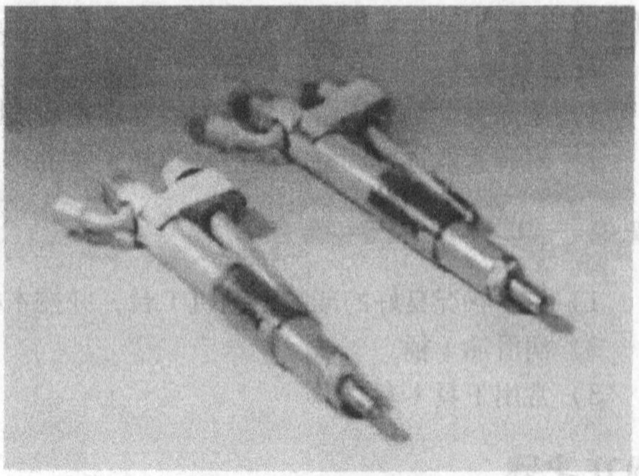

图 3-3 喷油器外形

1. 喷油器的结构

喷油器常见的形式有轴针式与孔式两种。针阀体与喷油器体的接合端面要严密配合，在加工时两端面要研磨。

喷油器喷油时，会有少量的柴油从针阀与针阀体的配合间隙处渗漏，在喷油器上端设有回油接头。这部分柴油通过回油管螺栓的孔进入回油管，流回柴油滤清器。

东风汽车使用的康明斯柴油发动机，大多数都使用孔式喷油器。其外形见图 3-3，结构见图 3-4。

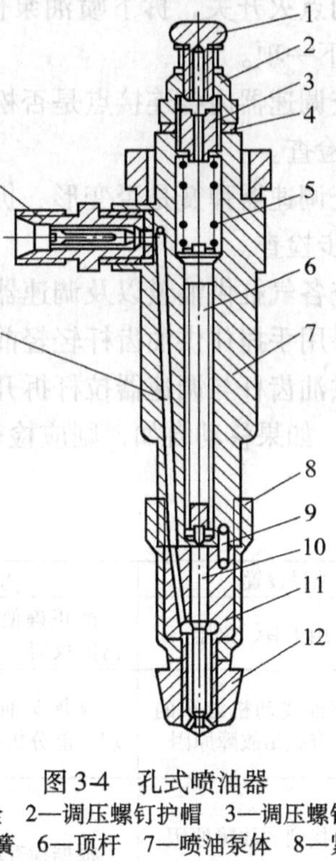

图 3-4 孔式喷油器

1—回油管螺栓 2—调压螺钉护帽 3—调压螺钉 4—垫圈 5—调压弹簧 6—顶杆 7—喷油泵体 8—紧固螺套 9—定位销 10—针阀 11—针阀体 12—喷油器锥体 13—油道 14—进油管接头

2. 喷油器的功用

喷油器的功用是将来自喷油泵的高压柴油喷射雾化，并按一定的要求（如：一定的射程和喷雾锥角、雾化良好、喷入燃烧室的相应位置等）将柴油喷射到燃烧室中。

3. 影响喷油质量的因素

喷射压力增大时，使雾化质量提高，射程和雾锥角也会随着加大。

孔式喷油嘴，雾化质量好，锥角大，射程小。柴油的黏度大，油不易雾化，射程较大。

当气缸内部的压力增加时，使射程减少锥角增大，有利改善雾化质量。

因此，喷油器的喷油压力，喷油器的工作状况，气缸的压力，都会影响到喷油量和喷油质量，从而影响柴油发动机的正常工作。

4. 调速器

柴油发动机的调速器主要是为了限制和自动调节喷油量的机械装置，一般多为机械离心飞球（或飞块）式。由于柴油发动机的转速范围较小，容易导致飞车或熄火，因而常用调速器来进行自动调节。在第一代电控柴油发动机上，常用位置控制来实现，现在已被高压共轨下的压力-时间控制方式取代。

注意事项：

1）柴油发动机出现游车故障时要立即熄灭发动机，确定故障排除后方可再起动。

2）对调速器进行调整时应严格遵循正确的步骤进行。

设备、工具和材料准备

1）技术状况良好的柴油发动机1台，并按本模块故障设置要求设置故障。

2）润滑油1桶。

3）常用工具1套。

操作步骤

1）关闭点火开关，拆下喷油泵侧盖，用手捏住供油齿杆轻轻前后移动，如果移动自如，则检查下一项。

2）检查调速器内各连接点是否松动，如果有松动，则需调整；如果各连接点正常，则进行下一步检查。

3）检查调速器弹簧是否变形、折断以及飞块是否偏重，如果调速器弹簧和飞块正常，则进行下一步检查。

4）检查各气缸供油量以及调速器内润滑油的质量。

5）如果用手捏住供油齿杆轻轻前后移动，移动困难，则进行下一步检查。

6）将供油齿杆与调速器拉杆拆开再移动齿杆，如果移动仍然困难，则应检查喷油器针阀是否卡滞；如果移动自如，则应检查调速器润滑情况以及各连接点装配是否过紧。

考核标准

序号	项目设置	考核要求	评分标准	配分	扣分	得分
1	正确使用工具、仪器	能正确使用检测、维修所需的仪器、工具	操作不正确扣5分 使用不当酌情扣分	10		
2	根据柴油发动机游车的故障现象查找出故障原因	掌握柴油发动机的工作原理，能分析故障原因	检查方法错误扣10分 检查程序错误扣15分 结果错误扣15分	40		
3	根据查找到的故障原因，排除故障	根据检查结果能排除故障	不能排除故障扣30分 排除不彻底酌情扣分 自制一处故障扣10分	30		

（续）

序号	项目设置	考核要求	评分标准	配分	扣分	得分
4	验证排除效果		不进行验证扣10分	10		
5	安全文明生产	遵守安全规程，正确使用工量具，操作现场整洁	每项扣2分，扣完为止	10		
		安全用电、防火，无人身设备事故	因操作不当发生重大事故，此题按0分计			
备注			合　计	100		
			教师签字	年　月　日		

想一想，做一做

1. 如何就车调整柴油发动机的怠速转速？
2. 如何维护柴油发动机的燃油供给系统？

项目3.3　柴油发动机废气排放超标故障诊断及烟度检测分析

项目内容

1）了解分析柴油发动机废气排放超标的原因。
2）熟悉使用分析仪检测柴油发动机废气。
3）掌握分析烟度检测的结果。排除柴油发动机废气排放超标的故障。
4）排除柴油发动机排放超标的故障。

项目目的

1）正确使用柴油车烟度检测仪检测柴油车尾气排放。
2）正确分析发动机排放超标的故障原因。
3）排除柴油发动机排放超标的故障。
4）故障设置及选取原则见表3-3。

表3-3　故障设置及选取原则

序　号	故障设置	选取原则
1	喷油泵喷油压力过高	在所列故障中任意选取一项
2	空气滤芯太脏	
3	喷油正时调整过早	
4	调速器调整不当	
5	气缸压力过低	

技术标准及要求

1）满足汽车发动机排放标准。
2）汽车怠速时，污染物的排放符合国家标准。

相关知识

1. 柴油车排气污染物的检验标准

柴油车排出的烟色要有黑烟、蓝烟和白烟三种。其中，以柴油发动机在全负荷和加速工况时排除的黑色炭烟最为常见。黑烟的发暗程度用排气烟度表示，排气烟度用烟度计检测。烟度计可分为滤纸式、透光式、重量式等多种形式。

根据国家标准 GB18285—2000《在用汽车排气污染物限值及测试方法》的规定，对于装配压燃式发动机的车辆，按照国家标准 GB/18852.2《轻型汽车污染物排放限值及测量方法Ⅱ》认证的车辆进行自由加速排气可见污染物试验，其他装配压燃式发动机的车辆进行自由加速烟度试验。又规定，自由加速排气可见污染物试验按国家标准 GB18285—2000《在用汽车排气污染物限值及测试方法》附录 B 进行，自由加速烟度试验按国家标准 GB/T 3847—1999《压燃式发动机和装用压燃式发动机的车辆排气可见污染物限值及测试方法》规定进行。

按照国家标准 GB18285—2000《在用汽车排气污染物限值及测试方法》的规定，对于装配压燃式发动机，最大总质量大于或等于 400kg，最大设计车速大于或等于 50km/h 的在用汽车，自由加速试验烟度排放限值见表 3-4。

表 3-4　装配压燃式发动机的车辆自由加速试验烟度排放限值

车 辆 类 型	烟度值/R_b
1995 年 7 月 1 日以前生产的在用汽车	4.7
1995 年 7 月 1 日起生产的在用汽车	4.0

表 3-5　装配压燃式发动机的车辆自加速试验排气可见污染物限值

车辆类型	光吸收系数 m^{-1}
2001 年 1 月 1 日以后上牌照的在用车	2.5
2001 年 1 月 1 日以后上牌照的装配废气涡轮增压器的在用车	3.0

2. 柴油车排气污染物的检测

1）检测原理：滤纸式烟度计的测量原理是用一个活塞式抽气泵，从柴油发动机排气管中抽取一定容积的废气，使它通过一张一定面积的白色滤纸，废气中的炭烟存留在滤纸上，使其染黑。用检测装置测定滤纸的染黑度，再由指示装置指示出来。该染黑度即代表柴油车的排气烟度。

2）滤纸式烟度计的结构与工作原理：滤纸式烟度计是应用最广泛的烟度计之一，有手动、半自动和全自动三种形式。其结构都是由废气取样装置、染黑度检测与指示装置及控制装置等组成，见图 3-5。

3）注意事项

①取样软管的内径和长度都有规定，不能随意用其他型号的管子代替。

②指示装置不用时，应把测量开关放到关的位置，以免在移动或运输时损坏指示电表。

③指示装置应避开有振动和湿度大的地方。

④滤纸和校准用校准烟样，不要放置在阳光下晒或飞尘多的地方。

⑤标准烟样必须定期标定在有效期内使用。

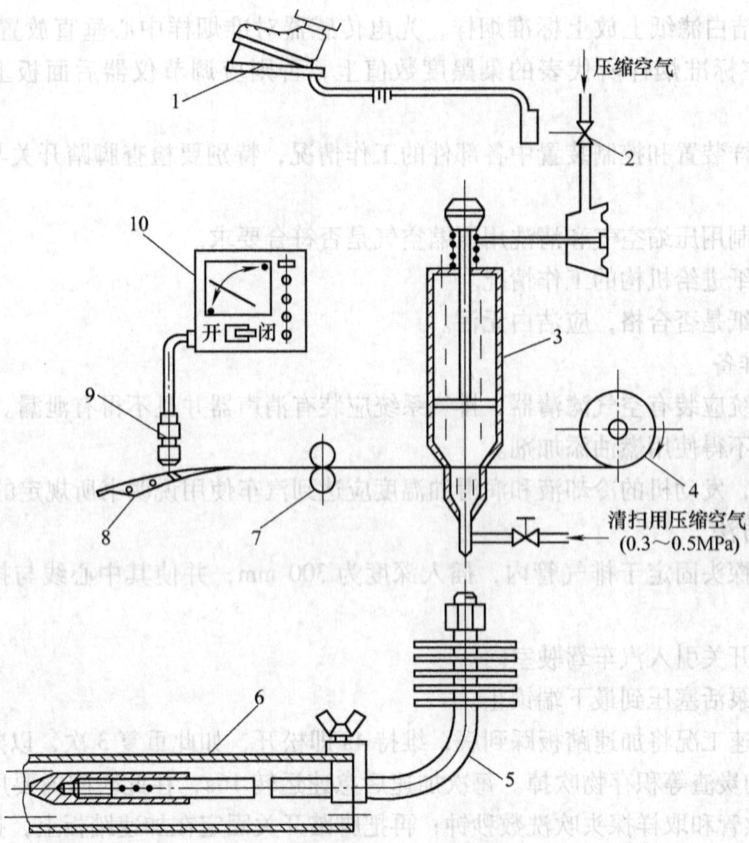

图 3-5　滤纸式烟度计结构简图

1—脚踏开关　2—电磁阀　3—抽气泵　4—滤纸卷　5—取样探头　6—排气管　7—进给机构　8—染黑的滤纸　9—光电传感器　10—指示仪表

设备、工具和材料准备

1）技术状况良好的柴油发动机 1 台，并按本模块故障设置要求设置故障。

2）排气烟度计、数字式万用表、发动机转速表各 1 件。

3）常用工具 1 套。

操作步骤

1. 烟度检测

（1）仪器准备

1）校准：

①未接通电源时，先检查指示电表指针是否在机械零点上，否则用零点调整螺钉使指针与“10”的刻度重合。

②接通电源，仪器进行预热，然后打开测量开关，在光电传感器下垫上10张洁白滤纸，调节粗调电位器和细调电位器，使表头指针与“0”的刻线重合。

③在10张洁白滤纸上放上标准烟样，光电传感器对准烟样中心垂直放置其上。此时，表头指针应指在标准烟样所代表的染黑度数值上，否则应调节仪器后面板上的小型电位器。

2）检查取样装置和控制装置中各部件的工作情况，特别要检查脚踏开关与抽气泵动作是否同步。

3）检查控制用压缩空气和清洗用压缩空气是否符合要求。

4）检查滤纸进给机构的工作情况。

5）检查滤纸是否合格，应洁白无污。

（2）车辆准备

1）进气系统应装有空气滤清器，排气系统应装有消声器并且不得有泄漏。

2）柴油中不得使用燃油添加剂。

3）测量时，发动机的冷却液和润滑油温度应达到汽车使用说明书所规定的温度。

（3）检测方法

1）将取样探头固定于排气管内，插入深度为300 mm，并使其中心线与排气管轴线平行。

2）将脚踏开关引入汽车驾驶室内。

3）把抽气泵活塞压到最下端锁止。

4）先由怠速工况将加速踏板踩到底，维持4s即松开，如此重复3次，以熟悉加速方法并把排气管内的炭渣等积存物吹掉。每次加速后怠速运转16s，在此时间内要用压缩空气清洗机构对取样软管和取样探头吹洗数秒钟；再把脚踏开关固定在加速踏板上，把滤纸与进给机构连接好，进行实测。实测时将加速踏板与脚踏开关一并迅速踩到底，至4s时立刻松开，维持怠速运转16s，在16s时间内完成排气取样、滤纸染黑、抽气泵复位、走纸、检测并指示烟度和清洗等工作。从第一次开始加速至第二次加速为一个循环，每个循环共计20s。实测中需操作4个循环，取后3个循环烟度读数的算术平均值作为所测烟度值。当汽车发动机出现黑烟冒出，排气管的时间与抽气泵开始抽气的时间不同步现象时，应取最大烟度值作为所测烟度值。

5）在染黑的滤纸上记下试验序号、试验工况和试验日期等。

6）检测结束，及时关闭电源和气源。

7）分析检测结果。

2. 故障排除

1）关闭点火开关，检查空气滤清器及进气通道是否堵塞，如果正常，则进行下一步检查。

2）拆下各气缸喷油器，用气缸压力表检查气缸的压力，如果正常，则进行下一步检查。

3）连接燃油压力表，起动发动机，检查喷油器的喷油压力及喷油情况，如果不正常，应检查输油泵以及喷油器；如果喷油器正常，则进行下一步检查。

4）检查调速器工作情况。

考核标准

序号	项目设置	考核内容	评分标准	配分	扣分	得分
1	仪器准备	烟度计、汽车检测前准备	准备不充分扣5分 准备失误扣5分	10		
2	排气检测	固定烟度计取样管	取样管固定不正确扣10分	50		
		柴油发动机自由加速烟度检测（重复3次）	未打气扣10分			
			未重复测量3次扣10分			
			操作不正确扣10分			
			结果不正确扣10分			
3	分析原因	测后记录分析、评价	评价不正确扣20分 分析、记录不正确扣10分	30		
4	安全文明生产	遵守安全规程，正确使用工量具，操作现场整洁	每项扣2分，扣完为止	10		
		安全用电、防火，无人身设备事故	因操作不当发生重大事故，此题按0分计			
备注			合　计	100		
			教师签字		年　月　日	

想一想，做一做

试用烟度分析仪检测柴油发动机的排放情况，并分析检测结果。

模块四　汽车底盘的检测与故障诊断

项目4.1　电控自动变速器的故障检测与诊断

项目内容

1）会利用正确的方法，查找自动变速器故障灯报警的原因。

2）能够排除引起自动变速器故障灯报警的故障。

3）故障设置及选取原因见表4-1。

表4-1　故障设置及选取原因

序　号	故 障 设 置	选 取 原 则
1	变速器的传感器或其线路故障	在所列的四个类型内任选两个故障点
2	变速器执行元件或其线路故障	
3	电控单元或其线路故障	
4	其他相关电路故障	

项目目的

1）掌握自动变速器自我诊断的方法，并根据诊断结果查找原因。

2）能顺利排除故障，清除故障码。

技术标准及要求

1）丰田车系自动变速器故障码的含义及故障原因见表4-2。

2）自动变速器工作过程中，故障灯不应报警。

表4-2　丰田汽车自动变速器故障码含义及故障原因

故障码	含　义	故 障 原 因
42	车速传感器无信号	车速传感器损坏或线路短路、断路
44	后车速传感器无信号	后车速传感器损坏或线路短路、断路
46	油压电磁阀不工作	油压电磁阀损坏或线路短路、断路
61	车速传感器无信号	车速传感器损坏或线路短路、断路
62	换挡电磁阀 A 不工作	换挡电磁阀 A 损坏或线路短路、断路
63	换挡电磁阀 B 不工作	换挡电磁阀 B 损坏或线路短路、断路
64	锁止电磁阀不工作	锁止电磁阀损坏或线路短路、断路
67	输入轴转速传感器无信号	输入轴转速传感器损坏或线路短路、断路
68	强制降挡开关一直闭合	强制降挡开关损坏或线路短路、断路

相关知识

自动变速器的结构较为复杂，而且不同车系的自动变速器结构差别较大，但控制原理基本相同。在工作中出现的故障类型、表现形式不相同，造成故障的原因和部位也不相同。所以在分析故障时首先必须熟悉自动变速器的结构和控制方法，结合其各项基本检查，充分利用电控自动变速器的自我诊断功能，全面分析故障，确定故障部位，避免盲目解体。

因此，我们要学习以下相关知识。

1. 自动变速器的基本构成

一般自动变速器由液力变矩器和齿轮式自动变速器构成。

图 4-1 为01M 自动变速器结构简图。

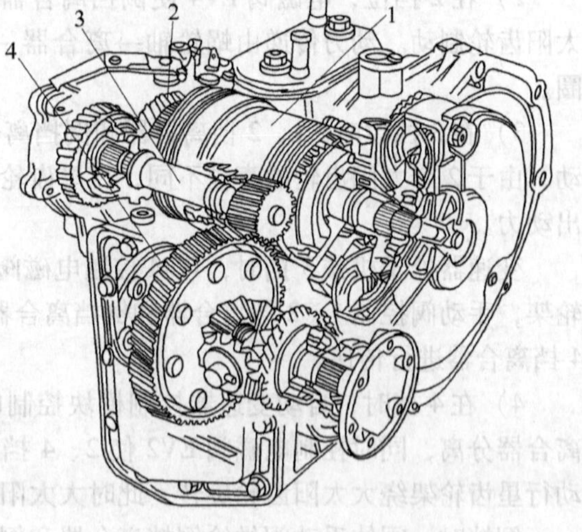

图 4-1　01M 自动变速器结构简图

1—行星齿轮系　2—行星齿轮系输出齿轮　3—中间传动轴　4—差速器

液力变矩器位于自动变速器的最前端，安装在发动机的飞轮上，起到自动离合、传递并增大转矩、柔和传力的作用。变速齿轮机构主要包括行星齿轮机构和换挡执行机构两部分。其机构构成了自动变速器的前进挡、倒挡、空挡等挡位。液压装置根据电控单元的指令对液力变矩器和齿轮变速器的液压控制，实现挡位的转换。电控单元根据各传感器传来汽车的运行参数，通过对系统油压的控制，控制各执行元件工作，其内部结构见图 4-2。

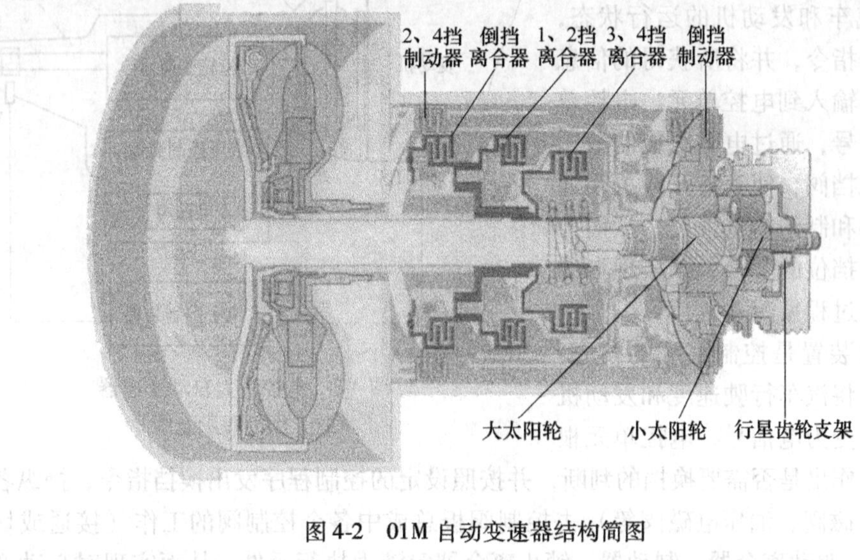

图 4-2　01M 自动变速器结构简图

（1）各离合器、制动器的作用　1、2 挡离合器驱动小太阳轮；倒挡离合器驱动大太阳轮；3、4 挡离合器驱动行星架；倒挡制动器制动行星齿轮架；2、4 挡制动器制动大太阳轮；单向离合器单向制动行星架。

（2）各挡传动路线

1）在1挡位时，TCM通过控制电磁阀EV4使倒挡离合器分离，单向轮参加工作，行星齿轮架固定不动，动力传递由涡轮轴→1、2挡离合器→小太阳齿轮→短行星齿轮→长行星齿轮→齿圈。

2）在2挡位，电磁阀EV4使倒挡离合器分离，2、4挡制动器由电磁阀EV2控制将大太阳齿轮制动。动力传递由蜗轮轴→离合器→小太阳齿轮→短行星齿轮→长行星齿轮→齿圈。

3）在3挡位时，1、2挡离合器和倒挡离合器接合，小太阳齿轮和大太阳齿轮被同时驱动，由于2个太阳齿轮的直径不同，行星齿轮组被固定，整个行星齿轮组就作为一个整体输出动力。

变速器处于机械3挡时，TCM控制电磁阀EV3使3、4挡离合器接合，直接驱动行星齿轮架，手动阀控制1、2挡离合器和倒挡离合器接合，行星齿轮组被锁定，动力直接通过3、4挡离合器进行传递。

4）在4挡时，自动变速器控制模块控制电磁阀EV1和EV4，使1、2挡离合器和倒挡离合器分离，同时控制电磁阀EV2使2、4挡制动器接合。这样动力通过3、4挡离合器驱动行星齿轮架绕大太阳齿轮旋转，此时大太阳齿轮被固定，动力得以通过齿圈输出。

倒挡时，阀体手动阀供给倒挡离合器和倒挡制动器压力，倒挡离合器驱动大太阳齿轮，倒挡制动器制动行星齿轮架，动力传递经倒挡离合器→大太阳齿轮→长行星齿轮→齿圈。

2. 自动变速器的控制原理

自动换挡系统中各控制阀不同的工作状态，将控制变速齿轮机构中离合器的分离与结合和制动器的制动与释放，并改变变速齿轮机构的动力传递路线，实现变速器挡位的变换。

电控液力自动变速器是通过传感器和开关监测汽车和发动机的运行状态，接受驾驶员的指令，并将所获得的信息转换成电信号输入到电控单元。电控单元根据这些信号，通过电磁阀控制液压控制装置的换挡阀，使其打开或关闭通往换挡离合器和制动器的油路，从而控制换挡时刻和挡位的变换，以实现自动变速，其工作过程见图4-3。

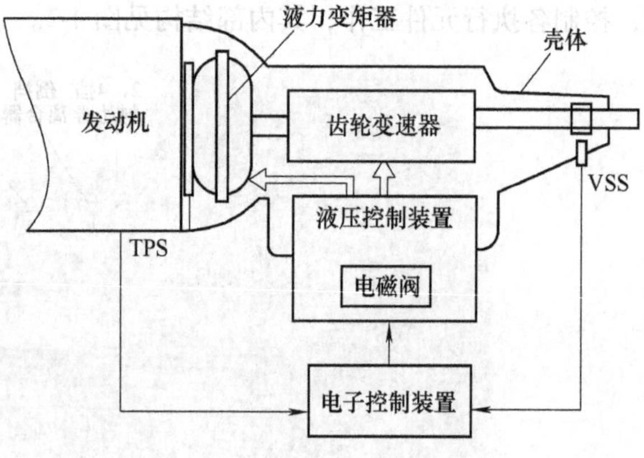

图4-3　电控液力自动变速器的工作过程示意图

电子控制装置是控制系统的核心，它通过传感器将汽车行驶速度和发动机负荷等参数转变为电信号，电控单元根据这些电信号作出是否需要换挡的判断，并按照设定的控制程序发出换挡指令，操纵各种电磁阀（换挡电磁阀、油压电磁阀等）去控制阀板总成中各个控制阀的工作（接通或切断换挡控制油路），驱动离合器、制动器、锁止离合器等液力执行元件，从而实现对自动变速器的全面控制。

大众01M自动变速器电子控制装置由各种传感器、控制开关、执行器和电控单元等组成，见图4-4。

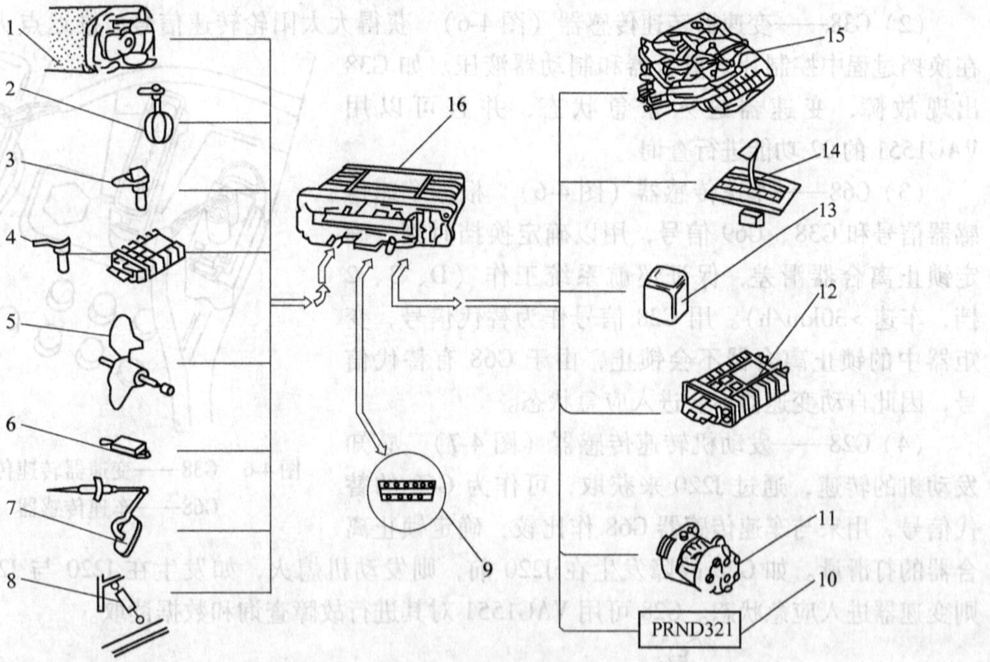

图4-4　电子控制装置的组成

1—节气门电位计 G69　2—变速器转速传感器 G38　3—转速传感器 G68　4—发动机转速传感器 G28
5—多功能开关 F125　6—发动机灯开关　7—强制降挡开关 F8　8—变速器油温传感器 G93
9—自诊断接口　10—变速杆位置指示板　11—空调位置　12—发动机控制单元 J220
13—起动锁和倒车灯继电器 J226　14—变速杆锁止电磁阀 N10
15—带电磁阀的滑阀箱　16—变速器电控单元 J217

3. 各传感器的功能与作用

（1）G69——节气门电位计（图4-5）　确定换挡点（与速度信号配合，程序控制），控制变速器液压，使换挡时速度变化较平稳。当 G69 出现故障时，J217 不进入应急状态，此时以中等负荷信号（50%）来进行工作，但此时停止逻辑控制，锁止离合器停止工作（变速器此时无刚性挡）。

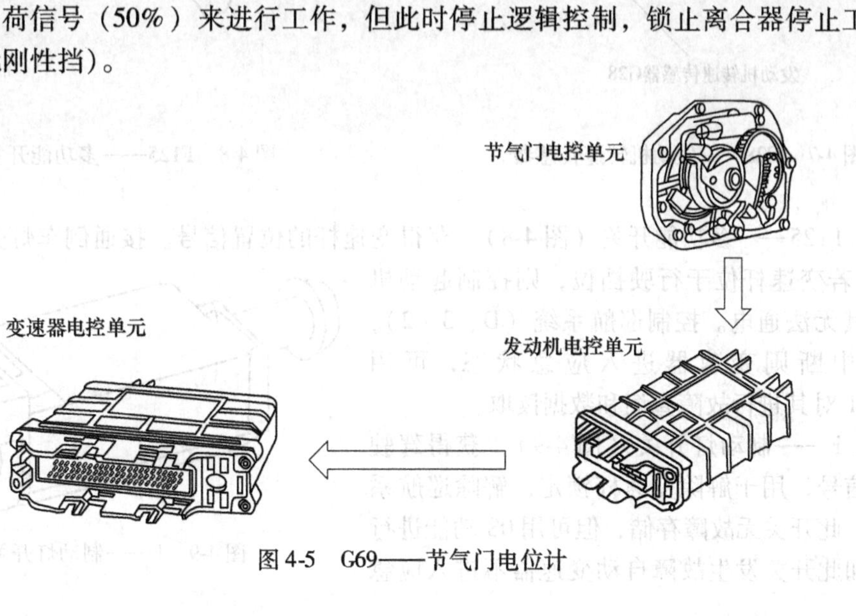

图4-5　G69——节气门电位计

(2) G38——变速器转速传感器（图 4-6） 获得大太阳轮转速信号，推迟点火提前角，在换挡过程中控制片式离合器和制动器液压。如 G38 出现故障，变速器进入紧急状态，并且可以用 VAG1551 的 02 功能进行查询。

(3) G68——车速传感器（图 4-6） 根据车速传感器信号和 G38、G69 信号，用以确定换挡时刻。确定锁止离合器滑差，保证巡航系统工作（D、3、2 挡，车速 >30km/h）。用 G28 信号作为替代信号，变矩器中的锁止离合器不会锁止，由于 G68 有替代信号，因此自动变速器不会进入应急状态。

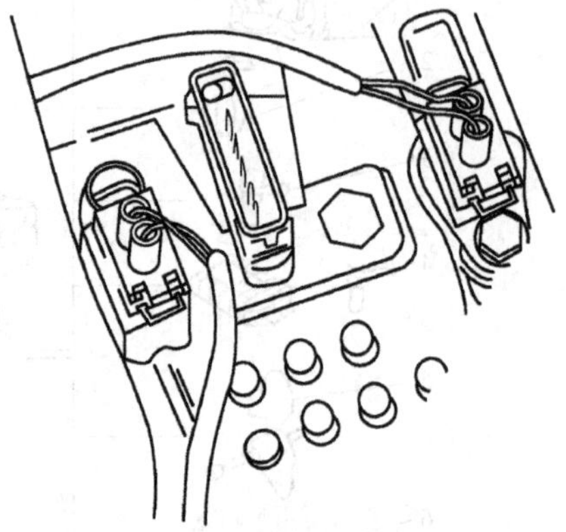

图 4-6 G38——变速器转速传感器、G68——车速传感器

(4) G28——发动机转速传感器（图 4-7） 感知发动机的转速，通过 J220 来获取，可作为 G68 的替代信号，用来与车速传感器 G68 作比较，确定锁止离合器的打滑量。如 G28 故障发生在 J220 前，则发动机熄火，如发生在 J220 与 J217 之间，则变速器进入应急状态。G28 可用 VAG1551 对其进行故障查询和数据读取。

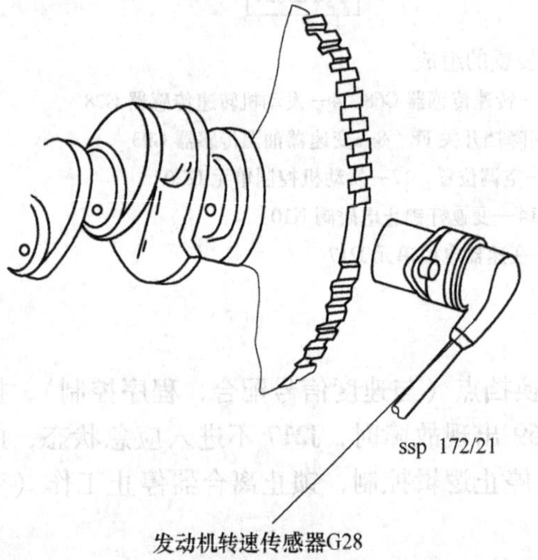

图 4-7 G28——发动机转速传感器

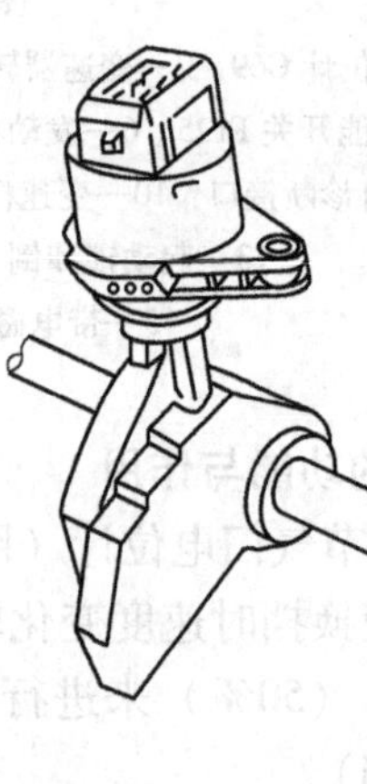

图 4-8 F125——多功能开关

(5) F125——多功能开关（图 4-8） 获得变速杆的位置信号。接通倒车灯开关（挂倒挡时），若变速杆位于行驶挡位，则控制起动机电路使其无法通电。控制巡航系统（D、3、2），如信号中断则变速器进入应急状态，可用 VAG1551 对其进行故障查询和数据读取。

(6) F——制动灯开关（图 4-9） 获得驾驶员制动信号，用于解除变速杆锁定，解除巡航系统工作。此开关无故障存储，但可用 08 功能进行查询。如此开关发生故障自动变速器不进入应急

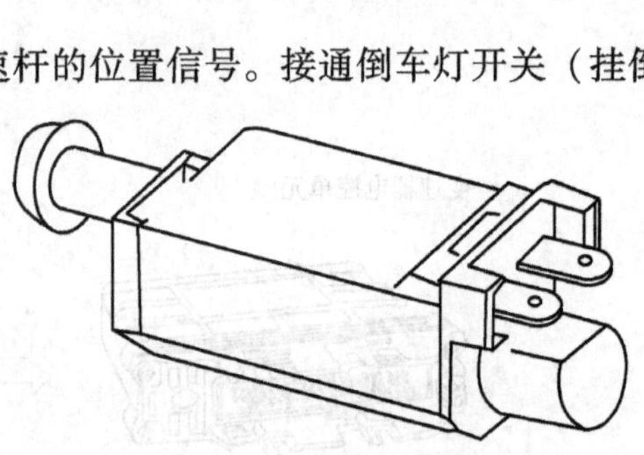

图 4-9 F——制动灯开关

状态。

（7）F8——强制低速挡开关（图 4-10）　此开关有故障，自动变速器不进入应急状态，可用 VAG1551 对其进行故障查询和读取数据。如更换拉索，要做基本设定。电控单元可根据加速踏板踏下速度强制降挡。当车速大于 120km/h 时，触动此开关，J217 不反应。当车速不大于 50 km/h 时，触动此开关，则向下换一挡。当车速约等于 80 km/h 时，触动此开关，切断空调器 8s。

（8）G93——变速器机油温度传感器（图 4-11）　ATF 油温度，使自动变速器工作在最适宜的温度。如油温超过 150℃，锁止离合器锁止（不让油液发生搅动），如油温仍不下降，则自动变速器自动切换到下一挡。

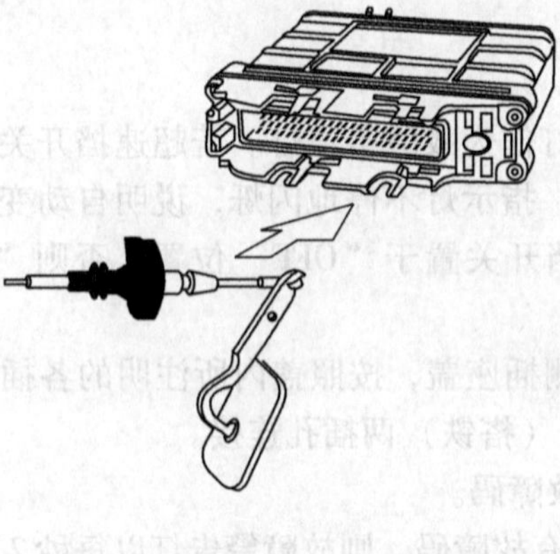
图 4-10　F8——强制低速挡开关

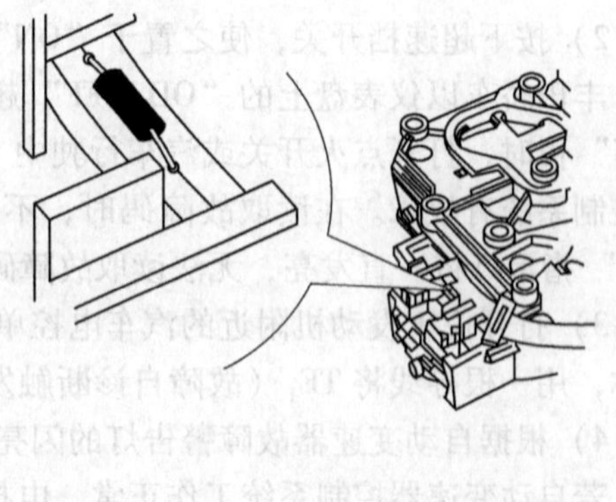
图 4-11　G93——变速器机油温度传感器

大众 01M 自动变速器挡位 D 指示灯状态见表 4-3。

表 4-3　大众 01M 自动变速器挡位 D 指示灯状态

挡位＼电磁阀	1#	2#	3#	4#	5#	6#	7#
1 挡	不亮	不亮	亮	不亮	亮/灭	亮	不亮
2 挡	不亮	亮	亮	不亮	亮/灭	亮	亮/灭
3 挡	不亮	不亮	不亮	不亮	不亮	亮	不亮
4 挡	亮	亮	不亮	不亮	不亮	亮	亮

4. 影响自动变速器正常工作的主要因素

影响自动变速器正常工作的因素主要有两方面。一是机械部分，各离合器、制动器钢片摩擦片磨损或间隙不合适，活塞磨损间隙大，各密封元件泄漏、油道堵塞等。其二是电子控制部分，各传感器、执行器、中央控制单元损坏或调整不当等，都会造成自动变速器不能正常工作。

注意事项：

1）在读取故障码之前，应先检查汽车蓄电池电压是否正常，以防止蓄电池电压过低而导致电控单元故障自诊断系统工作不正常。

2）跨接线的插孔应按照维修手册说明来接。

3）消除故障码后，一定要进行验证，确保故障码已被消除。

设备、工具和材料准备

技术状态完好，装有自动变速器的汽车一辆，常用工具一套及相关维修手册。

操作步骤

1. 丰田汽车自动变速器故障码的读取

日本丰田汽车大部分故障检测插座位于发动机附近，少数位于仪表盘下方。故障码的读取方法有两种，一种是用检测仪连接故障诊断插座后，直接读取。另一种是人工读取，其故障码人工读取方法如下：

1）打开点火开关，但不要起动发动机。

2）按下超速挡开关，使之置于“ON”位。

丰田轿车以仪表盘上的“OD/OFF”超速挡指示灯作为故障警告灯。若超速挡开关置于“ON”位时，打开点火开关或汽车行驶中“OD/OFF”指示灯不停地闪烁，说明自动变速器的控制系统有故障。在读取故障码时，不要将超速挡开关置于“OFF”位置，否则“OD/OFF”指示灯将一直发亮，无法读取故障码。

3）打开位于发动机附近的汽车电控单元故障检测插座盖，按照盖内所注明的各插孔的名称，用一根导线将 TE_1（故障自诊断触发端）和 E_1（搭铁）两插孔连接。

4）根据自动变速器故障警告灯的闪亮规律读出故障码。

若自动变速器控制系统工作正常，电控单元内没有故障码，则故障警告灯以每秒 2 次的频率连续闪亮。若自动变速器电控单元内存在故障码，则故障警告灯以每秒 1 次的频率闪亮，并将两位数故障码的十位数和个位数先后用故障警告灯的闪亮次数表示出来。例如当故障码为 23 时，故障警告灯先以每秒 1 次的频率闪亮 2 次，表示故障码的十位数为 2，然后停顿 5s，再以每秒 1 次的频率闪亮 3 次，表示故障码的个位数为 3。

当电控单元内储存有几个故障码时，电控单元按故障码的大小，依次将储存的所有故障码显示出来，相邻 2 个故障码之间的停顿时间为 2.5s。当所有故障码全都显示完毕，停顿 4.5s，再重新开始显示。如此反复，直到从故障检测插座上拔下连接导线为止。

5）读取所有的故障码后，从检测插座上拔下连接导线，关闭点火开关。

2. 根据故障码含义，进行故障排除

下面以车速传感器为例介绍它的检修过程，其他与此类同。

（1）车速传感器阻值检测

1）点火开关放在 OFF，拔下车速传感器的线束插头。

2）用万用表测量车速传感器两接线柱之间的电阻，1、2 端子之间的电阻 R12 应为 560 ~680 Ω。如果感应线圈短路、断路或电阻值不符合标准，应更换传感器。

（2）车速传感器的功能检测

1）用千斤顶将汽车一侧的驱动轮顶起，把变速杆置于空挡位，用手转动悬空的驱动轮，同时用万用表测量车速传感器两接线柱之间有无脉冲感应电压。测量时，应将万用表选择开关转至 1V 以下的直流电压挡，若测量时万用表指针有摆动，说明传感器有输出脉冲，其工作正常，否则，应更换传感器。

2）也可以将车速传感器拆下，用一块磁铁靠近车速传感器的前端，然后迅速移开，同时检查传感器端子1、2之间的电压，若有脉冲感应电压，则说明传感器良好，若无感应电压或感应电压很微弱，说明传感器有故障，应更换。

3. 消除故障码

拔下主继电器熔丝，给电控单元断电时间大于15s，故障码将自行消失。

考核标准

序号	考核内容	配分	评分标准	考核记录	扣分	得分
1	正确使用工具、仪表	10	工具使用错误扣5分			
			仪表使用错误扣5分			
2	利用跨接线跨接连结器上相应的插孔，读取故障码	30	检查方法错误扣10分			
			检查程序错误扣10分			
			读故障码结果错误扣10分			
3	从维修手册上找出故障码对应的故障，并判断故障原因	20	错误扣20分			
4	利用正确的方法排除故障	30	不能排除故障扣30分			
			少排除处故障扣15分			
			自制处故障扣15分			
5	操作规范，整洁有序，不超时	10	每项扣3分，扣完为止			
	遵守安全规程，无人身设备事故		因违规操作发生重大人身或设备事故，此题按0分计			
6	分数总计	100				
			教师签字		年　月　日	

想一想，做一做

1. 如何检测和诊断自动变速器的电控系统的故障？
2. 如何根据各挡传动路线来判断自动变速器各个机械执行元件的故障？

项目4.2　电控自动变速器的试验

项目内容

1）了解并掌握自动变速器的失速试验方法及步骤。
2）能根据自动变速器失速试验的结果判断故障原因。

项目目的

1）通过失速试验以侧面了解自动变速器部分执行元件的工作情况。
2）失速试验简便易做，可对自动变速器的故障诊断提供依据。
3）能按步骤正确进行失速试验，能根据试验的结果进行故障判断。

技术标准及要求

几种常见车型自动变速器的失速转速标准见表4-4。

表4-4 常见车型自动变速器的失速转速标准

车　　型	自动变速器的型号	发动机型号或排量	失速转速
尼桑	L4N71B	VG30	2300～2600
马自达929	R4N-EL	JE	1950～2250
马莱斯勒	A415	1.6L	2250～2450
雷克萨斯400	A341E	IUZ-FE	2050～2350

相关知识

1. 自动变速器的失速试验

失速试验是检查发动机、液力变矩器及自动变速器中有关的换挡执行元件的工作是否正常的一种常用方法。

1）将汽车停放在宽阔的水平地面上，前后车轮用三角木块塞住。

2）无发动机转速显示的，安装发动机转速表。

3）拉紧驻车制动，左脚用力踩住制动踏板。

4）起动发动机。

5）将变速杆拨入D位。

6）在左脚踩紧制动踏板的同时，用右脚将加速踏板踩到底，读取此时发动机的最高转速，然后立即松开加速踏板。

7）将变速杆拨入P或N位，使发动机怠速运转1min以上，防止自动变速器油因温度过高而变质。

8）将变速杆拨入R位，做同样的试验。

自动变速器失速试验过程，见图4-12。

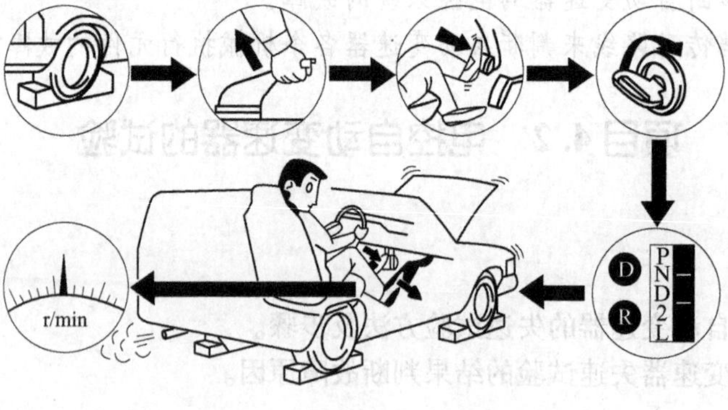

图4-12　自动变速器的失速试验

2. 自动变速器的时滞试验

在发动机怠速运转时，将变速杆从空挡拨至前进挡或倒挡后，需要有一段短暂的时间迟滞或延时才能使自动变速器完成挡位的变换（此时汽车会产生一个轻微的振动），这一短暂的时间称为自动变速器换挡的迟滞时间。时滞试验就是测出自动变速器换挡的迟滞时间，根据迟滞时间的长短来判断主油路油压及换挡执行元件的工作是否正常。

自动变速器时滞试验过程见图 4-13。

大部分自动变速器 N—D 迟滞时间小于 1.0～1.2，N—R 迟滞时间小于 1.2～1.5s，若 N—D 迟滞时间过长，说明主油路油压过低，前进离合器磨损过多或超速架单向离合器工作不良；若 N—R 迟滞时间过长，说明倒挡油路油压过低，倒挡离合器或倒挡制动器磨损过多，超级行星架单向离合器工作不良。

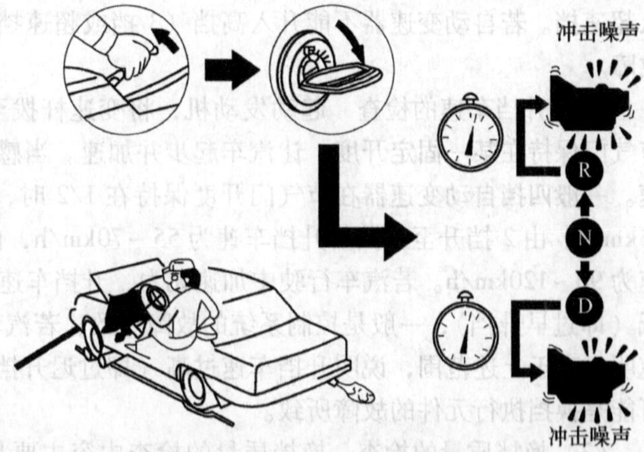

图 4-13　自动变速器的时滞试验

3. 自动变速器的油压试验

自动变速器油压试验是测量自动变速器的油路压力。即在自动变速器工作时，测量其控制系统各个油路中的油压，为分析自动变速器的故障提供依据，以便有针对性地进行检修。控制系统的油压正常是自动变速器正常工作的先决条件，如果油压过低，会造成换挡执行元件打滑，加剧其摩擦片的磨损，甚至使换挡执行元件烧毁；如果油压过高，会使自动变速器出现严重的换挡冲击，甚至损坏控制系统。因此，在分解修理自动变速器之前和自动变速器修复之后，都要对自动变速器做油压试验，以保证自动变速器的修复质量。

进行该项试验时，为了安全，测量油路压力时，一定要有两人配合，即一人进行测量，另一人站在车外观察车轮或车轮垫木的情况。

具体的试验程序如下：

1）预热自动变速器油，使油温应处于 70～80℃之间。

2）拆下自动变速器壳体上的测试塞，将量程为 2MPa 的油压表连接上。

3）拉紧驻车制动器，并用垫木将 4 个车轮挡住。

4）起动发动机并检查怠速转速是否正常。

5）将制动踏板踩到底，将选变速杆换入 D 位。

6）在发动机怠速运转的情况下，检查并记录油路压力，将加速踏板踩到底，使转速达到失速转速时，迅速记录油路最高压力。

7）用同样的方法对选挡手柄置于 R 位时的油路压力进行检测。

4. 自动变速器的道路试验

自动变速器的道路试验是分析、诊断自动变速器故障及检验修复后自动变速器工作性能和修理质量的最有效手段之一。道路试验是对汽车自动变速器性能的最终检验，检验内容侧重于换挡点、换挡冲击、振动、噪声和打滑等现象等。

在道路试验之前，汽车发动机、底盘等系统的技术状态应完好，自动变速器应已经过了各种检查和试验，让汽车以中低速行驶 5～10min，使发动机和自动变速器都达到正常工作温度 70～80℃之间。

（1）升挡过程的检查　将变速杆拨至前进挡“D”位，踩下加速踏板，使节气门保持在 1/2 开度左右，让汽车起步加速，检查自动变速器的升挡情况。自动变速器在升挡时发动机会有瞬时的转速下降，同时车身有轻微的闯动感。正常情况下，汽车起步后随着车速的升高，试车者应能感觉到自动变速器能顺利由1挡升入2挡，随后再由2挡升入3挡，最后升入超速挡。若自动变速器不能升入高挡（3挡或超速挡），说明控制系统或换挡执行元件有故障。

（2）升挡车速的检查　起动发动机，将变速杆拨至前进挡D位，踩下加速踏板，并使节气门保持在某一固定开度，让汽车起步并加速。当感觉到自动变速器升挡时，记下升挡车速。一般四挡自动变速器在节气门开度保持在1/2时，由1挡升至2挡的升挡车速为25~35km/h，由2挡升至3挡的升挡车速为55~70km/h，由3挡升至4挡（超速挡）的升挡车速为90~120km/h。若汽车行驶中加速无力，升挡车速明显低于上述范围，说明升挡车速过低（即过早升挡），一般是控制系统的故障所致；若汽车行驶中有明显的换挡冲击，升挡车速明显高于上述范围，说明升挡车速过高（即过迟升挡），可能是控制系统的故障所致，也可能是换挡执行元件的故障所致。

（3）换挡质量的检查　换挡质量的检查内容主要是检查有无换挡冲击。正常的自动变速器只能有不太明显的换挡冲击，特别是电子控制自动变速器的换挡冲击应十分微弱。若换挡冲击太大，说明自动变速器的控制系统或换挡执行元件有故障，其原因可能是油路油压过高或换挡执行元件打滑，应做进一步的检查。

（4）锁止离合器工作情况的检查　液力变矩器中的锁止离合器的工作是否正常，也可以采用道路试验的方法进行检查，见图4-14。试验中，让汽车加速至超速挡，以高于80km/h的车速行驶，并让节气门开度保持在低于1/2的位置，使变矩器进入锁止状态。此时，快速将加速踏板踩下至2/3开度，同时检查发动机转速的变化情况。各发动机转速没有太大变化，说明锁止离合器处于接合状态；反之，若发动机转速升高很多，则表明锁止离合器没有接合，其原因通常是锁止离合器控制系统有故障。

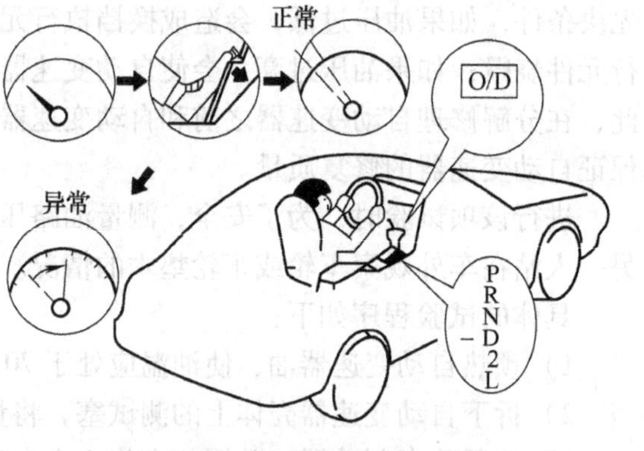

图4-14　锁止离合器工作状况的检查

（5）发动机制动作用的检查　检查自动变速器有无发动机制动作用时，应将变速杆拨至前进低挡（S、L或2、1）位置，在汽车以2挡或1挡行驶时，突然松开加速踏板，检查是否有发动机制动作用。若松开加速踏板后车速立即随之下降，说明有发动机有制动作用，否则说明控制系统或相关的离合器、制动器有故障。

（6）强制降挡功能的检查　检查自动变速器的强制降挡功能时，应将变速杆拨至前进挡D位，保持节气门开度为1/3左右，在以2挡、3挡或超速挡行驶时，突然将加速踏板完全踩到底，检查自动变速器是否被强制降低一个挡位。在强制降挡时，发动机转速会突然上升至4000 r/min左右，并随着加速升挡，转速逐渐下降。若踩下加速踏板后没有出现强制降挡，说明强制降挡功能失效。若在强制降挡时发动机转速异常升高达5000r/min左右，并在升挡时出现换挡冲击，则说明换挡执行元件打滑，应检修自动变速器。

（7）P位制动效果的检查　将汽车停在坡度大于9%的斜坡上，变速杆拨入P位，松开驻车制动，检查机械闭锁爪的锁止效果。

设备、工具和材料准备

装备有自动变速器的，技术状态完好的轿车各 1 辆，垫木若干。

操作步骤

1. 失速试验的准备

1）使汽车发动机和自动变速器均达到正常工作温度。

2）检查汽车的行车制动和驻车制动，确认其性能良好。

3）检查自动变速器的油面高度应正常。

2. 失速试验步骤

自动变速器时滞试验步骤如下：

1）行驶中的汽车，使发动机和自动变速器达到正常工作温度（70～80℃）。

2）将汽车停放在水平路面上，拉紧驻车制动。

3）将变速杆分别置于 N 位和 D 位，检查其怠速，D 位怠速略低于 N 位怠速（约低 50r/min），如不正常，应按规定予以调整。

4）将自动变速器变速杆从 N 位拨至 D 位，用秒表测量从拨动变速杆开始到感觉汽车振动为止所需的时间，该时间称为 N—D 迟滞时间。

5）将变速杆拨至 N 位，使发动机怠速运转 1min 后，再做一次同样的试验。

6）共做 3 次试验，取平均值作为 N—D 迟滞时间。

7）按上述方法，将变速杆由 N 位拨至 R 位，测量 N—R 迟滞时间。

3. 根据失速转速结果判断故障

不同车型的自动变速器都有其失速转速标准，若失速转速与标准值相符，说明自动变速器的液压泵、主油路油压及各个换挡执行元件的工作基本正常；若失速转速高于标准值，说明主油路油压过低或换挡执行元件打滑；若失速转速低于标准值，则可能是发动机动力不足或液力变矩器有故障。

注意事项：

1）失速试验时，时间不得超过 5s。

2）进行完一个挡位的试验后，不要立即熄火以使自动变速器油温度正常。应将变速杆挂入 P 位或 N 位，让发动机怠速运转几分钟，待油温下降后才能进行试验。

3）如果在试验中发现驱动轮因制动力不足而转动，应立即松开加速踏板，停止试验。

考核标准

能按步骤正确进行失速试验，会根据试验的结果进行故障判断。

序号	考核内容	配分	评分标准	考核记录	扣分	得分
1	失速试验的准备	20	每错一项扣 5 分			
2	失速试验的步骤	70	试验的步骤每错一步扣 10 分			
3	操作规范、整齐、不超时	10	不规范扣 5 分，超时扣 5 分			
	遵守安全规范，无事故		不规范造成严重事故，此题按 0 分计			
4	总　　分	100				
			教师签字		年　月　日	

注：考核时间：40min。

想一想，做一做

你能根据失速试验的结果，判断出相关执行元件的工作情况或判断出哪个执行元件出了故障？

项目 4.3 液压制动系统制动效能不良的故障检测与诊断

项目内容

1）能够正确地利用制动试验台测试汽车的制动力。

2）能够正确地查找出液压制动系统制动力不足的故障原因和故障部位。

3）熟练排除液压制动系统制动力不足的故障并验证效果。

4）故障设置及选取原则见表 4-5。

表 4-5 故障设置及选取原则

序号	故障设置	选取原则
1	制动管路中渗入空气	在所列故障中任选一项
2	制动总泵故障	
3	制动分泵故障	
4	制动间隙过大	
5	制动踏板行程超限	

项目目的

1）掌握用制动试验台测试汽车制动力的方法。

2）正确分析液压制动系统制动效能不良的故障原因，找出故障部位。

3）熟练排除故障，并正确地进行故障排除后的验证。

技术标准及要求

1）汽车制动力总和与整车重的百分比不小于 60%（空载或满载）。

2）汽车前轴的制动力与轴荷百分比不小于 60%。

3）进行制动试验台试验时，在制动力增大的全过程中，左、右轮制动力的差与该车辆左、右轮中制动力大者之比：前轴不得大于 20%，后轴不得大于 24%。

4）进行制动力检测时，车辆各轮的阻滞力均不得大于该轴荷的 5%。

相关知识

为了保证汽车能在安全的条件下具有高速行驶能力，一般制动系统应具有良好的制动性能和制动稳定性，而且制动时不跑偏，不侧滑，制动可靠，操作轻便，反应灵敏等。要迅速诊断和排除制动系统的故障，需熟悉以下相关知识。

1. 液压制动系统的组成

液压制动传动装置主要由前轮制动器、制动钳、制动管路、制动踏板、制动主缸、制动轮缸、后轮制动器等组成，桑塔纳 2000 型轿车液压制动系统，见图 4-15。

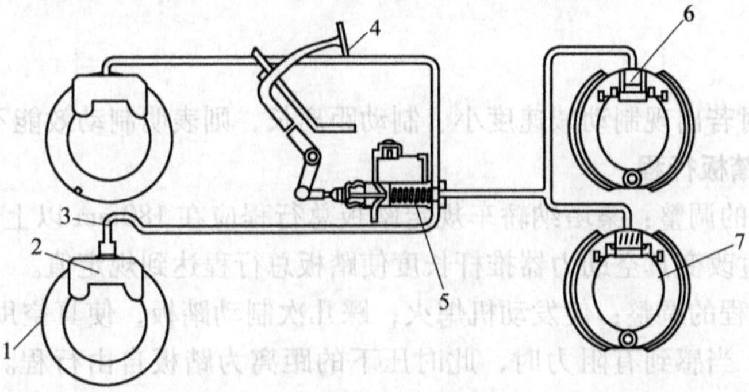

图 4-15 液压制动系统

1—前轮制动器 2—制动钳 3—制动管路 4—制动踏板
5—制动主缸 6—制动轮缸 7—后轮制动器

2. 驻车制动装置的组成

驻车制动装置的组成，主要由操纵杆、平衡杠杆、拉绳、拉绳调整接头、拉绳支架制动器等组成。桑塔纳 2000 型轿车驻车制动装置见图 4-16。

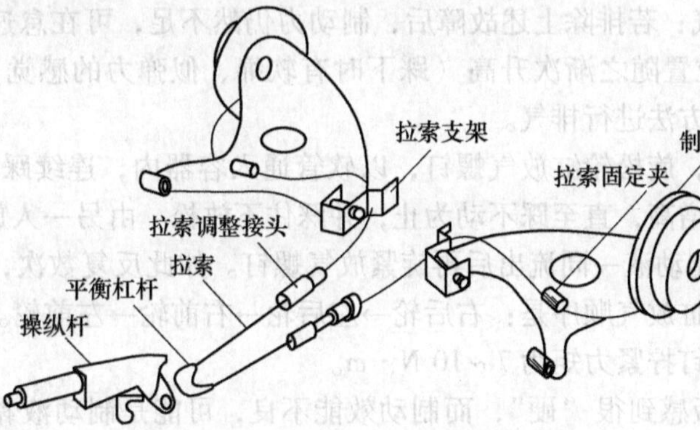

图 4-16 驻车制动系统

3. 注意事项

1）制动液有腐蚀作用，必须妥善保管。
2）拆检或更换制动器摩擦片后，必须对驻车制动器进行检查和调整。
3）必要时，应对真空增压器的工作性能进行检查，以保证制动效能良好。
4）故障的设置可根据实际条件进行选择。

设备、工具和材料准备

1）桑塔纳轿车 1 辆，制动试验台 1 台，排除故障时可供更换的性能合格的零部件。
2）游标卡尺、金属直尺、直角尺各 1 件，扭力扳手、扳手、钳子、螺钉旋具各 1 件。
3）盛制动液的容器、软管、干净汽油、柴油及棉纱等。

操作步骤

1. 试车确诊

汽车行驶制动时若出现制动减速度小、制动距离长，则表明制动效能不良。

2. 检查和调整踏板行程

1）踏板总行程的调整：桑塔纳轿车规定踏板总行程应在180mm以上，若小于规定值，应调整连接叉，通过改变真空助力器推杆长度使踏板总行程达到规定值。

2）踏板自由行程的调整：使发动机熄火，踩几次制动踏板，使真空助力器失去真空作用。用手压下踏板，当感到有阻力时，此时压下的距离为踏板自由行程。自由行程为3～5mm，若不符合要求，应首先消除真空助力器推杆与总泵之间的间隙（旋动推杆调整螺栓），然后放尽系统内的空气，再将自由行程调至规定值。

3）检查制动液液面高度及系统有无渗漏现象。检查制动主缸、轮缸、管路及接头各部，若有渗漏应予修复，并向储液室中注满DOT4制动液（规定使用美国SAE标准的制动液：FMVSS116）。

4）若上述各项均正常，制动力仍不足，则应检查主缸进油孔、补偿孔、通气孔是否畅通。若被堵塞，应予以排除。若各孔均畅通，则应检查主缸出油阀、回油阀是否密封不严，或是主缸回位弹簧预紧力过小等，若是，应更换新件。

5）液压系统的排气：若排除上述故障后，制动力仍然不足，可在怠速时连续踩下制动踏板2～3次，若踏板位置随之渐次升高（踩下时有软绵、似弹力的感觉），则表明系统内进入了空气，应按下述方法进行排气。

使发动机怠速运转，旋松轮缸放气螺钉，以软管通入容器内，连续踩下制动踏板数次，使踏板位置一次比一次增高，直至踩不动为止，并踩住不放松。由另一人旋松放气螺钉1/2～3/4圈，待空气随同制动液一同流出后再旋紧放气螺钉。如此反复数次，直至流出的制动液中无气泡为止。各轮缸放气顺序是：右后轮→左后轮→右前轮→左前轮。流出的制动液应收集在容器内，放气螺钉拧紧力矩为7～10 N·m。

6）若踩下制动踏板感到很“硬”，而制动效能不良，可能是制动液黏度过大或管路不畅（如管路内壁油垢积存过厚、油管凹瘪），若是，应予以更换；若不是，则应检查真空助力器是否工作不良或失效。

7）制动器的检查：若上述部位及真空助力器等机构均正常，则应检查制动器，如出现制动间隙过大、磨损过量、油污、损坏等，应予以拆检、清洗、更换。前轮制动块的厚度应不小于7mm（包括底板），一般制动间隙单边为0.05～0.15mm；后轮制动器摩擦片的厚度标准值为5.0mm，磨损极限为2.5mm（不包括底板厚度）；注意：磨损达到极限必须更换。

考核标准

序号	考核内容	配分	评分标准	考核记录	扣分	得分
1	正确使用工具、仪器	10	不能正确使用工具1次扣1分 仪器使用错误1次扣2分，扣完为止			
2	根据故障现象分析故障原因并查出故障部位	30	分析错误扣15分			
			检查方法或程序错误扣10分			
			检查结果错误扣30分			

（续）

序号	考核内容	配分	评分标准	考核记录	扣分	得分
3	排除液压制动系统制动效能不良的故障	30	排除过程中操作错误1次扣1分			
			不能排除扣30分			
4	验证故障排除后的效果	20	不能进行验证扣20分			
5	操作规范、整洁有序、不超时	10	违反1次扣1分，超时扣2分，扣完为止			
6	遵守安全规程，无重大人身设备事故		因违规操作造成重大人身、设备事故，此题按0分计			
7	分数总计	100				
			教师签字		年　月　日	

想一想，做一做

1）如何更换制动蹄片？要注意哪些事项？

2）试调整汽车的驻车制动位置。

项目4.4　ABS系统的故障检测与诊断

项目内容

1）熟悉ABS系统的结构、工作原理。

2）能对ABS系统进行正确的检修。

3）熟练正确使用各种仪器、仪表。

项目目的

1）掌握ABS系统的结构、工作原理。

2）掌握ABS系统的检修方法。

技术标准及要求

1）ABS系统指示正常。

2）紧急制动时车轮不抱死，无制动拖痕。

相关知识

1. 桑塔纳轿车ABS的结构特点

桑塔纳2000GSi型和都市先锋/捷达王轿车采用的都是美国ITT公司MK20-I型ABS系统，见图4-17。它是三通道的ABS调节回路，前轮单独调节，后轮则以两轮中地面附着系数低的一侧为依据统一调节。

四个轮速传感器均为电磁式，其齿圈有43个齿。前轮速传感器的齿圈安装在传动轴上，传感头安装在转向节上，见图4-18。后轮速传感器的齿圈安装在轮毂上，传感头安装在固定支架上，见图 4-19。

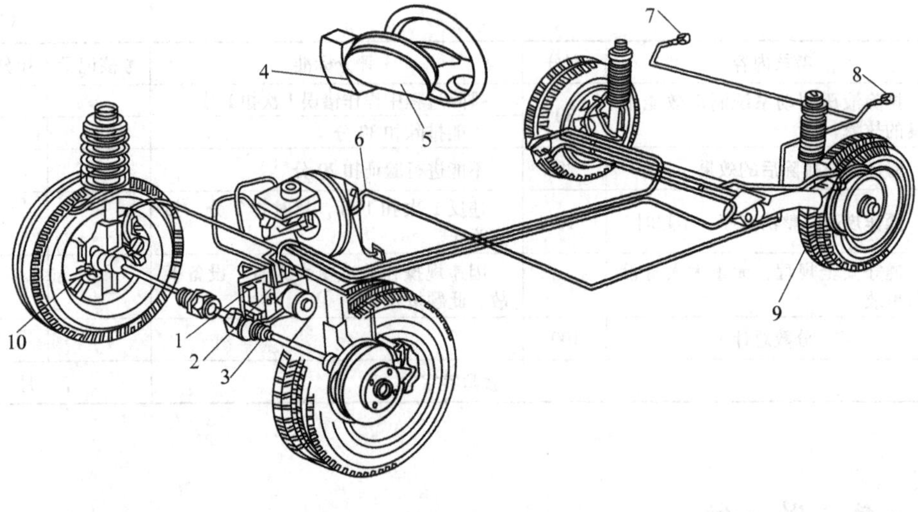

图 4-17 美国 ITT 公司 MK20-I 型 ABS 系统

1—ABS 电控单元 J104 2—ABS 液压控制单元 N55 3—ABS 液压泵 V64 4—ABS 故障警告灯 K47 5—制动装置警告灯 K118 6—制动灯开关 F 7—右制动灯 M10 8—左制动灯 M9 9—左后轮速传感器 G46 10—右后轮速传感器 G44

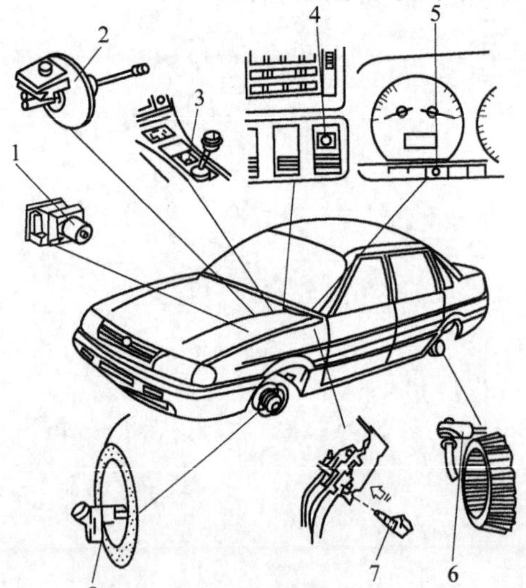

图 4-18 桑塔纳轿车 ABS 各元件安装位置

1—ABS 控制器（制动压力调节器和 ABS 电控单元组件） 2—制动主缸及真空助力器 3—诊断连接器 4—ABS 警报灯 5—制动警报灯 6—后轮速传感器 7—制动灯开关 8—前轮速传感器

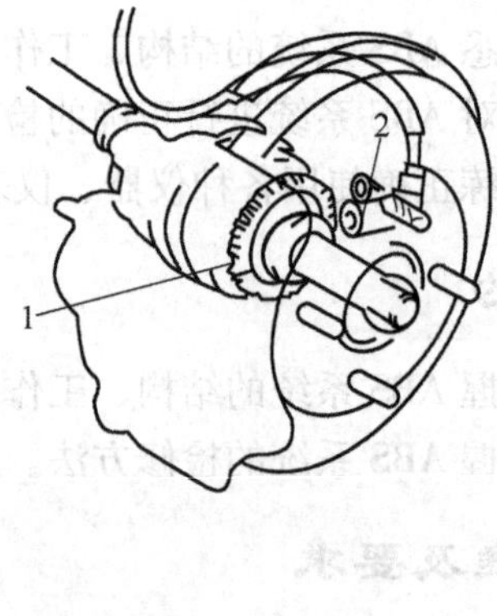

图 4-19 桑塔纳轿车前轮速传感器位置

1—齿圈 2—传感头

制动压力调节器为循环式，串联在制动主缸与制动轮缸之间，见图 4-20。调节器阀体内装有 8 个电磁阀，每个制动轮缸的液压回路中各用一对（一个进油阀和一个出油阀）。各电磁阀的开闭和液压泵的工作均由 ABS 电控单元控制，在电磁线圈不通电时进油阀为常开阀，出油阀为常闭阀。如图见图 4-21。ABS 电控单元用螺栓固定在调节器阀体的一侧。

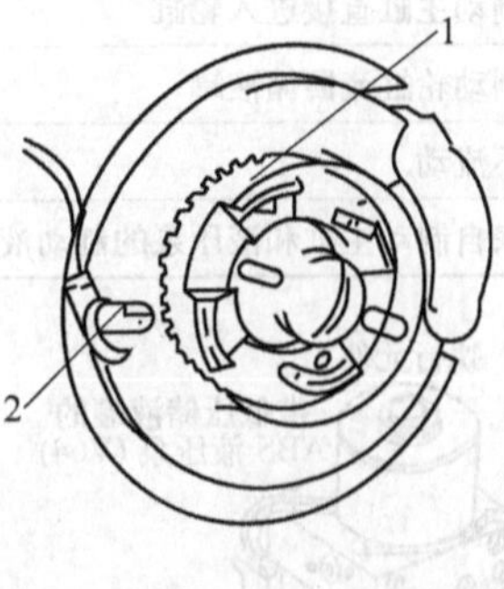

图 4-20 桑塔纳轿车后轮速传感器位置

1—齿圈 2—传感头

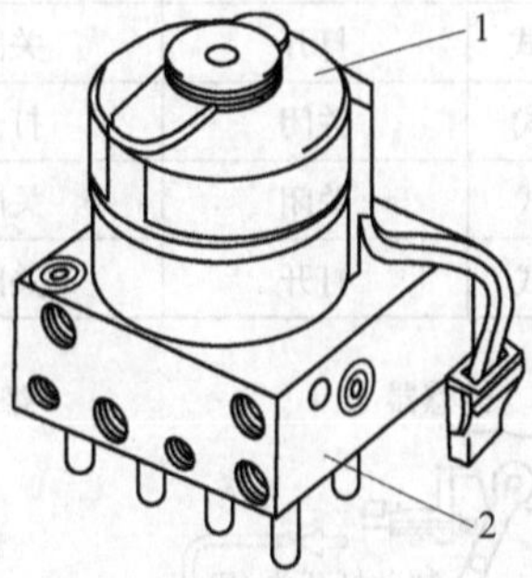

图 4-21 桑塔纳轿车制动压力调节器外形

1—低压储液罐的电动液压泵 2—阀体

2. MK20-I 型 ABS 执行器的工作原理

（1）普通制动 开始制动时，驾驶员踩制动踏板，制动压力由制动主缸产生，经进油阀作用到车轮制动轮缸上，此时出油阀依然关闭。ABS 系统没有参与控制，整个过程和常规液压制动系统相同，制动压力不断上升。ABS 的工作原理见图 4-22。

（2）油压保持 当驾驶员继续踩制动踏板，油压继续升高到车轮出现抱死趋势时，ABS 电控单元发出指令使进油阀通电并关闭阀门，出油阀依然不通电而保持关闭，系统油压保持不变。

（3）油压降低 当制动压力保持不变，车轮有抱死趋势时，ABS 电控单元给出油阀通电打开出油阀，系统油压通过低压储液罐降低油压，此时进油阀继续通电保持关闭状态，有抱死趋势的车轮被释放，车轮转速开始上升。与此同时，ABS 液压泵开始起动，将制动液由低压储液罐送至制动主缸。

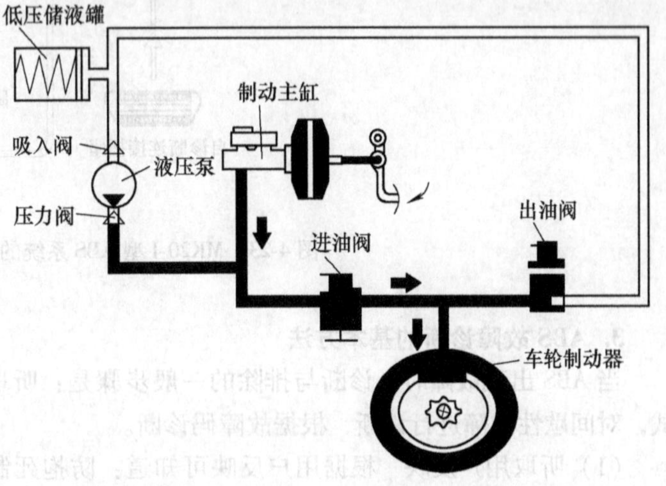

图 4-22 桑塔纳轿车 ABS 工作原理图（普通制动模式）

（4）油压增加 为了使制动最优化，当车轮转速增加到一定值后，电控单元给出油阀断电，关闭此阀门，进油阀同样因不带电而打开，ABS 液压泵继续工作，从低压储液罐中吸取制动液进入液压制动系统。随着制动压力的增加，车轮转速又降低。这样反复循环地控制（工作频率为 5 ~ 6/s），将车轮的滑移率始终控制在 20% 左右。

如果 ABS 系统出现故障，进油阀始终常开，出油阀始终常闭，使常规液压制动系统继续工作而 ABS 系统不工作，直到 ABS 系统故障排除为止。

在普通制动模式和防抱死制动模式的桑塔纳轿车 ABS 的工作情况见表 4-6。MK20-I 型 ABS 系统的组成见图 4-23。

表 4-6 桑塔纳 ABS 工作情况

工作过程	进油阀	出油阀	液压泵	制动液流动方向
普通制动模式	打开	关闭	不工作	制动主缸直接进入轮缸
“减压”模式	关闭	打开	不工作	制动轮缸流回储液罐
“保持”模式	关闭	关闭	不工作	不流动
“增压”模式	打开	关闭	工作	来自制动主缸和液压泵的制动液进入轮缸

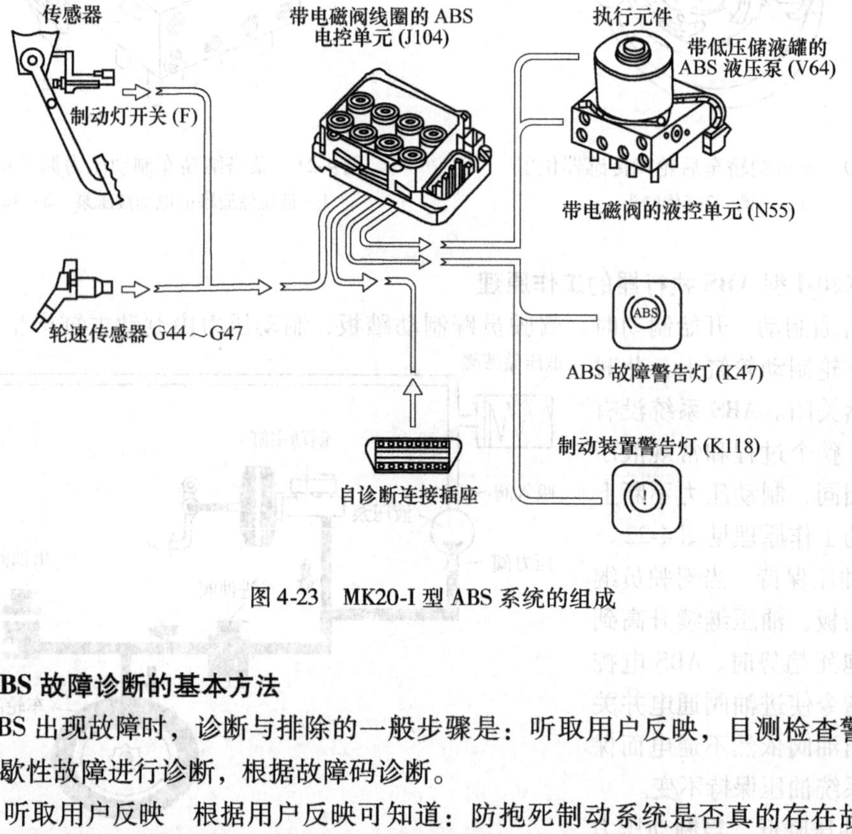

图 4-23 MK20-I 型 ABS 系统的组成

3. ABS 故障诊断的基本方法

当 ABS 出现故障时，诊断与排除的一般步骤是：听取用户反映，目测检查警报灯，路试，对间歇性故障进行诊断，根据故障码诊断。

（1）听取用户反映　根据用户反映可知道：防抱死制动系统是否真的存在故障，在什么情况下，什么时候发生故障，诊断应该首先从哪儿开始，特别是用户的有些反映可能属正常的工作情况。

（2）目测检查　目测检查可以确定是否存在使 ABS 产生故障的明显原因，一般应从以下几个方面进行检查：

1）检查储液罐是否液面过低，液压装置是否外部泄漏和制动主缸工作是否正常。若发现问题可按需要添加制动液，确定制动液损失的原因并修理，并将各元件安装到正确的位置。

2）检查驻车制动器是否完全放松和开关功能是否正常，视具体情况进行维修或调整。

3）检查熔丝是否熔断，排除熔丝烧坏的原因，并更换熔丝。

4）检查导线及连接器是否有破损或连接器松动现象，并按需要修理和接好各连接器。

（3）警报灯检查　仪表板上的两个警报灯分别指示系统中不同部件的故障问题，“BRAKE”警报灯一直亮，表示普通制动系统故障，“ABS”或“Anti-lock”警报灯一直亮，表示防抱死制动系统故障。正常情况下，ABS 警报灯应在点火开关接通 3 ~4s 后熄灭。

(4) 路试 进行路试时，应首先检查制动踏板感觉是否适宜，同时应分清 ABS 工作和不工作时的区别，在 ABS 不工作时主要检查普通制动系统是否正常。测试 ABS 工作是否正常，应至少在 40km/h 的初始速度下紧急制动，若可以感觉到制动踏板有轻微的颤动，轮胎抱死的时间少于 15s，轮胎与地面基本上无拖痕，说明 ABS 工作正常。否则，说明系统存在故障，ABS 不起作用。

(5) 间歇性故障诊断 大多数间歇性故障都是由连接器和导线不良引起的，出现间歇性故障应首先从以下几个方面进行检查：

1) 连接器接触不良或松动。

2) 接线端子安装有不当之处，或接线端子损坏。

3) 导线局部破损。

4) 轮速传感器线路输出信号低或间歇输出。

5) 制动液面传感器线路有故障或液面低。

6) 电源继电器、线路、线圈或触点不良。

7) 充电系统的电压低，也有可能导致 ABS 系统警报灯间歇性点亮。

(6) 根据故障码进行故障诊断 当 ABS 电控单元监测到防抱死制动系统（ABS）的输入或输出有故障时，它产生两位数的故障码，储存在存储器里，同时点亮 ABS 警报灯。为了排除 ABS 系统的故障，应读取故障码，根据故障码查维修手册即可知道发生故障的具体部位。读取故障码通常有三种方法：

1) 利用特定指示灯的闪烁来闪现故障码。在利用特定指示灯的闪烁来闪现故障码时，一般是通过 ABS 电控单元诊断起动端搭铁的方法来实现。

2) 利用专用检测仪器直接读取串行数据和故障码。

3) 利用控制面板及信息显示中心显示故障码。

(7) 清除故障码。

(8) 注意事项

1) 修理液压系统之前一定要进行管路系统泄压。

2) 修理液压系统之后一定要进行管路系统放气。

设备、工具和材料准备

1) 一辆带有 ABS 系统的车辆。

2) 万用表、专用扫描仪、扳手等常用工具，适量的制动液。

操作步骤

1. 自诊断系统的检查

1) 检查蓄电池电压是否为 12V。

2) 检查“ABS”警告灯是否正常。

3) 读取故障码。车型不同，故障码的读取方式也不同。下面以丰田车系为例简述读取故障码的过程。

①打开点火开关，拆下维修插头。用短接线将插头端子 Tc 和 E_1 相接。

②如有故障，4s 后警告灯开始闪烁，读取警告灯闪烁次数。先闪十位数，间隔 1.5s，再闪个位数。如果有多个故障码，则各故障码之间停 2.5s，全部故障码显示完后，又从数字小的故障码开始重复显示。其故障诊断故障码见表 4-7。

表 4-7 故障诊断故障码表

故障码	系统故障部位	故障码	系统故障部位
11	ABS 电磁阀继电器电路断路	32	左前轮车速传感器信号故障
12	ABS 电磁阀继电器电路短路	33	右后轮车速传感器信号故障
13	泵电动机继电器电路断路	34	左后轮车速传感器信号故障
14	泵电动机继电器电路短路	35	左前轮或右后轮车速传感器电路断路
21	右前轮三位电磁阀电路短路或断路	36	右前轮或左后轮车速传感器电路断路
22	左前轮三位电磁阀电路短路或断路	41	蓄电池电压不正常
23	右后轮三位电磁阀电路短路或断路	43	TRC 控制系统失灵
24	左后轮三位电磁阀电路短路或断路	51	泵电动机卡死或电路断路
31	右前轮车速传感器信号故障	常亮	ECU 失灵

③如果没有故障，警告灯每 0.5s 闪亮一次。

2. 车轮速度传感器的检查

1）拆开传感器电线连接后，测量传感器线圈的阻值，应符合规定值（0.9 ~ 1.3kΩ）。

2）支起被测车轮，用手转动车轮，同时用万用表检测，万用表应有 70mV 以上的显示。

3）如不正常，应检查制动盘毂齿轮是否完好无损，传感器表面是否赃污、间隙（1.1 ~ 1.3mm）是否合适。

3. ABS 系统的泄压

一般方法为关闭点火开关，反复踏制动踏板，踩踏的次数至少在 20 次以上，当感觉踩踏板的力明显增加时，ABS 系统泄压完成。

4. 液压控制装置的拆卸

1）放出制动液，拆下制动油管。

2）拆除所有线束插头。

3）卸下固定螺栓，拆下液压控制装置。

5. 电磁阀的更换

1）拆下固定螺钉，拆下电磁阀，检查 O 形密封圈是否正常。

2）选用完好的电磁阀，连同 O 形密封圈一并安装到位，并拧紧固定螺钉。

6. 液压控制装置的分解与组合

1）松开液压马达组件的四个固定螺钉。

2）拧下液压调节器和制动总泵之间的两个固定螺钉。

3）将液压调节器和制动总泵分开，二者之间的油管必须更换。

4）液压调节器不能修理，须整体更换。

5）重新组合液压调节器和制动总泵时，必须更换油管。

6）将液压调节器和制动总泵组合并定位。

7）液压马达组件也不能拆修，只能更换。

8）将液压马达组件安装在液压调节器上，整个装置组合完毕。

7. ABS 系统的放气

不同的 ABS 系统其放气过程均可分为两部分：液压管道和液压调节器。其中液压管道的放气过程与普通制动系统一样，对液压调节器中的空气一般要用专用仪器按照特殊的规程将空气放出。下面以达科（Delco）ABS 系统为例介绍其放气过程。

1）用 TECH-1 或 T-100 专用扫描仪，将液压调节器的液压马达定位，以使单向阀顶在开通位置，让空气完全释放。

2）找到液压调节器上的前轮放气螺钉，在前轮放气螺钉上安装一个油管。

3）慢慢拧松放气螺钉 1/2 ~ 3/4 圈，制动液流出，直到没有气泡时拧紧放气螺钉。

4）按上述的步骤再进行后轮的放气。

5）最后按普通制动系统四轮放气程序进行放气，其顺序为右后、左后、右前、左前。

考核标准

序号	考核内容	配分	评分标准	考核纪录	扣分	得分
1	正确使用工具、仪表	10	工具仪表使用错误扣 10 分			
2	故障码的准确读取	10	故障码读取过程错误扣 5 分			
			故障码读取结果错误扣 5 分			
3	车速传感器的检查	15	检查方法错误扣 10 分			
			结果判断错误扣 5 分			
4	电磁阀的更换	15	更换前未泄压扣 5 分			
			电磁阀的更换错误扣 10 分			
5	液压控制装置分解组合	20	分解组合顺序错误扣 20 分			
6	ABS 系统的放气	20	系统内空气未放净扣 20 分			
7	操作规范，整洁有序，不超时	10	每项 2 分，扣完为止			
8	遵守安全规程，无人身设备事故		发生事故此题按 0 分计			
9	分数总计	100				
			教师签字		年　月　日	

想一想，做一做

汽车在泥泞的道路上行驶后，ABS 故障指示灯闪亮，首先应该检查哪个部位？哪个元件？

项目 4.5　汽车转向沉重的故障检测与诊断

项目内容

1）分析汽车转向沉重的故障原因，确定故障部位。

2）运用正确的方法熟练地排除转向沉重的故障并进行验证。

3）故障设置及选取原则见表4-8。

表4-8 故障设置及选取原则

序号	故障设置	选取原则
1	转向器主、从动部分啮合间隙过小	在所列故障中任选一项
2	转向器轴承调整过紧或损坏	
3	传动机构球头销装配过紧或润滑不良	
4	前轮定位失准	
5	轮胎气压过低	

项目目的

1）掌握四轮定位仪的使用方法。

2）能够正确分析汽车转向沉重的原因，查出故障部位。

3）熟练排除汽车转向沉重的故障，并验证故障排除后的效果。

技术标准及要求

1）汽车转向盘应转动灵活，操纵方便，无阻滞现象。

2）汽车在平坦、硬实、干燥、清洁的水泥或沥青路面上，以10km/h速度在5s内由直线行驶过渡到直径为24m的圆周行驶，其施加于转向盘外缘的最大圆周力应不大于245N。

3）前轮定位参数符合原厂规定要求。

相关知识

四轮定位仪是专门用来测量车轮定位参数的设备。它适用于不但具有前轮定位，而且还具有后轮定位汽车的四轮定位参数检测。四轮定位仪可检测的项目包括：车轮前束及前张角、车轮外倾角、主销后倾角、主销内倾角、转向20°时的前张角、推力角和左右轴距差等，如图4-24所示。尽管四轮定位仪的形式有多种多样，但它们的基本测量原理却是一致的，只是采用的测量方法（或使用的传感器类型）及数据记录与传输的方式有所不同。

1. 前束、轴距差、推力角检测原理

为提高测量精度，检测前，依四轮定位仪的类型常通过拉线或光线照射及反射等方式形成一封闭的直角四边形，如图4-25所示。检测时，应将车体摆正并使车轮处于直线行驶位置，通过安装在车轮上的传感器进行前束、轴距差、推力角的检测。安装在车轮上的传感器有不同的类型，现以光敏晶体管式传感器为例说明其检测原理。

安装在两前轮和两后轮上的光敏晶体管式传感器（又称定位校正头）均有光线的接收和发射（或反射）功能，在传感器的受光平面上等距离地将光敏晶体管排成一排，在不同位置上光敏晶体管接收到光线照射时，其光敏管产生的电信号即可代表前束值（角）或左右轮轴距差或推力角的大小。

前束为零时，同一轴左右车轮上的传感器发射（或反射）出的光束应重合。当检测出上述两条光束相互平行但不重合时，说明左右两车轮不同轴，车轮发生了错位，依据光敏晶体管发出的信息可测量出左右轮的轴距差。

当左右车轮存在前束时，在右轮传感器上接收到的光束位置会相对于原来的零点位置有

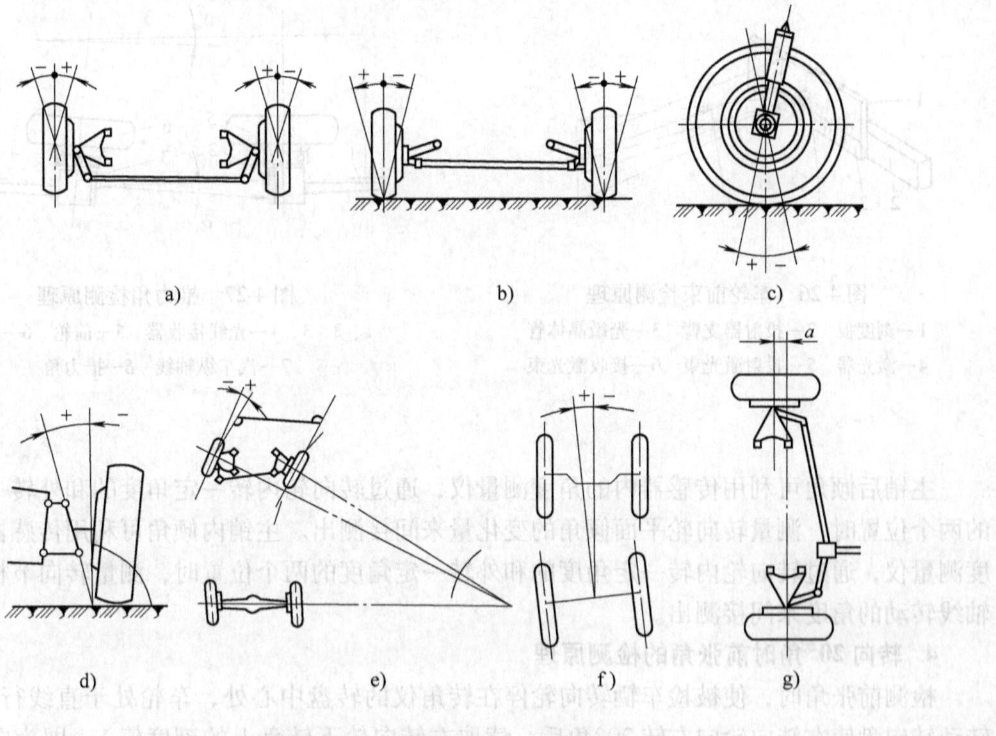

图 4-24　四轮定位仪的检测项目

a）车轮前束角和前张角　b）车轮外倾角　c）主销后倾角　d）主销内倾角

e）转向 20°时的前张角　f）推力角　g）左右轴距差

一误差，该误差值即表示左侧车轮的前束值或前束角；同理，在左轮传感器上接收到的光束位置相对于原来零点的误差值，则表示右侧车轮的前束值或前束角。其前束的检测原理见图 4-26，转向前轮和后轮前束的检测原理相同。

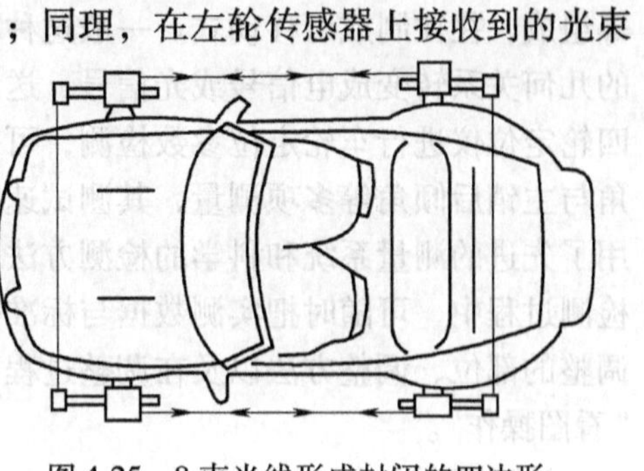

图 4-25　8 束光线形成封闭的四边形

推力角的检测原理如图 4-27 所示。若推力角度为零，则前后轴同侧车轮上的传感器发射或接收的光束重合；若两条光束出现夹角而不重合，则说明推力角度不为零。因此，可以通过安装在汽车前轮上的传感器接收到的同侧后轮传感器所发射光束相对于零点位置的误差值检测汽车推力角度的大小。

2. 车轮外倾角检测原理

车轮外倾角可在车轮处于直线行驶位置时直接测量。在四轮定位仪上的传感器（定位校正头）内装有角度测量仪（如电子倾斜仪），把传感器装在车轮上，可直接测出车轮外倾角。

3. 主销后倾角和主销内倾角检测原理

主销后倾角和主销内倾角不能直接测出，通常是利用转向轮转动时建立的几何关系进行间接测量。

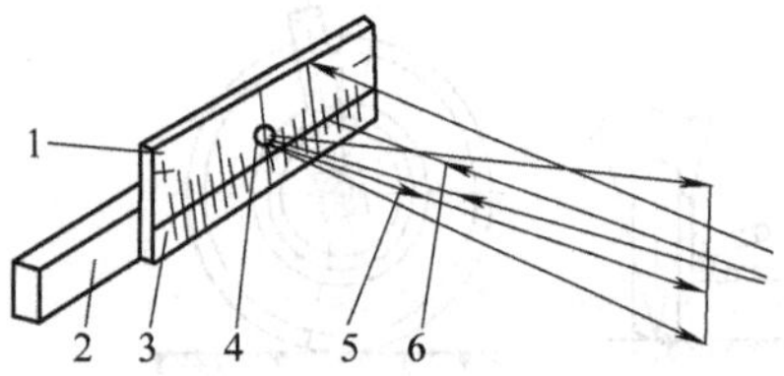

图4-26 车轮前束检测原理

1—刻度板 2—投射器支臂 3—光敏晶体管
4—激光器 5—投射激光束 6—接收激光束

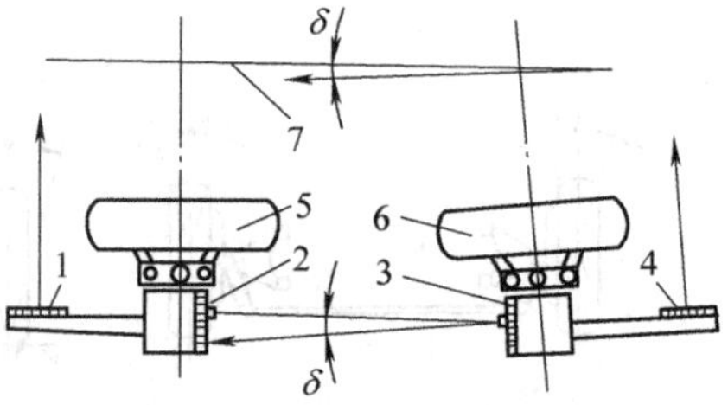

图4-27 推力角检测原理

1、2、3、4—光线接收器 5—前轮 6—后轮
7—汽车纵轴线 δ—推力角

主销后倾角可利用传感器内的角度测量仪，通过转向轮内转一定角度的和外转一定角度的两个位置时，测量转向轮平面倾角的变化量来间接测出。主销内倾角可利用传感器内的角度测量仪，通过转向轮内转一定角度的和外转一定角度的两个位置时，测量转向节枢轴绕其轴线转动的角度来间接测出。

4. 转向20°角时前张角的检测原理

检测前张角时，使被检车辆转向轮停在转角仪的转盘中心处，车轮处于直线行驶位置，转动转向盘使右转向轮向右转20°角后，读取左转向轮下转盘上的刻度值1，即为向右转向20°角时的前张角；使左转向轮沿直线行驶方向向左转20°角后，读取右转向轮下转盘上的刻度值2，即为向左转向20°角时的前张角。目前，四轮定位仪受到广大用户的青睐。四轮定位仪一般由主机、彩色显示器、操作键盘、高精度传感器、支架、转盘、打印机、遥控器等组成，往往制成可移动式。一般这种仪器由安装在车轮上的传感器，把车轮与定位角之间的几何关系转变成电信号或光信号，送入电脑分析判断，然后由显示屏或打印机输出。采用四轮定位仪进行车轮定位参数检测，可一次顺序完成前后轮前束、前后轮外倾角、主销内倾角与主销后倾角等多项测量，其测试速度快，测量精度高。现代先进的四轮定位仪，不仅采用了先进的测量系统和科学的检测方法，而且储存了大量常见车型的四轮定位标准数据，在检测过程中，可随时把实测数据与标准数据进行比较，并通过屏幕用图形和数字显示出需要调整的部位、调整方法以及在调整过程中数值的变化，把复杂四轮定位的检测调整简化成了“看图操作”。

注意事项：

1）转向器装复后，必须检查齿轮与齿条的啮合间隙，并进行调整。

2）排除故障时的操作顺序可适当调整。

3）故障的设置可根据实际条件进行选择。

设备、工具和材料准备

1）桑塔纳轿车、四轮定位仪、空气压缩机、桑塔纳轿车机械式转向器、压杆油枪各1件。

2）气压表、弹簧秤各1件，排除故障时可供更换的性能合格的零部件。

3）扭力扳手、扳手、螺钉旋具各1件，润滑油、棉纱等。

操作步骤

1）做转向试验，进行转向沉重的故障确诊。

2）检查轮胎气压是否充足，若充气不足，应进行充气。规定轮胎气压为：前轮 1.8×10^5Pa（半载），1.9×10^5Pa（满载）；后轮 1.8×10^5Pa（半载），2.4×10^5Pa（满载）。若充气后故障消失，则表明故障是轮胎气压不足（主要是前轮）所致。

3）检查转向器及转向节衬套、轴承和纵、横拉杆各连接处的润滑情况，若加注润滑油、润滑脂后故障消失，则表明故障是润滑不良所致。

4）检查转向器有无故障，若上述正常仍感转向沉重，拆下横拉杆，转动转向盘检查是否轻便灵活，若有碰擦、卡滞现象，应拆检转向器，检查是否转向齿轮与齿条啮合过紧，轴承或衬套过紧，传动件损坏等。注意：转向器各零件不允许焊接或校正，只能更换。

5）检查转向节与主销，将横拉杆一端拆下，用手扳动前轮使其偏转，若沉重阻涩，则表明转向节与主销配合过紧；若转动轻便灵活，则应进一步检查球头销，若过紧，应进行调整。

6）检查前轮定位参数，用四轮定位仪检查前轮定位参数并进行相应调整。

7）动力转向系统出现转向沉重的故障时，应先检查液压泵传动带的松紧度和供油量，必要时再拆检或更换动力转向液压泵。

考核标准

序号	考核内容	配分	评分标准	考核记录	扣分	得分
1	正确使用工具，仪器	10	工具使用错误1次扣1分 仪器使用错误1次扣2分			
2	根据故障现象，分析并查出故障原因	20	分析错误1项扣7分 检查程序错误扣5分 检查结果错误扣20分			
3	明确故障部位（口述）	15	不能确定故障部位扣15分			
4	排除故障	30	操作错误1次扣1分 不能排除扣30分			
5	验证排除结果	15	不能验证扣15分			
6	操作规范，整洁有序，不超时	10	每违反1次扣1分，超时扣2分，扣完为止			
7	遵守安全规程，无人身设备事故		因违规操作发生人身设备事故，此题按0分计			
8	分数总计	100				
			教师签字		年　月　日	

想一想，做一做

在修理或更换过制动盘片后，还需要进行四轮定位码？

项目4.6 巡航系统的故障检测与诊断

项目内容

1）熟悉巡航系统的结构、工作原理。

2）能对巡航系统进行正确的检修。

3）熟练正确使用各种仪器、仪表。

项目目的

1）掌握巡航系统的结构、工作原理。

2）掌握巡航系统的检修方法。

技术标准及要求

1）巡航系统指示正常。

2）车速能稳定地控制在所设定的速度上。

3）加速及滑行开关工作正常。

相关知识

最常见的巡航控制系统是电动机控制式巡航系统。一般它们都使用专用的车速传感器，将车速信号输入发动机电控单元，经电控单元运算后，再由电控单元控制真空式或电子式执行器工作。

1. 巡航控制系统的控制过程

1）巡航控制系统的方框图见图4-28。

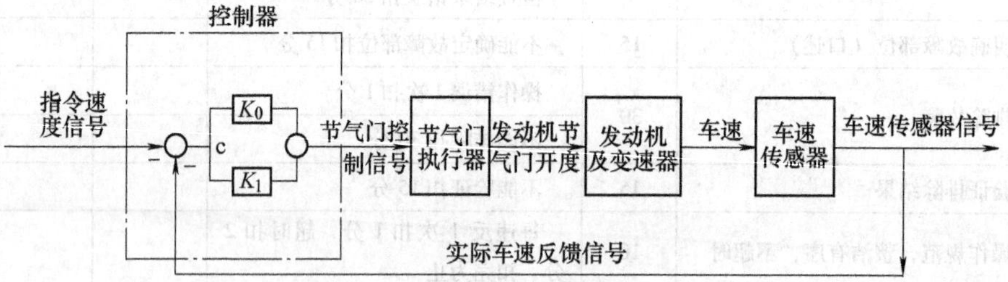

图4-28 巡航行驶控制系统的方框图

2）巡航控制系统是一个闭环的控制系统，它有两个速度输入信号：一个是驾驶员按要求设定的速度指令信号，另一个是实际车速的反馈信号。电控单元系统检测到这两个输入信号之间的误差后，产生一个送至节气门执行器的控制信号，节气门执行器根据接收到的控制信号，用以调节发动机节气门开度以改变发动机功率，修正电控系统所检测到的车速误差，从而使车速保持恒定。实际车速由车速传感器测量并转换成与车速成正比的电信号输送至电控单元。

3）“游车”是一种车速反复变化的振荡现象，是巡航控制中必须防止的。巡航控制系统稳定车速在较小的误差范围内，能有效地克服“游车”现象。巡航控制系统采用了比例积分的控制装置，能控制车速稳定在一定的范围内，但不会将车速误差调节为零，即车速不是绝对恒定的，这可有利于防止车辆游车现象的发生。

4）当汽车突然制动或变速器处于空挡位置时，为防止节气门不能立即回到全闭状态，或自动巡航行驶装置出现故障而节气门却处于全开状态，汽车将失控而高速飞驰，这是非常危险的。电控单元控制系统能立即起动安全电路，自动把巡航控制执行装置与节气门分隔开来。同时巡航系统还备有高速和低速限制控制电路，能自动停止巡航系统的工作状态。

2. 巡航系统的组成

巡航系统是由巡航行驶传感器或开关、节气门开度执行器和电控单元等三部分组成。整个系统的控制目标是发动机节气门的开度，当巡航系统工作后，节气门的开度就被自动控制，汽车在人为设定的速度上行驶。当车辆因上坡等车速出现降低趋势时，电控单元就自动调节节气门使其开度稍微增大，车速提升，使车速保持恒定；反之，当车辆下坡使车速增高时，节气门则会相应减小，使汽车始终按设定的速度等速行驶。

图4-29所示是巡航行驶系统的控制方框图，其中执行器有真空式和电动机式之分，真空式巡航系统是利用调节真空量的大小和通断来控制巡航执行器即节气门的动作。

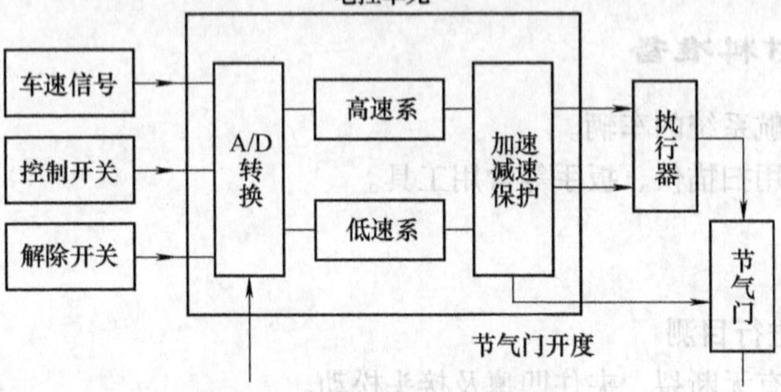

图4-29　巡航系统控制框图

一般巡航控制开关在转向盘下方的转向柱上，是一个专用的手柄式开关，如图4-30所示。这个专用手柄上的巡航控制开关由驾驶员操纵，通常有巡航行驶主控开关、设定/滑行开关、恢复/加速开关、取消开关等4种状态，按4个不同的方向扳动手柄即可进行操纵。

其中主控开关设在手柄的端部，按一下此开关则巡航行驶系统进入预备状态，在合适的车速下再扳动设定车速的开关，车辆即进入巡航行驶控制状态。若再按一下主控开关，则巡航系统被解除，恢复常态操纵行驶。

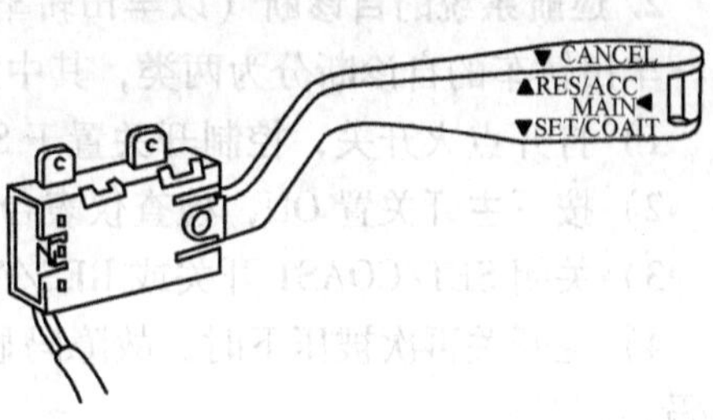

图4-30　巡航行驶控制手柄式操纵开关

3. 电动机式巡航系统的组成

电动机式巡航系统的基本结构见图4-31，从图上可知，执行器件包括有电动机、蜗轮蜗杆式主减速器、电磁离合器、电位计、限位开关及控制臂等部件。控制臂通过钢索与发动机的节气门相连，可由电动机式执行器控制节气门的开度大小，而电动机的转动方向和转动时间则是由巡航系统电控单元控制的。

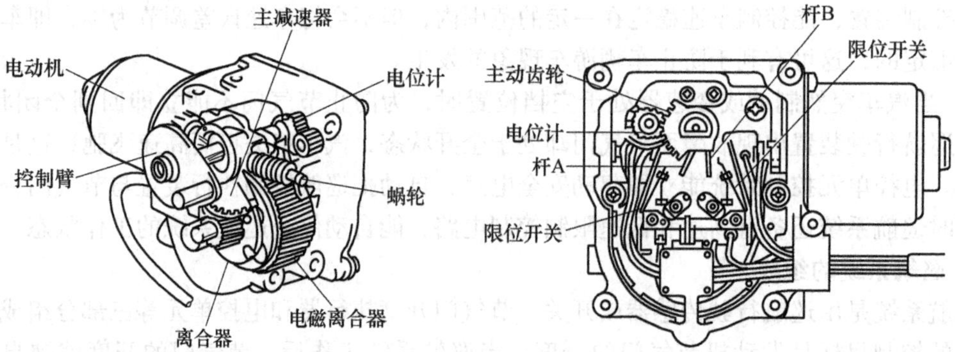

图 4-31 正反转电动机式巡航控制执行器的结构

4. 注意事项

1）由于巡航控制系统与其他系统共用几个传感器，应避免造成其他系统故障。

2）由于控制开关位于转向盘上，检查时应注意并避免引爆气囊。

设备、工具和材料准备

1）一台带有巡航系统的车辆。

2）万用表、专用扫描仪、扳手等常用工具。

操作步骤

1. 对巡航系统进行目测

1）检查真空管有无断裂、夹住凹瘪及接头松动。

2）检查所有线束是否紧固，连接点是否清洁，导线绝缘是否良好。

3）检查熔丝有无断路。

2. 巡航系统的自诊断（以丰田轿车为例）

丰田轿车的自诊断分为两类，其中第一类为 A 型自诊断，具体检测方法如下：

1）打开点火开关，控制开关置于 SET/COAST 或 RES/ACC 位置并保持。

2）按下主开关置 ON，检查仪表台 CRUISE 指示灯。

3）关闭 SET/COAST 开关或 RES/ACC 开关。

4）主开关再次被压下时，故障码显示停止。如表 4-9 所示在检测指示灯上读取诊断故障码。

表 4-9 故障诊断故障码表

测量条件	故障码	诊断
控制开关置于 SET/COAST 位置	2	SET/COAST 电路正常
控制开关置于 RES/ACC 位置	3	RES/ACC 电路正常
控制开关、空挡起动开关、制动灯开关、手制动开关等打开	常灭	各开关正常
40km/h 或更低车速行使	常亮	车速传感器电路正常
40km/h 或更高车速行使	常闪	车速传感器（仪表内）电路正常

第二类为B型自诊断，具体检测方法如下：

1）如果以巡航方式行车时，由于执行器、车速传感器或车速控制开关电路故障引起系统被取消，则巡航指示灯CRUISE会闪烁5次。

2）停车后，不要关闭点火开关，直接连接检测接头，从指示灯上读取故障码，故障码见表4-10。

表4-10　故障诊断故障码表

故障码	诊　断	故障码	诊　断
常闪	正常	21	车速信号140ms或更长时间内无信号传出
11	电动机驱动电流过大	23	巡航时车速比设定车速低16km/h或更多
12	电磁离合器驱动电路电流过大，电磁离合器驱动电路断路	32	控制开关电路短路
		34	控制开关未切断
13	位置传感器电路故障，电动机断路	41	电脑板故障

3. 没有自诊断系统车辆的检查

1）踩住制动踏板，观察制动灯，如制动灯不亮，则检查制动灯开关及电路。

2）对于手动变速器车辆，应检查并确认离合器解除开关的工作是否正常。

3）检查执行器变速杆和节气门拉线动作是否正常。

4）检测止回阀、真空泄放阀、控制开关和电路、伺服机构、车速传感器工作是否正常。

5）如果以上检测均正常，但系统工作不正常，须更换控制器。

4. 控制电路的检查

1）检查熔丝是否烧坏，如熔丝完好，从真空调节器上拆下导线连接器。

2）将线束中的结合导线和真空调节器上的保持接柱连接，使电流不经过下限速度开关。

3）接通点火开关，发动机不起动，慢慢按压和松开车速控制开关，如听到真空阀的组合响声，且指示灯亮，说明真空管和有关电路良好。

5. 真空泄放阀的检测

真空泄放阀滞留在开启状态或泄漏，都会引起不工作或误动作故障。如果真空泄放阀自身不能释放真空，可用施加制动时的电气开关信号来解除巡航控制系统。

检测真空泄放阀时，分离开伺服机构到真空泄放阀的真空管，并在管路中连接一个真空泵，对真空泄放阀抽真空。如不能保持真空，则为真空管或真空泄放阀故障。

如果真空泄放阀能保持真空，踩下制动踏板，真空应被释放，否则调整或更换真空泄放阀。

6. 制动分离开关和进气调节装置的调整

1）制动分离开关的调整：逐步踏下制动踏板，每次踏下32mm，逐点用车速控制开关试验系统是否接合，直到系统已经接合为止。接合阶段的踏板行程应有64mm。

2）进气调节装置的调整：如低于预定车速，可将空气调节管向外调整；反之，则将空气调节管向里调整。空气调节管每转动1/3圈；大约可影响车速1.6km/h。

考核标准

序号	考核内容	配分	评分标准	考核记录	扣分	得分
1	正确使用工具、仪表	10	工具仪表使用错误扣 10 分			
2	故障码的准确读取	10	故障码读取方法错误扣 5 分			
			故障码读取结果错误扣 5 分			
3	控制电路的检查	15	检查方法错误扣 10 分			
			结果判断错误扣 5 分			
4	真空泄放阀的检测	15	检测方法错误扣 10 分			
			更换错误扣 5 分			
5	制动分离开关的调整	20	调整方法错误扣 10 分			
			调整结果错误扣 10 分			
6	进气调节装置的调整	20	调整方法错误扣 10 分			
			调整结果错误扣 10 分			
7	操作规范，整洁有序，不超时	10	每项 2 分，扣完为止			
8	遵守安全规程，无人身设备事故		发生事故此题按 0 分计			
9	分数总计	100				
			教师签字	年 月 日		

想一想，做一做

如何进行巡航系统的常规检查和故障自诊断？

项目 4.7 车轮平衡的检验

项目内容

1）正确使用动平衡检测仪检测车轮的动平衡及修正车轮的不平衡。

2）通过熟练掌握动平衡检测仪的使用，快速修正车轮的不平衡。

项目目的

正确使用车轮动平衡检测仪检验车轮动平衡，且调整车轮不平衡量，使之符合技术标准。

技术标准及要求

1）要求车轮的不平衡量小于 5g。

2）要求安全、正确地使用动平衡检测仪及快速消除车轮的不平衡量。

相关知识

如果车轮的质量分布不均匀，旋转起来是不平衡的。车轮不平衡对转向轮摆振的影响比路面不平的影响要大得多。车轮本身不平衡是汽车产生摆振的一个重要原因。

随着道路质量的提高和高速公路的普及，汽车行驶速度越来越高，因此对汽车车轮平衡的要求也越来越高。车轮高速旋转时，不平衡质量会引起车轮上下跳动和横向摆振，不仅影响汽车的行驶平顺性，乘坐舒适性和操纵稳定性，而且也会影响行车安全。车轮的上下跳动和横向摆振还会加剧轮胎的磨损，缩短汽车使用寿命，增加汽车运输成本。

车轮不平衡的原因主要是：轮惘、轮胎在生产和修理过程中的精度达不到要求、轮胎材料不均匀；轮胎装配不正确，轮胎螺栓质量不统一；平衡块脱落；汽车行驶过程中的偏磨损；使用翻新胎或补胎等。

1. 车轮静平衡的检测

对于非驱动桥上的车轮，先支起车轴，调整好轮毂轴承松紧度，用手轻转车轮，使其自然停转。在停转的车轮离地最近处作一标记，然后重复上述步骤。如果每次试验标记都停在离地最近处，则车轮静不平衡。如果多次转动自然停止后的标记位置各不相同，说明车轮静平衡。

驱动桥上的车轮，由于受到差速器等的制约，无法使用该法，只能在装车前检测。既使静平衡的车轮，在装车使用时也可能产生动不平衡，因此，还应对车轮动平衡进行检测校正。

2. 使用离车式动平衡机检测校正车轮动平衡

1）清除车轮上的泥块、石子和旧平衡块。

2）将轮胎气压充至规定值。

3）根据轮辋中心孔的大小选择锥体或多孔式连接盘，将车轮装上动平衡机，拧紧固定螺母。

4）测量轮辋宽度 b、轮辋直径 d 和轮辋边缘至机箱的距离 a，将这三个值输入动平衡机。

5）放下车轮防护罩，打开电源开关，按动起动按钮，车轮开始旋转，动平衡机开始采集数据。

6）检测结束后，从指示装置读取车轮不平衡量和不平衡位置。

7）抬起车轮防护罩，用手慢慢转动车轮，当指示装置发出声音或灯光等信号时停止转动。根据显示的平衡块质量，在轮辋内侧或外侧牢固安装平衡块。

8）重新检测动平衡，直到指示装置显示不平衡质量小于 5g，或显示“ 00 ”、“ OK ”为止。

9）关闭电源开关，取下被测车轮。

离车式动不平衡检测如图 4-32 所示。具体检测方法详见使用说明书。

3. 使用就车式动平衡机检测校正车轮动平衡

车轮动平衡的检测可将车轮安装到离车式车轮动平衡机上检测与校对，但需要把车轮拆下。就车式车轮动平衡机可直接在在用车上使用，非常方便，而且既可进行动平衡检测，又可进行静平衡检测，校正的部件包括车轮、制动鼓（盘）、轮毂轴承等高速旋转体。

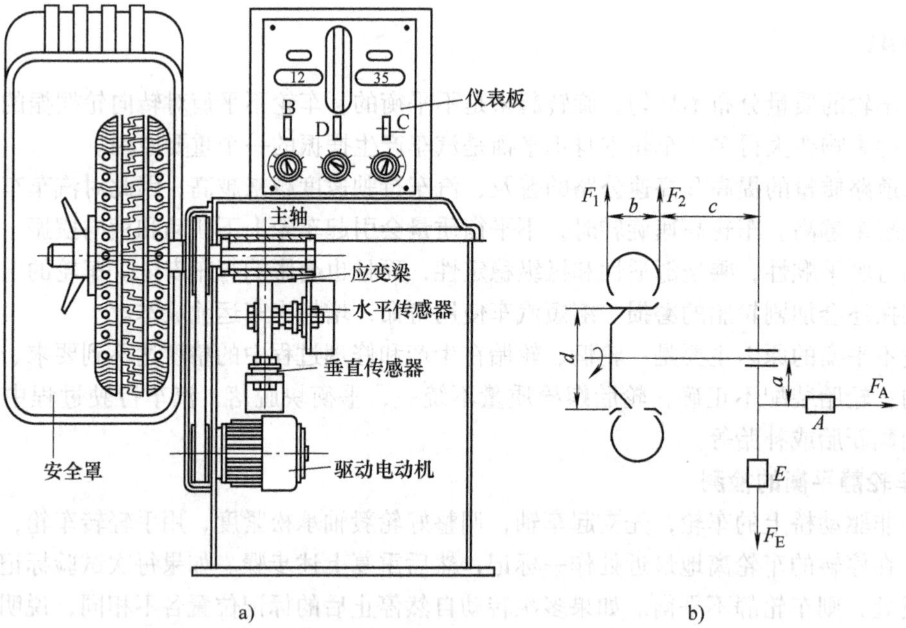

图 4-32 离车式动不平衡检测原理

a）离车式车轮平衡机 b）检测原理

A—水平传感器 E—垂直传感器

（1）检测前的准备工作 图 4-33 为就车式车轮动平衡机组成及检测示意图。

1）检测前，将汽车前部用千斤顶支起，注意保持前轴水平，使两边车轮离地间隙相等。

2）清除被测车轮上的泥土、石子和旧平衡块等。

3）检查轮胎气压，必要时调整至规定值。

4）用手转动车轮，检查轮毂轴承是否松旷，必要时调整至规定值。

5）在轮胎外侧任意位置上用白粉笔或白胶布做上记号。

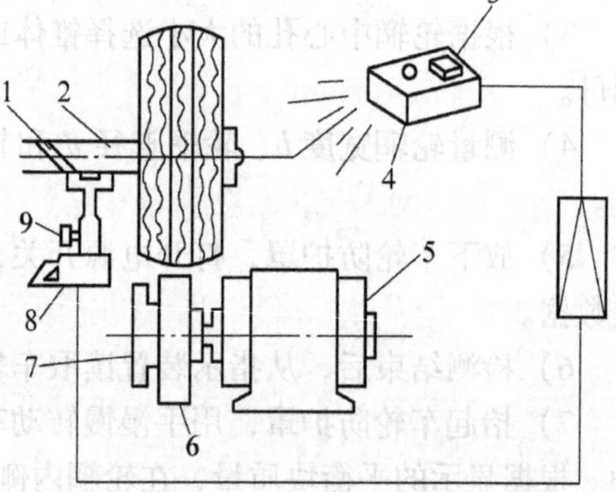

图 4-33 就车式车轮动平衡机示意图

1—传感磁头 2—转向节 3—不平衡度表 4—频闪灯 5—电动机 6—转轮 7—制动器 8—底座 9—可调支架

（2）车轮静平衡的检测校对

1）使用三角垫木或其他方法固定另一个前轮和两后轮，将传感磁头吸附到悬架或转向节下，调节可调支杆高度并锁紧。

2）推动车轮动平衡机至车轮侧面或前面（视车轮平衡机形式不同而异），检查频闪灯工作是否正常，检查转轮的旋转方向能否使车轮的转动方向与汽车前进行驶的方向一致。

3）操纵车轮动平衡机转轮与轮胎接触，起动电动机带动车轮旋转至规定转速。

4）观察频闪灯照射下的轮胎标记位置，并从指示装置上读取不平衡量数值（用第一挡显示）。

5）操纵车轮动平衡机上的制动装置，使车轮停止转动。

6）用手转动车轮，使其上的标记仍处在上述观察位置上，此时轮辋的最上部即为加装平衡块的位置。

7）按指示装置显示的静不平衡量选择平衡块，牢固地装卡到轮辋边缘上。

8）重新驱动车轮进行复试，这时指示装置用2挡显示。调整平衡块质量和位置，直至符合平衡要求。

（3）车轮动平衡的检测校对

1）将传感磁头吸附在经过擦拭的制动底板边缘平整处，使磁头与车轮旋转中心处在同一水平位置。

2）驱动车轮旋转至规定转速，按照上述的检测方法观察轮胎标记位置，读取动不平衡值。

3）停转车轮，按动不平衡值选择平衡块和在车轮上的加装位置，加装平衡块。

4）按照上述的检测方法进行复查，直至符合平衡要求。

（4）注意事项

1）轮胎要正确安装，同时要用快速螺母锁止。

2）安全操作轮胎动平衡仪。

设备、工具和材料准备

车轮动平衡检测仪1台，需检测的车轮1副，平衡块若干。

操作步骤

对离车式动平衡检测仪检测车轮的不平衡过程进行介绍。近年生产的车轮平衡仪的显示与控制装置多为计算机式，具有自动诊断和自动调校系统。能将传感器送来的电信号通过计算机运算、分析、判断后显示出不平衡量及其位置。为使显示的不平衡量恰是轮辋边缘所加平衡块的质量，还必须测量轮毂的直径 d、轮辋宽度 b 和轮辋边缘至平衡仪机箱的距离 a，然后通过键盘或旋钮将其输入计算机，a、b、d 三尺寸如图4-34所示，操作步骤如下：

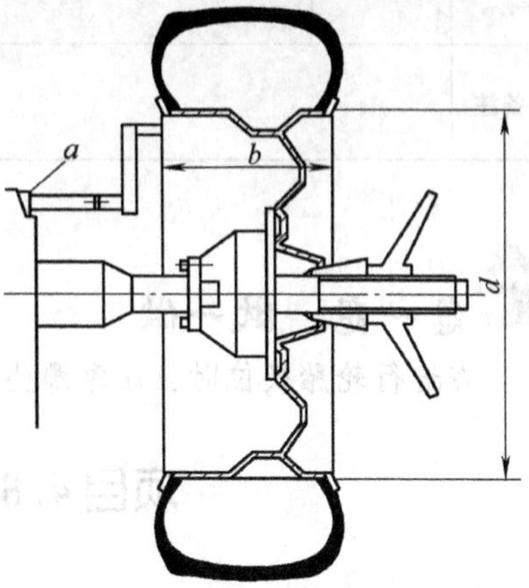

图4-34　车轮在平衡仪上的安装

a—轮辋边缘至平衡仪机箱距离

b—轮辋宽度　d—轮辋直径

1）清除被测车轮上的泥土、石子和旧平衡块。

2）检查轮胎气压，必须符合原厂的规定。

3）根据轮辋中心孔的大小选择好锥体，仔细装好车轮，用快速螺母上紧。

4）打开电源开关，检查指示与控制装置的面板，指示是否指示正确。

5）用游标卡尺测量轮辋宽度 b，轮辋直径 d，用平衡仪上的标尺测量轮辋边缘至机箱距离 a，再用键入或选择器旋钮对准测量值的方法将 a、b、d 值输入到指示与控制装置中去。

6）放下车轮防护罩，按下起动键，车轮旋转，平衡测试开始，自动采集数据。

7）车轮自动停转或听到“笛”声按下停止键并操纵制动装置，使车轮停转后，从指示装置读取车轮内外侧不平衡量和不平衡位置。

8）抬起车轮防护罩，用手慢慢转动车轮，当指示装置发出指示（音响、指示灯亮、显示检测数据等）时停止转动。在轮辋的内侧或外侧的上部（12点位置）加装指示装置显示该侧的平衡块质量。内、外侧要分别进行，平衡块装卡要牢固。

9）安装平衡块后有可能产生新的不平衡，应重新进行平衡试验，直至不平衡量小于5g，指示装置显示“00”或“OK”时为止。当不平衡量相差10g左右时，如能沿轮辋边缘前、后移动平衡块一定角度，将可获得满意效果。

10）测试结束，关闭电源开关。

考核标准

序号	考核内容		评分标准	配分	扣分	得分
1	卸下车轮，清除车轮上铅块异物		操作不正确扣6~12分	12		
	固定烟度计取样管		未清除车轮异物扣6分			
2	平衡仪开机，检验准备		操作不正确扣8分	16		
			准备不充分扣8分			
3	车轮定位夹紧		定位夹紧不正确扣16分	16		
4	车轮动平衡仪检校操作		输入参数错误扣14分	34		
			操作方法错误扣10分			
5			操作步骤错误扣10分			
6	取下车轮安装到车上		操作不正确扣6~12分	12		
7	安全文明生产	遵守安全规程，正确使用工量具，操作现场整洁	每项扣2分，扣完为止	10		
		安全用电、防火，无人身设备事故	因操作不当发生重大事故，此题按0分计			
备注			合计	100		
			教师签字	年 月 日		

想一想，做一做

在进行轮胎换位时应注意哪些问题？轮胎换位后还需要进行平衡作业吗？

项目4.8 汽车前轮侧滑量的检测

项目内容

1）正确使用侧滑试验台检测前轮的侧滑量。

2）通过对前轮侧滑量的检测，可以确知前轮前束和前轮外倾角配合是否恰当。

项目目的

按正确的操作规程检查前轮侧滑量且调整前轮侧滑量，使之符合技术要求。

技术标准及要求

按国家标准规定，前轮侧滑量不超过5m/km。

相关知识

确认前轮定位是否良好的原则，以汽车行驶状态来判定，即：

1）汽车直线行驶时车身稳定，无摆振现象。

2）转弯时无横向滑移且转向盘能自动回正。

3）轮胎磨损最小。

4）转向盘操纵力满足要求，且有一定的路感。

5）转向灵敏度适宜。

6）有良好的操纵稳定性。

7）无转向沉重等转向系统故障，无制动跑偏等制动系统故障和行驶跑偏，轮胎异常磨损等行驶系统故障。

1. 前轮定位简介

汽车车轮定位主要是转向轮定位。除一些特殊汽车（如铲车）采用后轮转向外，大部分汽车都采用前轮转向。所以，一般转向轮定位也称为前轮定位。不少乘用车的后轮也有定位（后轮定位主要有后轮外倾、后轮前束等），即四轮定位。

一般前轮定位包括主销后倾、主销内倾、前轮外倾和前轮前束，前轮定位是前轴技术状况的重要诊断参数。车轮定位正确与否，将直接影响汽车的操纵稳定性、安全性、燃油经济性、轮胎等部件的使用寿命及驾驶员的劳动强度等。因此，车轮定位值的检测不仅对在用车十分必要，而且对新车定型和质量抽查也是必不可少的。表4-11是常见车型车轮定位参数。

表4-11　常见车型车轮定位参数

车型＼参数	前轮前束	前轮外倾	主销后倾	主销内倾	后轮前束	后轮外倾
别克	-0.2°~0.2°	0.2°~1.2°	1.3°~2.3°		-0.4°~0.2°	-0.65°~0.35°
宝来	±10′	-30′±30′	7°40′±30′		20′±10′	-1°27′±10′
桑塔纳（JV发动机）	-20′±10′	-1°40′±20′	30′		25′±15′	-1°40′±20′
丰田日冕RT81	4~6mm	1°20′±30′	20′±30′	6°55′		
奥迪100	0.5~1mm	-30′±30′	50′±40′	14°20′		
切诺基	-0.79~0.79mm	±15′	7°30′±30′			
夏利TJ7100	-1~3mm	20′±10′	2°55′±1°	12°±30′	4~8mm	
跃进NJ1041A	1.5~3mm	1°	2°30′	8°		
解放CA1091	2~4mm	1°	1°30′	8°		
东风EQ1090E	1~5mm	1°	2°30′	6°		

需要说明的是：现代乘用车上广泛使用的低压轮胎，具有断面宽，与路面接触面大，弹性好，稳定转矩大等特点，有利于转向轮自动回正和提高汽车行驶稳定性。所以，现代乘用车车轮定位值，已不同于传统车系，比如：其主销后倾角小，甚至为负值；主销内倾角大到十几度；车轮外倾角小，有负值；前束也有负值。从表4-11中也能看出这些变化。

2．前轮定位的检测

前轮定位的检测，是根据车轮旋转平面与各定位角之间存在的直接或间接的几何关系，用特制的仪器和设备测量其是否符合原厂规定。检测方法有静态检测法（汽车停止不动）和动态检测法（汽车以一定速度行驶，一般在试验台上进行），使用的仪器设备有气泡水准式、光学式、激光式、电子式和计算机式车轮定位仪等。

国产GCD-1型光束水准车轮定位仪结构简单，价格低廉，便于携带。该仪器除由一个水准仪，两个支架和两个转盘组成外，还配备有两个聚光器，两个标尺，两个标杆和一个踏板抵压器。聚光器在标杆配合下可测量车轮前束值，聚光器在标尺的配合下可测量后轴与前轴间的平行度误差，后轴与车架间的垂直度误差以及后轴与车架在水平平面的弯曲变形等。在车轮定位值的检测中，有时应将制动踏板踩下，使车轮处于制动状态，踏板抵压器（实际上是一个抵杆）可将制动踏板压下面顶靠在驾驶座或其他支撑物上，以节省人力。

下面，我们介绍如何使用国产GCD-1型光束水准车轮定位仪对前轮定位进行静态检测。

（1）检测前的准备

1）检查轮胎气压和车轮载荷是否符合原厂规定，检查车轮轮毂轴承、转向节衬套与主销是否松旷，检查制动器是否可靠。

2）检测场地应水平、平整，并将汽车的前轮回正成直线行驶位置，再将两前轮分别放在各自的转盘上，使主销中心线的延长线基本上通过转盘中心。在有工厂标记的条件下，依工厂标记将转向器定在中间位置，可保证前轮的直线行驶位置。如果没有工厂标记且认为前束在每个前轮上是均匀分配的，则可参照下述方法来确定前轮的直线行驶位置。取下转盘锁止销，在两前轮上分别安装支架和聚光器，将聚光器光束水平投向在后轮中心且与后轮垂直的带三角架的标尺上，标尺应紧靠在车轮中心上。调节聚光器焦距，使在标尺上得到一清晰的带有缺口的扇形图像。读出两侧标尺上指针所指数值，如果两侧数值相等，则认为前轮处于直线行驶位置。

3）前轮直线行驶位置找好后，应将转盘扇形刻度调整到零位，对准游动指针，然后加以固定。这样，在转动转向盘时，前轮的转角便可由转盘刻度尺上读出。

4）将固定支架的两个固定脚卡在轮辋适当部位，再移动活动支架，使其固定脚也卡在轮辋上，然后用活动支架的偏心卡紧机构，将三个固定脚的定位端面贴紧在轮辋的边缘上。松开调整支座弹性固定板的固定螺栓，使调整支座沿导轨滑动，通过特制心轴使调整支座安装聚光器或水准仪的孔中心与前轮中心重合，然后拧紧螺栓，将调整支座固定于导轨上。

（2）前轮外倾角的检测

1）将水准仪黑箭头指示的定位销插入支架的中心孔内，并使水准仪在左、右方向上处于水平状态。轻轻拧紧锁紧螺钉，固定水准仪。

2）转动水准仪上的A调节盘，直到对应气泡管内的气泡处于中间位置，然后在黑刻度盘上读出A盘红线所指角度值，该角度值即为前轮外倾角。用同样的方法可检测其他车轮的外倾角。

（3）主销后倾角的检测

1）前轮外倾角测定后，不动水准仪，接着进行主销后倾角的检测。

2）将前轮向内转20°（对于左前轮则向左转，对于右前轮则向右转，下同），松开弹簧锁紧螺钉，使水准仪左右方向处于水平状态，然后拧紧锁紧螺钉。转动水准仪上的B、C调节盘，使红线与蓝、红、黄刻度盘零线重合。调整对应气泡管的旋钮，使气泡管内气泡处于中间位置。

3）将前轮向相反方向转40°角。转动B、C盘使气泡管的气泡回到中间位置，在蓝盘上读出B、C盘红线所示之值即为主销后倾角。用同样的方法测出另一侧主销后倾角。

（4）主销内倾角的检测

1）先踩下制动踏板或用踏板抵压器压住制动踏板，保持前轮的制动状态。再从支架上取下水准仪，将红、黄箭头所指的定位销插入支架中心孔内，轻轻拧紧锁紧螺钉。将被测前轮向内转20°角，松开锁紧螺钉，使水准仪在左、右方向上处于水平状态，然后拧紧锁紧螺钉。

2）转动B、C调节盘，使其红色刻线与蓝、红、黄刻度盘零线重合。调节对应气泡管的旋转按钮，使气泡管内的气泡处于中间位置。

3）将前轮向外转40°角，调节B、C盘使气泡管的气泡回到中间位置，此时B、C盘红线刻度或黄刻度盘所示之值即为主销内倾角。用同样的方法检测另一侧的主销内倾角。检测左前轮时在黄刻度盘上读数，检测右前轮时在红刻度盘上读数，简称左黄右红。

（5）前轮前束的检测

1）调整汽车两前轮至直线行驶位置，并保持不动。调节两套标杆长度，使同一标杆两标盘之间的距离略大于被测轮距且两根标杆长度完全相同，并能使聚光器光束指针大致投射到标牌的中间位置。将已调好的两套标杆分别放置在前桥的前后侧，并平行于前桥。标杆距车轮中心的距离为车轮上前束测量点处车轮半径的7倍。

2）将车轮一侧聚光器的光束投到前标杆的标盘上，使光束指针指向某一整数，再将该聚光器的光束向后投射到后标杆的标牌上，平行移动后标杆使光束指针落在与前标牌同一数值上。然后，将另一侧聚光器分别向前标杆、后标杆投射光束，读出光束指针指示值。用后标杆指示值减去前标杆指示值的差值，即为前束值。

3. 前轮侧滑量的检测

一般前轮侧滑量的检测在侧滑试验台上进行，其值不得超过5m/km。前轮侧滑量是前轮定位失准的一种表现形式。

（1）影响侧滑量检测结果的因素

1）转向轮外倾与前束匹配不当。

2）轮毂轴承间隙过大或左右松紧度不一致。

3）转向节主销和衬套磨损严重。

4）横、直拉杆球头松旷或左右悬架性能有差异。

5）前后轴不平行。

6）左右轮胎气压不等或花纹不一致。

7）轮胎磨损过大或严重偏磨。

8）轮胎表面有水、油或石子等。

9）汽车通过侧滑试验台的速度过快。

10）汽车通过侧滑试验台时转向轮与侧滑板不垂直。

（2）检测前的准备

1）调整轮胎气压至规定值。

2）清除轮胎表面的水、油或石子等。

3）检查试验台导线连接情况，仪表复零。

4）打开试验台锁止装置，检查侧滑板能否滑动自如和回位（侧滑板回位后，指示装置应指示零点）。

（3）检测

1）汽车以3~5km/h的速度垂直平稳地通过侧滑板。

2）从显示装置上读取侧滑值。

3）锁止侧滑板，切断试验台电源。

（4）注意事项

1）避免试验台超载。

2）汽车通过试验台时，不允许转向、制动或将汽车停放在试验台上。

3）保持试验台及周围环境的清洁，尤其是侧滑板的清洁。

4）后轮有定位的乘用车，也要检测后轮的侧滑量是否合格。

注意事项：

1）在检测过程中不能让超过试验台允许载荷的车辆通过试验台。

2）车辆不能在试验台上转向或制动。

设备、工具和材料准备

1）带有侧滑试验台的场地及技术状况完好的侧滑试验台。

2）检查轮胎胎压的量具，清洗轮胎的设备等。

操作步骤

侧滑试验台有单板式和双板式两种，一般均由侧滑装置、指示装置和报警装置等组成。由于双板式侧滑试验台在国内得到广泛使用，所以主要介绍双板式侧滑试验台。如图4-35所示为自整角电动机式测量装置。当滑板位移时，自整角电动机回转一定角度并产生电信号传输给自整角电动机，自整角电动机接到电信号后回转同一角度，并通过指针指示出滑动板位移量的大小和方向。对指针式指示装置，检测人员从指示仪表上就可获得车轮侧滑量的定量数值，并根据指针偏向“IN”或“OUT”的方向确定出侧滑方向。指针式指式装置的刻度板上除用数字和符号标明侧滑量和侧滑方向外，有的还用颜色和英文划分为三个区域，即侧滑量0~3mm范围内为绿色区域，表示良好；3~5mm范围内为黄色区域，表示可用；5mm以上为红色区域，表示不良。使用侧滑试验台检测侧滑量的步骤如下：

1）检查轮胎胎压，应符合汽车制造厂的规定。

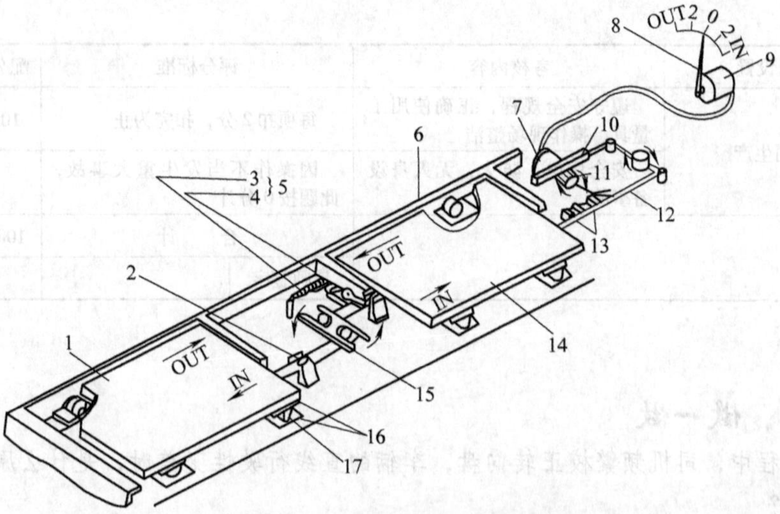

图4-35　自整角电动机式测量装置

1—左滑动板　2—导向滚轮　3—回位弹簧　4—摆臂　5—回位装置　6—框架
7—产生电信号的自整角电动机　8—指示装置　9—接受电信号的自整角电动机
10—齿轮　11—小齿轮　12—连杆　13—限位开关　14—右滑动板
15—双销叉式曲柄　16—轨道　17—滚轮

2）清洗轮胎上的油污、泥土及花纹沟槽内的石子；清洗试验台表面及其周围的脏污。

3）检查试验台导线连接情况，在连接良好的情况下，打开电源开关，查看指示仪表或数码管是否在零点位置，不在零点位置的给予调整。

4）检查报警装置在规定值时能够发出报警信号，否则给予调整或修理。

5）打开试验台的锁止装置，检查滑动板能否在外力的作用下滑动自如，外力消除后能否回到原始位置，且指示装置指在零点。

6）准备就绪后，汽车以3～5km/h的速度垂直驶向侧滑试验台，使前车轮平稳通过滑动板。当车轮完全通过滑动板后，从指示装置上观察侧滑方向并读取、打印最大侧滑量。检查结束后，切断电源且锁止滑动板。

7）诊断参数的标准按国家标准规定，用侧滑试验台检验前轮的侧滑量，其值不超过5m/km。

考核标准

序号	项目设置	考核内容	评分标准	配分	扣分	得分
1	检测	检查轮胎的气压及磨损	检查方法不正确扣15分	15		
		将汽车以规定的速度驶过侧滑试验台，并读取前轮侧滑量	测量方法不正确扣20分	25		
			测量结果不正确扣5分			
2	调整	调整前轮侧滑量	调整方法不正确扣20分	20		
		调整完毕，再次检查前轮侧滑量	检查方法不正确扣10分	30		
			调整结果不正确每次扣10分			

（续）

<table>
<tr><th>序号</th><th>项目设置</th><th>考核内容</th><th colspan="2">评分标准</th><th>配分</th><th>扣分</th><th>得分</th></tr>
<tr><td rowspan="2">3</td><td rowspan="2">安全文明生产</td><td>遵守安全规程，正确使用工量具，操作现场整洁</td><td colspan="2">每项扣2分，扣完为止</td><td>10</td><td></td><td></td></tr>
<tr><td>安全用电、防火，无人身设备事故</td><td colspan="2">因操作不当发生重大事故，此题按0分计</td><td></td><td></td><td></td></tr>
<tr><td rowspan="2">备注</td><td rowspan="2" colspan="2"></td><td colspan="2">合　计</td><td>100</td><td></td><td></td></tr>
<tr><td>教师签字</td><td></td><td colspan="3">年　月　日</td></tr>
</table>

想一想，做一做

在行驶过程中，司机频繁校正转向盘，车辆的直线行驶性变差时，是什么原因？如何作排除此类故障？

模块五　电器及附属装置的故障检测与诊断

项目5.1　电源系统不充电的故障检测与诊断

项目内容

1）能准确分析故障现象与充电机故障之间的关系。

2）排除故障后的发动机充电系统工作正常。

3）故障设置及选取原则见表5-1。

表5-1　故障设置及选取原则

序　号	考核内容	选取原则
1	发电机传动带松动而打滑	
2	充电系统连接线松脱	
3	发电机硅二极管击穿或断路	在所列故障中任选一项
4	发电机电刷磨损严重	
5	电压调节器损坏	

项目目的

1）了解充电系统不充电相应的故障部位。

2）掌握充电系统的组成和工作原理。

3）熟练排除发电机不充电的故障。

技术标准及要求

1）发动机高于怠速运转时，充电指示灯应熄灭。

2）当发动机转速逐渐升高时，发电机电压应逐渐升高而稳定在某一电压值不变。

3）打开全部电器负载，发动机高速运转时，充电指示灯应熄灭。

相关知识

轿车在使用过程中，发动机高于怠速运转时，充电指示灯应熄灭。若充电指示灯不熄灭，说明发电机不工作，不能向用电设备供电，也不能向蓄电池充电。另外，当发动机转速逐渐升高时，发电机电压应逐渐升高并稳定在某一电压值不变，一般为14～16V。如果电源电压不稳定，可能会烧毁用电设备或引发一系列故障。为了更好地检测和诊断电源系的故障，我们先学习以下相关知识。

汽车电源系统为并联的双电源，即发电机和蓄电池。见图 5-1。

1. 交流发电机

目前国内外生产的汽车交流发电机的结构基本相同，都是由三相同步交流发电机和硅二极管整流器两大部分构成。图 5-2 所示为交流发电机的组件图。

三相同步交流发电机的作用是产生三相交流电。它主要由转子、定子、前后端盖、风扇及带轮等组成。

2. 电压调节器

由于交流发电机的转子是由发动机通过传动带驱动旋转的，且发动机和交流发电机的速比为 1.7～3，因此交流发电机转子的转速变化范围非常大。这样将引起发电机的输出电压发生较大变化，无法满足汽车用电设备的工作要求。因此，需安装电压调节器，电压调节器见图 5-3、图 5-4。

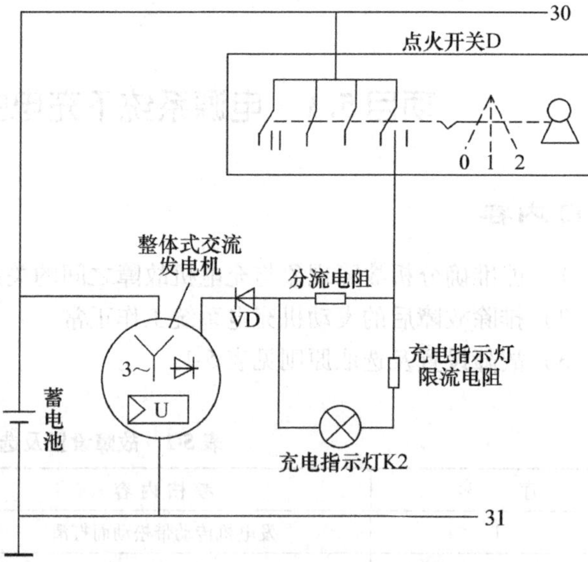

图 5-1 桑塔纳轿车简化的电源电路原理图

电压调节器是将发电机输出的电压控制在规定范围内的装置，当发电机转速升高时，调节器通过减小发电机励磁电流来减小磁通，使发电机的输出电压保持不变。当发电机的转速降低时，调节器通过增大发电机的励磁电流来增加磁通，使发电机的输出电压保持不变。使其不因发电机转速高时电压过高烧坏电器和导致蓄电池过充电；也不会因发电机转速低而电压不足导致电器工作失常。

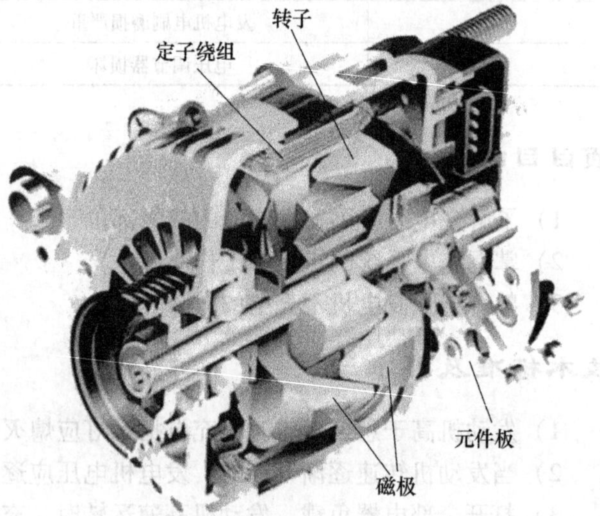

图 5-2 交流发电机的组件图

3. 蓄电池的作用

汽车上装有两个直流低压电源，一个是起动型蓄电池，另一个是发电机。发电机是由发动机带动而发电的，蓄电池是靠内部的化学反应来储存电能和向外供电的，两个电源与全车用电设备均接成并联电路见图 5-5。

在发动机工作时，用电设备所需电能主要由发电机供给，而铅蓄电池的主要用途有：

1）汽车发动机起动时，蓄电池向起动机和点火装置供电。起动发动机时，蓄电池必须在短时间内（5s～10s）给起动机提供强大的起动电流（汽油机为 200A～600A。柴油机有的高达 1000A）。

图 5-3 晶体管调节器和集成电路调节器

图 5-4 集成电路调节器外型

2）在发电机不发电或电压较低以及发动机处于低速时，蓄电池向点火系及其他用电设备供电，同时向硅整流发电机供给他励励磁电流。

3）当用电设备同时接入较多，发电机超载时，蓄电池协助发电机共同向用电设备供电。

4）当蓄电池存电不足，而发电机负载又较少时，可将发电机的电能转变为化学能储存起来，即充电。

5）蓄电池还有稳定电网电压的作用。当发动机运转时，交流发电机向整个系统提供电流。蓄电池起稳定电器系统电压的作用。蓄电池相当于一个较大的电容器，可吸收发电机的瞬时过电压，保护电子元件不被损坏，延长其使用寿命。

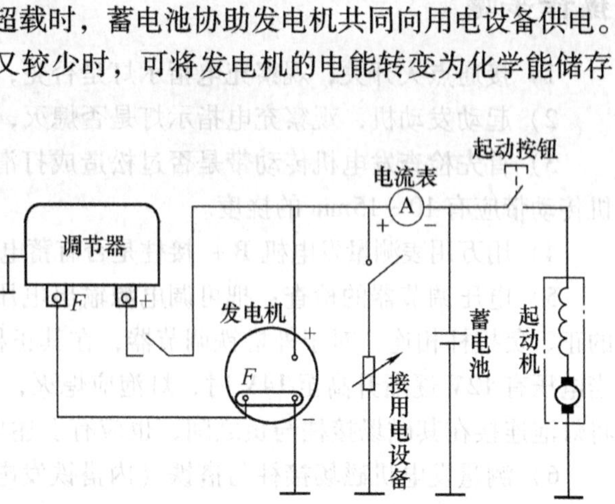

图 5-5 汽车并联电路

铅蓄电池最突出的优点是内阻小，电压高而且稳定，还复系数（即放出电量与充入电量之比）高，成本低，易于满足汽车的需要。然而，它也有一些缺点，如比能低，可靠性较差，易于出现故障，需要经常维护，使用寿命较短等。

4. 铅蓄电池的结构

一般铅蓄电池由 3 个或 6 个单格电池串联构成，结构如图 5-6 所示，主要由极板、隔板、电解液和外壳等。

5. 蓄电池的选用原则

选用蓄电池时应遵循下列两条原则：

1）蓄电池的电压必须与汽车电气系统的额定电压一致。

2）蓄电池的内阻要小，容量要大，以保证发动机能够可靠起动。

注意事项：

1）发电机与调节器的搭铁极性应一致。

2）禁止短接调节器接柱，防止发电机烧毁或二极管击穿。

3）禁止用划火法检测发电机是否发电。

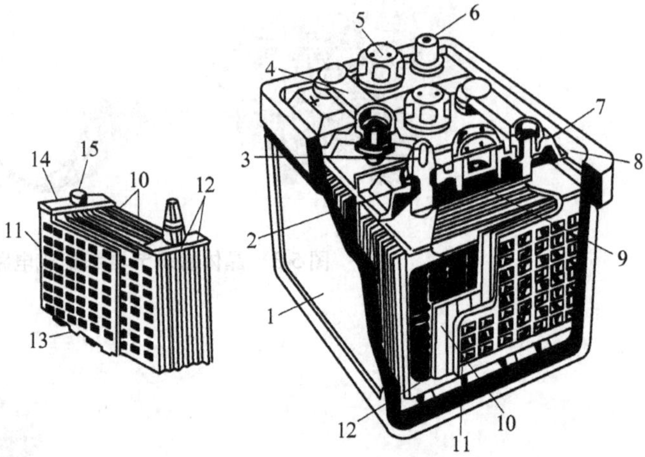

图 5-6　蓄电池的结构

1—外壳　2—封闭环　3—正极桩　4—连接条　5—加液孔　6—负极桩　7—电池盖　8—封料　9—护板　10—隔板　11—负极板　12—正极板　13—支撑凸起　14—横条　15—电桩

设备、工具和材料准备

1）轿车一辆。

2）汽车电器万能试验台。

3）万用表一个，常用工具一套。

操作步骤

1）接通点火开关，观察充电指示灯是否亮，不亮应检查指示灯电路。

2）起动发动机，观察充电指示灯是否熄灭，如不熄灭，则进一步检查。

3）首先检查发电机传动带是否过松造成打滑，正常情况下，在大拇指的压力下，发电机传动带应有 10～15mm 的挠度。

4）用万用表测量发电机 B＋ 接柱是否有蓄电池电压，没有，则检查线路连接是否正确。

5）电压调节器的检查：把可调电源输出电压调至 12V，将其正极、负极分别与调节器的正、负接柱相连，对于外搭铁调节器，在其正极与磁场接柱之间连一小灯泡，灯泡应亮，当电压有 12V 逐渐升高至 14V 时，灯泡应熄灭，否则说明调节器损坏。对于内搭铁调节器，将灯泡连接在其磁场接柱与负之间，也应有上述现象发生。

6）测量发电机磁场接柱与搭铁（内搭铁发电机）或两磁场接柱之间的电阻，应为 3～5Ω，否则为发电机磁场电路故障。

7）拆检发电机，检查发电机定子绕组，整流器是否损坏。

8）确认并排除故障后，装复发电机。

9）再次起动发动机，观察充电指示灯工作应正常，发电机输出电压应正常。

考核标准

序号	考核内容	配分	评分标准	考核记录	扣分	得分
1	正确使用工具、仪表	10	工具仪表使用错误扣10分			
2	根据充电系统工作故障现象分析故障原因	30	检查方法错误扣10分 检查程序错误扣10分 检查结果错误扣10分			
3	明确故障部位（口述）	6	不能确定故障部位扣6分			
4	排除充电系统不充电故障	30	不能排除故障扣30分 制造一处故障扣10分 不能完全排除酌情扣分			
5	验证故障排除效果	8	不验证扣8分			
6	操作规范，整洁有序，不超时	16	每项4分，扣完为止			
7	遵守安全规程,无人身设备事故		发生事故此题按0分计			
8	分数总计	100				
			教师签字		年　月　日	

想一想，做一做

当仪表盘上充电指示灯闪亮时，是何原因？试动手检测并排除故障。

项目5.2　起动机不工作的故障检测与诊断

项目内容

1）能准确分析故障现象与起动机故障之间的关系。
2）排除故障后的发动机能正常工作。
3）故障设置及选取原则见表5-2。

表5-2　故障设置及选取原则

序　号	考核内容	选取原则
1	接线柱接触不良（起动机处）	在所列故障中任选一项
2	起动机开关触点不能接触	
3	电刷磨损过短或弹簧过短	
4	电刷弹簧过软	
5	点火开关损坏	

项目目的

1）了解起动机不工作相应的故障部位。
2）掌握起动机的结构和工作原理。
3）熟练排除起动机不工作的故障。

技术标准及要求

1）环境温度不低于－5℃时，用起动机应能顺利起动发动机。

2）在正常温度下，起动时间不得超过5s。

相关知识

要让发动机在静止状态下运转起来，迅速达到稳定运行状态的过程，就是起动。发动机的起动条件是：蓄电池的静止电压不能低于12V，正、负极桩（搭铁端子，接触不良时会发烫）应接触良好，起动有力。起动机、起动继电器和起动电路连接良好。燃料供给系统畅通，空燃比适当，能够提供起动需要的加浓可燃混合气。点火系统良好，点火能量足够。另外，发动机技术状态良好，气缸不漏气，有足够的压缩比使发动机能够连续运转。总而言之，要有合适的空燃比（有油、有气）、有火、有电、燃烧室要有足够的压缩比，不漏气。

如果不能满足上述条件，发动机便无法起动或起动困难。因此，要排除不能起动的故障，需要具备如下相关知识。

起动系统一般由起动机、蓄电池、起动继电器、点火开关等组成。桑塔纳2000型轿车发动机起动系统的组成见图5-7。

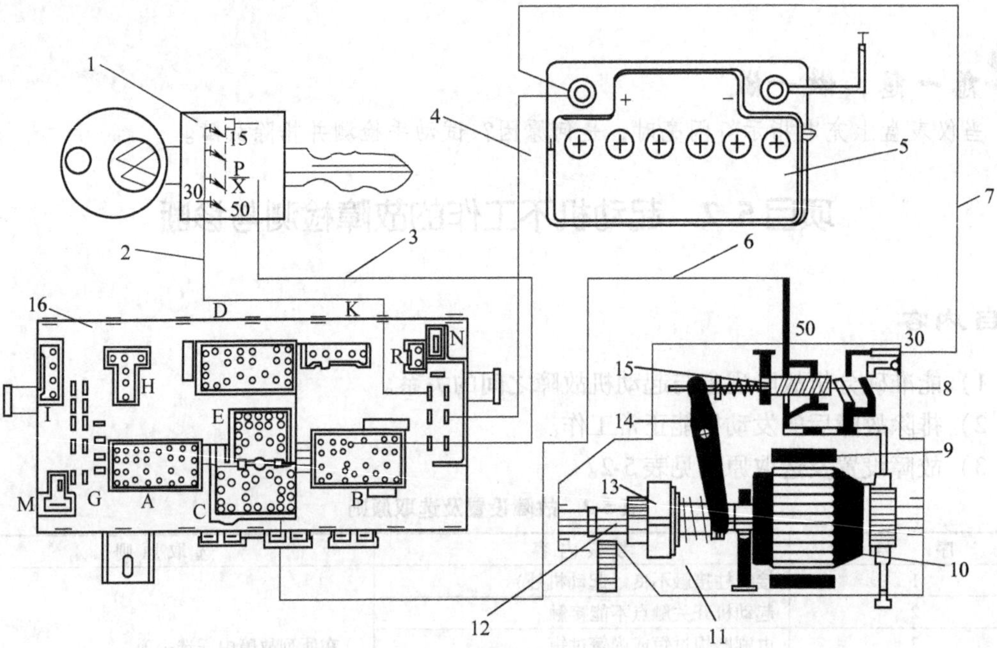

图5-7 桑塔纳2000型轿车发动机起动系统的组成

1—点火开关 2—红色导线 3—红黑色导线 4—红色导线 5—蓄电池 6—红黑色导线 7—黑色导线 8—电磁开关 9—定子 10—电枢 11—起动机总成 12—驱动齿轮 13—滚柱式单向离合器 14—移动叉 15—回位弹簧 16—中央线路板

点火开关接通后，起动机上的电磁吸拉开关拉动移动叉，同时拨动驱动齿轮和发动机飞轮齿圈啮合，并接通起动电缆，开始起动。

上述动作是有声音的，若无反应，则检查电源系统，比如正负极桩处接触不良，手感极桩处有发烫的感觉。

注意事项：

1）每次起动不超过5s。

2）两次起动之间应间隔大于15s。

3）发动机起动后应及时切断起动开关。

4）严禁挂挡起动，起动时，应挂空挡并踩下离合器。

设备、工具和材料准备

1）技术状态完好的汽车一辆。

2）汽车电器万能试验台。

3）万用表一个，常用工具一套。

操作步骤

1）起动发动机的同时，接通前照灯或喇叭，观察灯光亮度和喇叭声响是否正常，如变弱，则检查蓄电池是否亏电和线路连接是否松动。

2）短接起动机电磁开关与蓄电池正极接柱，观察起动机运转情况，如运转正常，则检查点火开关。

3）短接起动机开关接柱，观察起动机运转情况，如运转正常，则检查起动机电磁开关。

4）从车上拆下起动机，然后拆下起动机电刷，检查起动机电刷和换向器表面状况。换向器表面应无烧蚀现象，电刷在电刷架内应活动自如，无卡滞现象，电刷与换向器的接触面积不应小于4/5，电刷长度不应小于新电刷的2/3。

5）以上检测都正常，若起动机不转，则故障为励磁线圈断路。

6）若起动机转动无力，则故障为励磁线圈短路。

7）若外部电路接触火花很大，则故障为励磁线圈或电刷架搭铁。

8）若有运转不均匀的现象，则故障为励磁线圈和电枢线圈短路。

9）若输出转矩小，则故障还可能为电刷接地不良。

10）确认并排除故障后，将起动机装回发动机。

11）再次起动发动机，发动机能正常起动，确认系统正常无故障。

考核标准

序号	考核内容	配分	评分标准	考核记录	扣分	得分
1	正确使用工具、仪表	10	工具仪表使用错误扣10分			
2	根据起动机工作故障现象分析故障原因	30	检查方法错误扣10分			
			检查程序错误扣10分			
			检查结果错误扣10分			
3	明确故障部位（口述）	6	不能确定故障部位扣6分			

（续）

序号	考核内容	配分	评分标准	考核记录	扣分	得分
4	排除起动机不工作故障	30	不能排除故障扣30分			
			制造一处故障扣10分			
			不能完全排除酌情扣分			
5	验证故障排除效果	8	不验证扣8分			
6	操作规范，整洁有序，不超时	16	每项4分，扣完为止			
7	遵守安全规程，无人身设备事故		发生事故此题按0分计			
8	分数总计	100				
			教师签字		年 月 日	

想一想，做一做

打开起动钥匙到起动位，起动机没有声响是何原因？如何排除该故障？

项目5.3 前照灯的检查与调整

项目内容

1）掌握检测前照灯的光束照射位置（光轴偏斜量）和发光强度。

2）正确进行前照灯光束照射位置（光轴偏斜量）的调整。

项目目的

1）按正确的操作规程检查前照灯的光束照射位置。

2）调整前照灯的光束照射位置，使之符合技术标准。

技术标准及要求

1）近光光束照射位置为：其水平方向位置向左、向右偏均不得大于100mm。

2）远光光束照射位置为：其左灯向左偏不得大于100mm，向右偏不得大于170mm；右灯向左或向右偏均不得大于170mm。

3）前照灯发光强度为新车：两灯制为15000cd；四灯制为12000cd；在用车：两灯制为12000cd；四灯制为10000cd。

相关知识

汽车照明系统的故障率较高，故障原因主要是导线连接松动、接触不良、短路或搭铁、断路以及充电系统电压调整过高等。在诊断汽车照明系统故障时常采用试灯法和电路跨接等方法。要排除汽车照明系统的故障，需要熟悉照明系统的组成，掌握照明系统的特征，能够看懂电路结构图，进行电路分析，能够在电路图上找到检测点和故障部位。因而，需要熟悉以下相关知识。

汽车照明系统包括前照灯、雾灯、牌照灯、倒车灯、内部照明灯及其开关电路等。桑塔纳轿车的照明电路如图 5-8 所示。

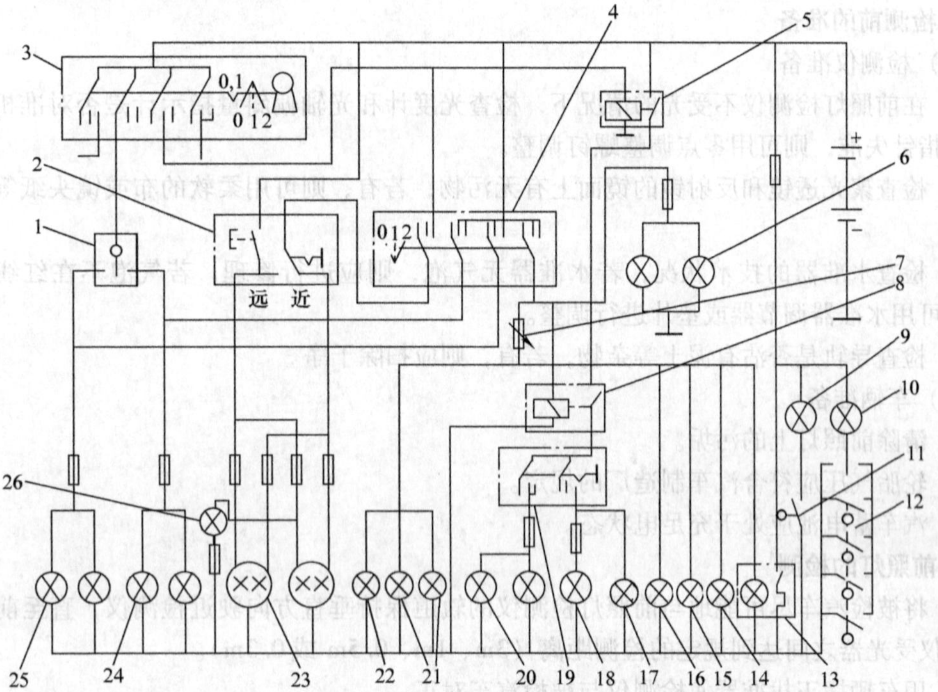

图 5-8　桑塔纳轿车照明系统电路

1—停车灯开关　2—变光和超车灯开关　3—点火开关　4—车灯开关　5—中间继电器　6—牌照灯　7—仪表灯调光电阻　8—雾灯继电器　9—行李箱灯　10—前顶灯　11—行李箱灯开关　12—前顶灯门控开关　13—点烟器照明灯　14—雾灯开关照明灯　15—后风窗除霜器开关照明灯　16—空调开关照明灯　17—雾灯指示灯　18—后雾灯　19—前后雾灯开关　20—前雾灯　21—仪表灯　22—时钟照明灯　23—前照灯　24—右前后示宽灯　25—左前、后示宽灯　26—远光指示灯

前照灯的远近光电路与点火开关、车灯开关、变光和超车灯开关以及电源、熔断器熔丝有关，超车时远光受控于变光和超车灯开关。

注意事项：

1）使用前照灯检测仪时，应按规程进行操作，最好参阅其使用说明书。

2）调整前照灯光束照射位置时，最好参阅具体检测车型的维修手册。

设备、工具和材料准备

1）技术状态完好的汽车 1 辆。

2）前照灯检测仪 1 台。

3）开口扳手、梅花扳手 1 套，一字螺钉旋具、十字螺钉旋具各 1 件。

操作步骤

前照灯的检测有前照灯检测仪法、屏幕检测法。使用前照灯检测仪检测，因其型号不同，检测发光强度和光轴偏斜量的方法也不完全相同，因此仅仅列出通用的使用方法和步骤。

1. 检测前的准备

（1）检测仪准备

1）在前照灯检测仪不受光的情况下，检查光度计和光轴偏斜量指示计是否对准机械零点。若指针失准，则可用零点调整螺钉调整。

2）检查聚光透镜和反射镜的镜面上有无污物，若有，则可用柔软的布或镜头纸等擦拭干净。

3）检查水准器的技术状况，若水准器无气泡，则应进行修理；若气泡不在红线框内时，则可用水准器调节器或垫片进行调整。

4）检查导轨是否沾有泥土等杂物，若有，则应扫除干净。

（2）车辆准备

1）清除前照灯上的污垢。

2）轮胎气压应符合汽车制造厂的规定。

3）汽车蓄电池应处于充足电状态。

2. 前照灯的检测

1）将被检汽车尽可能地与前照灯检测仪的轨道保持垂直方向驶近检测仪，直至前照灯与检测仪受光器之间达到规定的检测距离（3m、1m、0.5m 或 0.3m）。

2）用车辆摆正找准器使检测仪与被检汽车对正。

3）开亮前照灯，用前照灯照准器使检测仪与被检前照灯对正。

4）检测光束照射位置（光轴偏斜量）和发光强度

①对于聚光式前照灯检测仪，将“光度·光轴”转换开关旋至光轴一侧，转动上下和左右光轴刻度盘，使上下偏斜指示计和左右偏斜指示计的指示为零。此时，上下光轴刻度盘和左右光轴刻度盘的指示值即为光轴偏斜量，如图 5-9 所示。将“光度·光轴”转换开关旋至光度一侧，光度计的指示值即为发光强度。

图 5-9 使用聚光式前照灯检测仪检测光轴偏斜量

②对于屏幕式前照灯检测仪，要使固定屏幕上左右光轴刻度尺的零点与活动屏幕上的基准指针对正。左右和上下移动受光器，使光度计的指示值达到最大。此时，根据受光器上的基准指针所指活动屏幕上的上下刻度值和活动屏幕上的基准指针所指固定屏幕上的左右刻度值，即可得出光轴偏斜量。根据此时光度计上的指示值，即可得出发光强度。

③对于投影式前照灯检测仪，要使光轴偏斜指示计的指示值为零，根据投影屏上前照灯影像中心所示的刻度值，即可读出光轴的偏斜量。如果这种检测仪设有光轴刻度盘，则要转动光轴刻度盘，使投影屏上的坐标原点与前照灯影像中心重合，读取此时光轴刻度盘上的指示值，即为光轴偏斜量。根据此时光度计上的指示值，即可得出发光强度。

④对于自动追踪光轴式前照灯检测仪，只要按下控制盒上的测量开关，受光器立即追踪前照灯光轴，根据光轴偏斜指示计和光度计上的指示值，即可获得光轴偏斜量和发光强度。

5）用同样方法分别检测两只前照灯的近光、远光光束照射位置和发光强度。

6）检测结束，前照灯检测仪沿轨道退回护栏内，汽车驶出。

3. 前照灯的调整

如前照灯光束照射位置不正确，应按厂家规定的方法予以正确调整，使之符合技术标准。一般方法是用螺钉旋具转动前照灯上下、左右的调整螺钉进行调整。

考核标准

序号	项目设置	考核要求	评分标准	配分	扣分	得分
1	检查	将汽车垂直驶近检测仪，使前照灯与检测仪受光器保持在规定距离	操作不正确扣5分	45		
			操作不熟练扣5分			
		用车辆摆正找准器使检测仪与汽车对正	操作方法不正确扣10分			
			检查方法错误扣5分			
		按下测量开关，检查光束照射位置	判断错误扣20分			
2	调整	调整光束照射位置	调整方法不正确扣15分	45		
			调整结果不正确扣15分			
		调整完毕，再次检查光束照射位置	检查方法不正确扣10分			
			检查结果不正确扣5分			
3	安全文明生产	遵守安全规程，正确使用工量具，操作现场整洁	每项扣2分，扣完为止	10		
		安全用电、防火，无人身设备事故	因操作不当发生重大事故，此题按0分计			
备注			合　计	100		
			教师签字		年　月	日

想一想，做一做

试分析前照灯光照不足的原因，并排除故障。

项目5.4　空调系统制冷不良的故障检测与诊断

项目内容

1）能正确检查制冷系统制冷剂的流动情况。

2）能找出制冷系统的故障原因并能排除故障。

3）故障设置及选取原则见表5-3。

表5-3 故障设置及选取原则

序 号	故障设置	选取原则
1	离合器打滑、磨损过量	在所列故障中任选一项
2	恒温开关故障	
3	膨胀阀感温包松动	
4	经过冷凝器的气流不畅	

项目目的

1）检查空调工作状况。

2）查找故障原因，排除故障。

技术标准及要求

1）门窗关闭，发动机盖打开，面对人的出风口打开，其余风口关闭，鼓风机开最高挡，发动机转速为2000r/min，冷暖拨杆放到最冷位置。

2）打开A/C开关，记录右出风降至10℃的时间以及压缩机第一次停转的时间。

相关知识

1. 桑塔纳轿车空调系统的结构

桑塔纳2000型轿车空调系统，是在原桑塔纳轿车空调的基础上对蒸发器、压缩机、冷凝器、储液器、软管、加注阀等总成或零件作了重大改进，使它的制冷能力有了明显提高。桑塔纳2000型轿车空调系统布置，见图5-10。

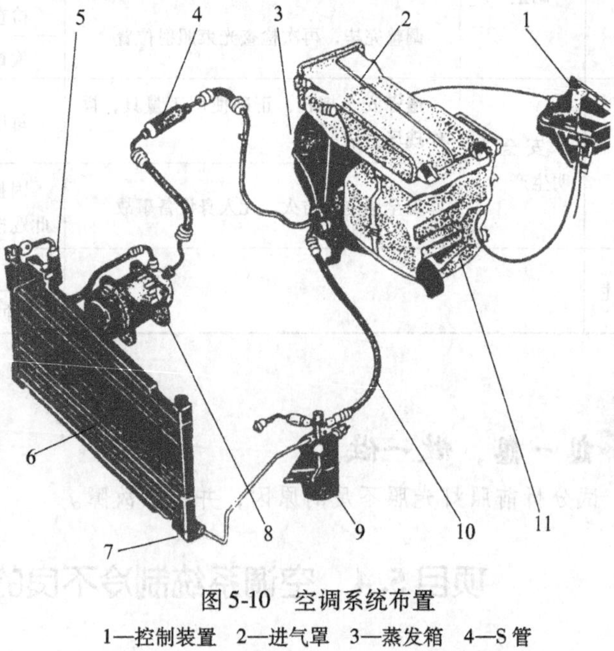

图5-10 空调系统布置

1—控制装置 2—进气罩 3—蒸发箱 4—S管 5—D管 6—冷凝器 7—C管 8—空调压缩机 9—储液干燥器 10—L管 11—加热器

空调系统的工作过程如图5-11所示。由蒸发器1出来的低温、低压制冷剂HCF134a气体，经低压软管2、低压阀9进入压缩机3。压缩机内将气态制冷剂吸进并压缩，变成高温、高压的制冷剂气体，由高压阀出来经过高压管4进入冷凝器5，并把热量排出车外。被冷却为高温、高压的液态R134a，从冷凝器底部流向储液干燥器6，经过滤、脱水后由高压管4送至膨胀阀8。经膨胀阀的高压液态制冷剂减压后，成为低温、低压的雾状物进入蒸发器，通过蒸发器芯管吸收周围空气中的热量而变为气体，冷却后的空气即为冷气，经风扇被强制送回车内，完成了降温的目的。低温、低压的气态制冷剂，经低压软管回到压缩机，开始新一轮工作循环。

空调系统操纵杆及空调系统出风口见图 5-12 和图 5-13。

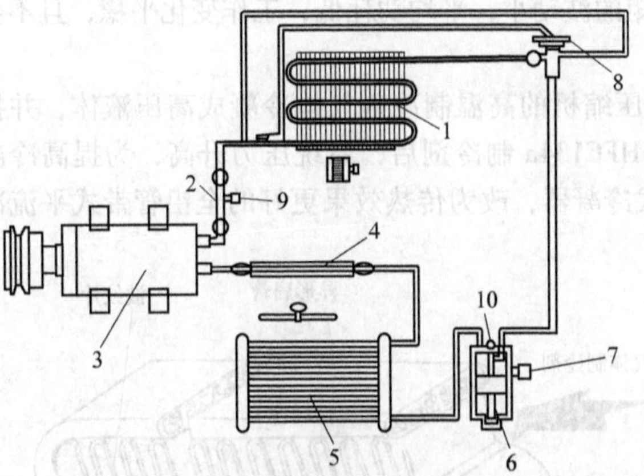

图 5-11　系统工作原理
1—蒸发器　2—低压软管　3—压缩机
4—高压软管　5—冷凝器　6—储液干燥器　7—高压阀　8—膨胀阀
9—低压阀　10—压力开关

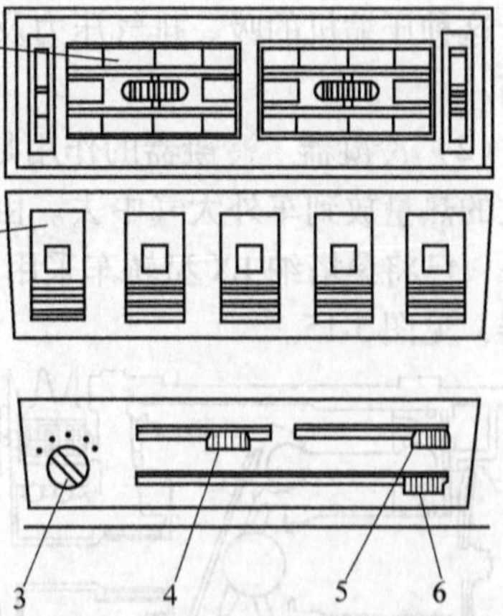

图 5-12　空调系统操纵杆
1—中央出风口　2—空调控制开关
3—自然风鼓风机开关　4、5—气流分布拨杆　6—温度选择拨杆

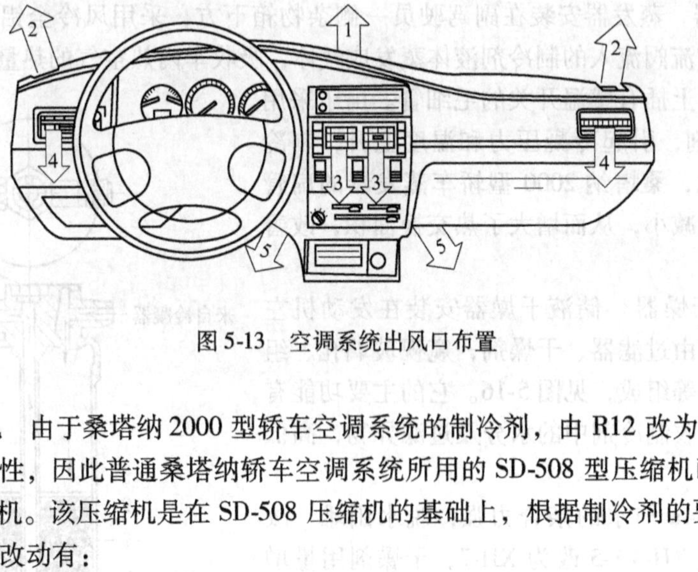

图 5-13　空调系统出风口布置

（1）压缩机　由于桑塔纳 2000 型轿车空调系统的制冷剂，由 R12 改为 R134a，这种制冷剂具有高渗透性，因此普通桑塔纳轿车空调系统所用的 SD-508 型压缩机已不适用，改为 SE-5H14 型压缩机。该压缩机是在 SD-508 压缩机的基础上，根据制冷剂的要求进行了局部改动而成，主要改动有：

1）冷冻机油由原 5GS 矿物油改为 SW100 酯类合成油。

2）轴封由原来的机械密封式改为双唇口径向密封式。

3）有关零件提高了强度或改变了材料。为提高密封性能，其中的橡胶密封件材料由 NBR/FKM 改为氢化丁腈橡胶。

SE5H14 型压缩机属于摇摆斜盘式压缩机，见图 5-14。当主轴旋转时，摇板作轴向往复摇摆，从而带动压缩机的活塞作轴向往复运动。压缩机采用电磁离合器形式，当接通电源时，电磁离合器线圈中的电流在离合器片与固定框之间产生一磁场，离合器的磁铁吸向转子，电磁离合器带轮从发动机上得到的动力传给压缩机轴，带动压缩机工作。当切断电源时，磁场消失，离合器分离，带轮空转。

这种压缩机的吸、排气压力及工作转矩的波动小，平均功耗低，工作变化平稳，且不会结霜。

（2）冷凝器　冷凝器的作用是把来自压缩机的高温制冷剂气体冷凝成高压液体，并把吸收的热量放到车外大气中去。由于使用 HFC134a 制冷剂后，系统压力升高，为提高冷凝效果，已将桑塔纳 LX 型轿车采用的管片式冷凝器，改为传热效果更好的全铝管带式平流冷凝器，见图 5-15。

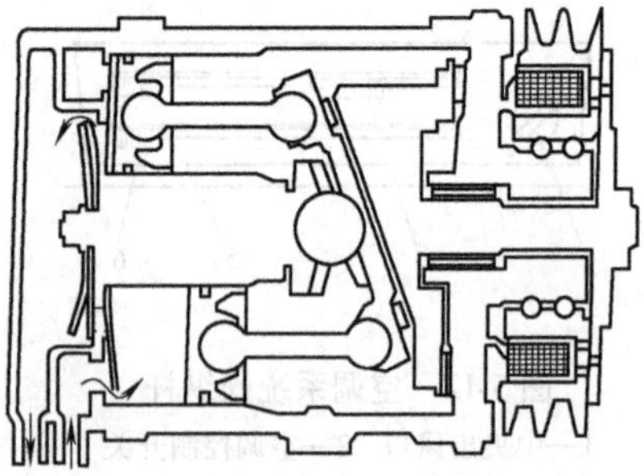

图 5-14　摇摆式压缩机工作原理

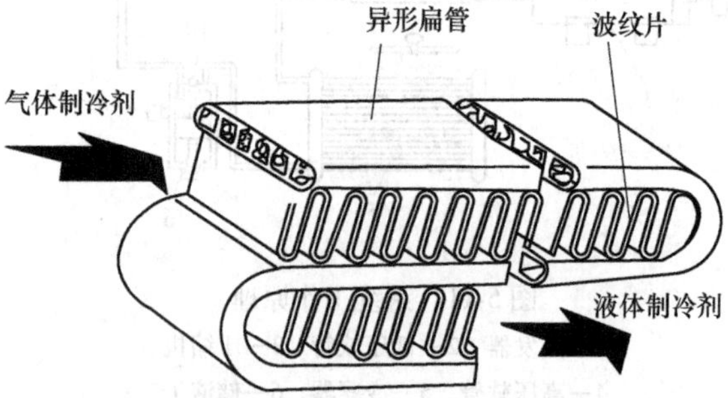

图 5-15　管带式冷凝器结构图

（3）蒸发器　蒸发器安装在副驾驶员一侧杂物箱下方，采用风冷全铝板带式结构。它的功能是：经节流阀流入的制冷剂液体蒸发成气体，吸收车内热空气的热量，从而达到降温的目的。蒸发器上插有感温开关的毛细管。由于采用 HFC 134a 制冷剂，引起冷凝压力和温度上升，制冷效率下降。为此，桑塔纳 2000 型轿车蒸发器的扁管加宽，翅片间距减小，从而增大了热交换面积，改善了换热性能。

（4）储液干燥器　储液干燥器安装在发动机左前方纵梁上，它由过滤器、干燥剂，窥视玻璃孔、组合开关及引出管等组成，见图 5-16。它的主要功能有储存制冷剂，吸收制冷剂中的水分及过滤异物，高低压保护等。

由于 HFC134a 与水的亲合力强，脱水困难，故干燥剂由原来的 XH-4A-5 改为 XH-7，干燥剂用量增加。为提高罐体的抗腐蚀能力，其材料由铁改为铝，其主要规格见表 5-4。

储液干燥器要直立安装，倾斜度不要大于 15°，否则，液态与气态制冷剂将不能完全分离。在空调系统的安装和维修过程中，干燥器必须最后一个安装到系统中，防止空气进入干燥器。

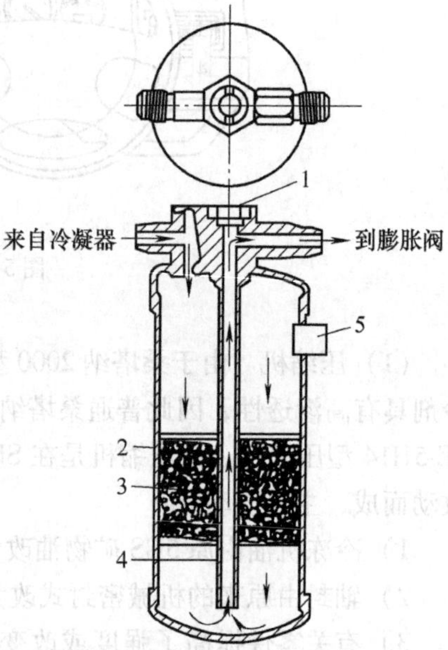

图 5-16　储液干燥器结构

1—窥视玻璃　2—过滤器　3—干燥剂
4—引出管　5—组合开关

表 5-4　储液干燥器主要规格

配套车型	桑塔纳 2000 型	配套车型	桑塔纳 2000 型
容量/mL	500	压力开关名称	高、中、低三位一体压力开关
干燥剂型号（分子筛）	XH-7	开关值（表压/MPa）	高压开关 3.14±0.20 中压开关 1.77±0.10 低压开关 0.196±0.10
干燥剂重量/g	50		
平衡吸水量/g	3	气门芯	快速连接
易熔塞击穿温度/℃	103～110.5	适用制冷剂	R134a

（5）膨胀阀　膨胀阀的主要功能是把高温、高压的液态制冷剂节流降压，转化为低压、低温的雾状物，送入蒸发器，并控制向蒸发器的供液量，防止过多的液体引起阻滞现象。

桑塔纳 2000 型轿车采用 H 形膨胀阀，见图 5-17，主要由阀体、感温元件、调节杆、弹簧、球阀等组成。与桑塔纳 LX 型轿车所采用的 F 形膨胀阀相比，由于它的感温元件直接安装在阀体内，因而调节灵敏度和制冷效率更高。

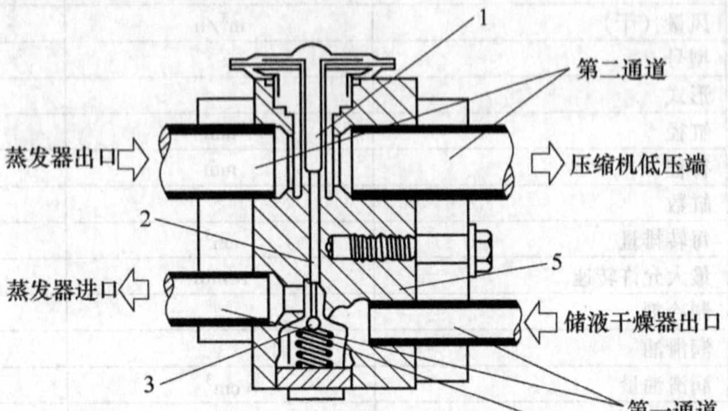

图 5-17　H 型膨胀阀结构示意图

1—感温元件　2—调节杆　3—球阀　4—弹簧　5—阀体

（6）暖风装置　汽车暖风装置是用来为车厢内取暖及风窗除霜用的，它是汽车空调的组成部分。上海桑塔纳轿车采用液暖式暖风机，包括暖风散热器、鼓风机及外壳。它与制冷气的蒸发器组成一体，与冷风共用鼓风机及壳体。暖风散热器的进液管上设置调节水阀以实现热冷却液从发动机分流到暖风散热器，并可调节流量的大小。

桑塔纳轿车的采暖量可用改变阀的开度来调节，也可用改变风机转速来调节，阀的开度通过绳索由操纵板控制。

除前风窗的热风除霜口外，在左右两侧还有侧窗除霜口，以提高行车安全性。

（1）液暖式暖气装置　利用发动机冷却液的余热作热源，并引入热交换器，由鼓风机将车厢内空气或外部

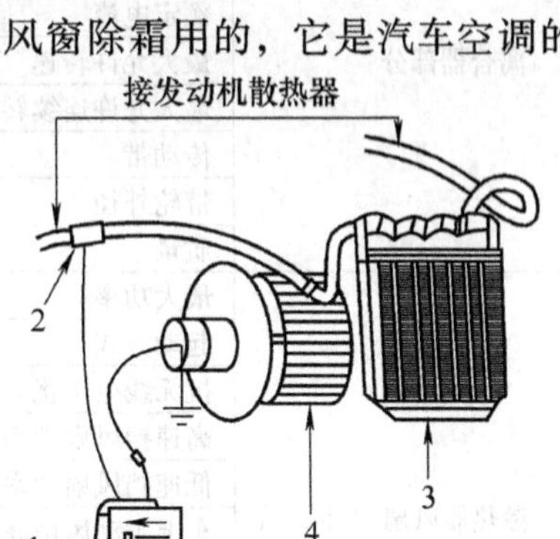

图 5-18　液暖式暖气装置

1—控制板　2—暖气循环液控制开关　3—暖气散热器　4—暖气鼓风机

空气，吹过热交换器而使其液升温，该暖气装置见图5-18。

这种暖气装置结构简单、耗能少、成本低、操作维修方便，因此在轿车和小型车辆上广泛采用。该暖气装置可使车室内外温差达35~40℃。

（2）内外混合循环式暖气装置　内、外混合式是指利用了内部旧空气和外部新空气的混合体为载热体，通过热交换器加热，向车室内供暖。

外部空气吸入口吸进新鲜空气，内部空气吸入口吸入内部空气，它们在混合室混合后，由风机送入热交换器空气，热交换器由热冷却液供热源，混合气体加热后被送往前座脚下，通过后座导管，暖气由管道供给后座席取暖，通过接管输送到前窗除雾。

2. 结构参数和技术性能参数

桑塔纳2000型轿车空调系统技术性能及参数，见表5-5。

表5-5　桑塔纳2000型轿车空调系统技术性能及参数

项　目		单　位	参　数
整体性能	制冷量	W	3997
	制热量	W	7000~8000
	风量（干）	m^3/h	420
压缩机	型号		SE5H14
	形式		摇摆斜盘式
	缸径	mm	ϕ35
	行程	mm	28.6
	缸数		5
	每转排量	cm^3	138
	最大允许转速	r/min	7000
	制冷剂		HFC134a
	润滑油		Castrol SW-100
	润滑油量	cm^3	135
	质量	kg	5
	功率消耗	kW	2.7
离合器部分	额定电压	V	12DC
	脱离转矩	N·m	29.5
	最小啮合电压	V	不大于7.5DC
	额定电流	A	2.5~3.0
	最大允许转速	r/min	7000
	最大允许连续转速	r/min	6000
	传动带	型号×根数	A×1，M×1
	带轮外径	mm	ϕ130
	质量	kg	2.4
散热器风扇（主、从动两个）	最大功率	W	200
	起动方式		满电压直接起动
	抗无线电干扰	MHz	20~150
	高速挡风扇功率	W	150
	低速挡风扇功率	W	95
	车上主动风扇高速挡电流	A	6~7
	车上低速挡风扇电流	A	3~4
	主动风扇带动从动风扇后 高速挡电流 低速挡电流	 A A	 8~10 4~6

注意事项：

1）R12 与 R134a 不可使用同一个压力表组。

2）检查过程中应注意旋转件，以免受伤。

3）检查过程中应注意高压（特别是压缩机出口至冷凝器入口之间）是高温部分，身体不要与其接触，以免烫伤。

4）不要在封闭的室内或靠近明火处理制冷剂。

5）应小心不要使制冷剂进入眼睛或接触皮肤。

设备、工具和材料准备

1）空调系统工作正常的汽车一部。

2）压力表组、温度计、秒表各一只。

操作步骤

1）检查制冷量，如果制冷量不正常，按表5-6中的序号顺序查找故障原因。

2）根据故障原因，结合表5-6，排除故障。

表5-6 制冷不良的原因及排除方法

序号	故障原因	排除方法
1	风机电动机转得慢	紧固接头或更换电动机
2	离合器打滑：磨损过量	更换磨损严重的离合器零件
3	离合器打滑：电压低	找出原因，并予改正
4	离合器循环过于频繁	调整或更换恒温开关、低压控制器
5	恒温开关故障	更换恒温开关
6	低压控制器故障	更换低压控制器
7	经过蒸发器的气流不畅	清理蒸发器，修理混气门
8	经过冷凝器的气流不畅	清理冷凝器表面
9	储液干燥器滤网部分堵塞	更换储液干燥器
10	膨胀阀滤网部分堵塞	清理滤网，更换干燥器
11	膨胀阀遥控温包松动	清理接触处，捆紧遥控温包
12	膨胀阀遥控温包未经保温	用软木和胶条保温
13	系统内有湿气	排放系统，抽真空，加注制冷剂
14	系统内有空气	排放系统，抽真空，加注制冷剂
15	系统内制冷剂过多	排除多余制冷剂
16	系统内冷冻机油过多	排除多余机油或换机油
17	系统内制冷剂不足	修理泄漏，抽真空，加注制冷剂
18	热力膨胀阀故障	更换热力膨胀阀

考核标准

序号	考核内容	配分	评分标准	考核记录	扣分	得分
1	正确使用工具、仪表	10	工具使用错误扣 10 分			
2	正确检查制冷量	20	检查方法错误扣 20 分			
3	检查故障原因	30	检查程序错误扣 20 分			
			判断结果错误扣 10 分			
4	排除故障	30	不能排除扣 30 分			
			自制一处故障扣 5 分			
5	操作规范，整洁有序，不超时	10	每项扣 2 分，扣完为止			
6	遵守安全规程，无人身事故		发生事故，此题按 0 分计			
7	分数总计	100				
			教师签字		年 月 日	

想一想，做一做

如何凭手感用经验法检查汽车空调系统的制冷情况？

项目 5.5 安全气囊（SRS）的故障检测与诊断

项目内容

1）掌握安全气囊系统（SRS）的组成和控制原理。

2）熟悉安全气囊系统（SRS）的检修方法。

项目目的

1）检测各部件故障，保证安全气囊系统正常工作。

2）能够排除安全气囊系统（SRS）的常见故障。

技术标准及要求

1）SBS 自检时间约 6s 左右。

2）进行 SRS 检测时，一定要断开蓄电池电源。

3）SRS 控制装置拧紧力矩为 9.8N·m。

相关知识

安全气囊是现代轿车上引人注目的高技术装置。安装了安全气囊装置的轿车转向盘与普通转向盘没有什么区别，但一旦车前端发生了强烈的碰撞，安全气囊就会瞬间从转向盘内“蹦”出来，垫在转向盘与驾驶者之间，防止驾驶者的头部和胸部撞击到转向盘或仪表板等硬物上。安全气囊面世以来，已经挽救了许多人的性命。研究表明，有气囊装置的轿车发生正面撞车，驾驶者的死亡率，大轿车降低了30%，中型轿车降低11%，小型轿车降低14%。

安全气囊主要由传感器、微处理器、气体发生器和气囊等部件组成。传感器和微处理器用以判断撞车程度，传递及发送信号。气体发生器根据信号指示产生点火动作，点燃固态燃料并产生气体向气囊充气，使气囊迅速膨胀，气囊容量约在50～90L。同时气囊设有安全阀，当充气过量或囊内压力超过一定值时会自动泄放部分气体，避免将乘客挤压受伤。安全气囊所用的气体是氮气或一氧化碳。

除了驾驶员侧有安全气囊外，有些轿车前排也安装了乘客用的安全气囊（即双安全气囊规格），乘客用的与驾车者用的相似，只是气囊的体积要大些，所需的气体也多一些而已。另外，有些轿车还在座位侧面靠门一侧安装了侧面安全气囊。

由电控单元对整个汽车行驶过程中实际信息进行不断地判断分析，从而发出相应指令。这一系列的过程都是由电控单元来控制，可以减少失误，实现控制系统的智能化。

智能式控制系统抗干扰能力比较强，可以避免气囊的误点爆，造成不必要伤害。安全气囊可靠性高，工作稳定性好，汽车在复杂的环境下行驶或点火要求严格的情况下，甚至在碰撞后电源可能损坏的情况下，它都能正常工作。结构紧凑，减少元件的复杂程度以提高可靠性，同时减小耗电量，尽量维持断电后的工作。

汽车安全气囊系统，简称SRS，是辅助保护系统，它包括传感器总成、充气器、折叠的气囊、点火器、固态氮、警告灯等。一般来说，驾驶员处的安全气囊是存放在转向盘衬垫内，因此，当您看见转向盘上标有“SRS”或“AIRBAG”字样，就可知此车装有安全气囊。安全气囊最早是由瑞典沃尔沃公司发明的，时至今日，气囊的种类和防护功能都有了极大的进步，根据车的挡次高低，气囊的配置也不相同，奔驰、宝马的一些豪华车甚至有十几个气囊。

1. 安全气囊的种类

安全气囊发展的目的在于车辆发生碰撞时，能使驾驶者与乘客的头部、胸部、肩部所受的伤害降到最低，主驾驶侧的气囊已列为汽车标准配制。乘客侧安全气囊、侧边安全气囊、头部安全气囊（垂帘气囊）、后侧边安全气囊、后侧头部安全气囊（垂帘气囊）、护手气囊为标配或选配。

2. 安全气囊的工作原理

一般来说，车速达到48km/h以上时，当汽车受到前方一定角度内的高速碰撞，装在车前端的碰撞传感器和装在汽车中部的安全传感器就可检测到突然减速，电控单元在经过分析确认之后，立即引爆安全气囊包内的电热点火器。引爆之后，大量氮气立即吹胀气囊，并在强大的冲击力之下，气囊冲开转向盘上的壳盖而完全展开。这样就在驾乘人前形成一个“气垫”，在驾乘人员撞击到气囊上时，内部的氮气就会因受压而从气囊上的小孔排出，从而减缓撞击力，不致伤害驾乘人员。

一般说来，只有在车辆正面一定角度范围内才是打开安全气囊的有效碰撞范围，后碰、侧碰、翻转都不会引发安全气囊打开。如桑塔纳2000型轿车升级版在车身正面左右各30°以内受到重创时才会打开安全气囊。

安全气囊工作原理见图5-19。

3. 安全气囊的技术使用

不了解安全气囊的工作条件和范围，一味地认为有了气囊就万事无忧，最终可能会适得其反。如果不了解安全气囊的使用条件，安全气囊非但不会起到安全的作用，而且还会给驾乘人员造成其他意外的伤害。

1）安全气囊只是辅助安全系统，需与安全带配合使用。因为安全气囊仅是一种辅助性安全系统，在其设计时考虑的就是保护用户已系好安全带时的情况。

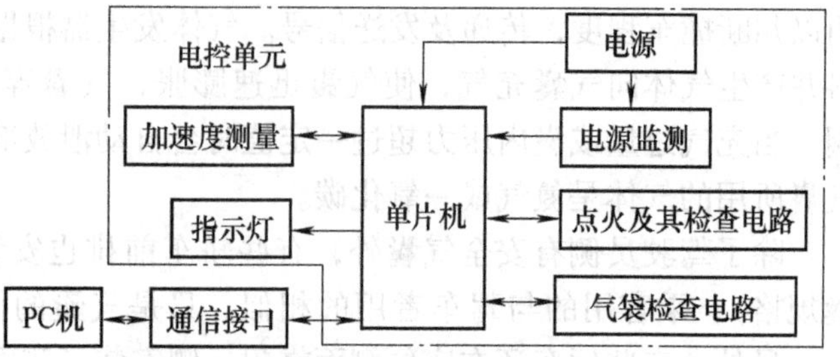

图 5-19 控制系统框图

2）要注意观察位于仪表盘上的安全气囊警告灯。在正常情况下，点火开关转到 ACC 或 ON 位置时，警告灯会亮大约 6s，进行自检，然后熄灭，若警告灯一直亮，则表明安全气囊系统有故障，应立即进行修理。否则，有可能出现气囊不起作用或误弹出的情况。

3）气囊炸开后必须更换，在安装新气囊时必须注意，碰撞传感器装在计算机板内的要随计算机板更换，装在计算机板外的也要单独更换，不然容易引爆。由于气囊是配合安全带使用的，有拉紧装置的安全带拉紧器也要更换。注意一定要到正规厂家进行更换、修理。

4）8 岁以下的小孩最好坐后排，且相关座位的气囊必须关闭。因为气囊的制作要求是依照成人制作的，对小孩不仅不能起保护作用，相反可能造成伤害。

5）风窗玻璃不能悬挂小挂件、小饰物，不然在气囊弹出时，挂件饰物突然受撞，会产生猛力，像子弹一样射向乘坐者，后果不堪设想。

6）不能敲打气囊裸露在外的标识部位，因为气囊中含有一种易被静电引爆的化学成分，如受到一定作用力的敲打，很容易被引爆。

注意事项：

1）进行 SRS 及相关的其他检修工作以前，一定要关闭点火开关和断开蓄电池负极，并至少等待 3min 后再开始检修操作。

2）SRS 部件与 SRS 相关的装置，仪表板或转向柱以前，须先断开安全气囊插头。

3）拆卸和安装 SRS 过程中，不要振动和撞击安全气囊控制装置。

4）要按规定转矩（9.8N·m）将 SRS 控制装置安装牢固。

5）拆解安全气囊时，安全气囊内部没有任何可维修的部件。

6）在安全气囊的拆卸过程中，切勿将身体的正面面对安全气囊总成。

7）安全气囊总成应放置在稳固、平整的平面上，并远离高温（高于93℃）。

8）对安全气囊进行电阻测量之类的电气检查。

9）用数字式万用表来检查 SRS 的故障。

设备、工具和材料准备

1）广州本田雅阁轿车 1 辆，安全气囊系统控制电路见图 5-20。

2）剥线钳 1 把，平口螺钉旋具和十字槽螺钉旋具各 1 把，开口扳手 1 套，TorxT30 钻头。

3）数字万用表 1 个，短路插头 1 个，绝缘胶布 1 卷，导线若干。

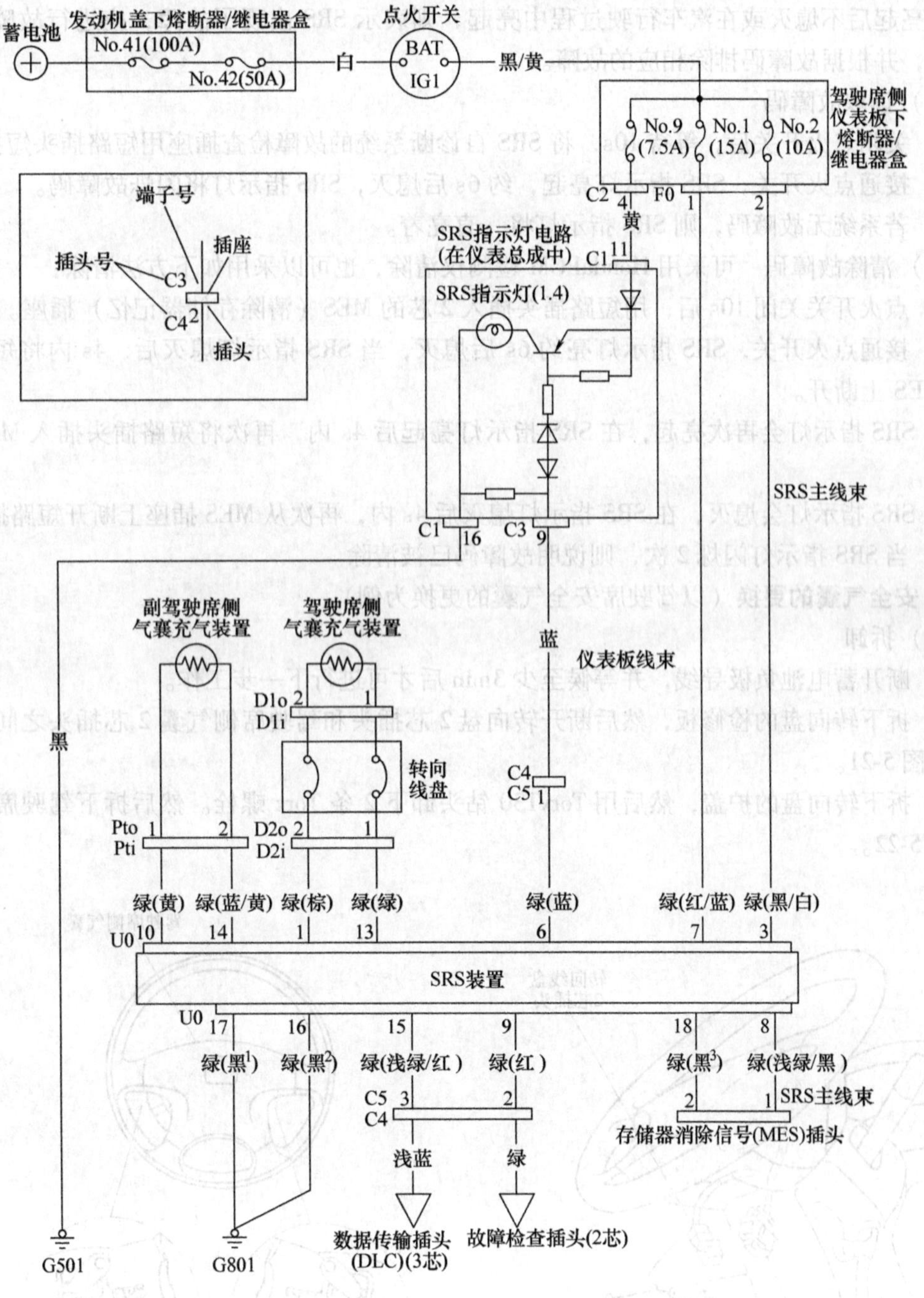

图 5-20　广州本田雅阁轿车安全气囊系统控制电路图

操作步骤

1. 安全气囊系统（SRS）故障自诊断方法

接通点火开关，SRS 指示灯亮起，并在6s 后熄灭，表示 SRS 正常。接通点火开关，SRS 指示灯不亮，则说明 SRS 指示灯系统电路有故障，应对其进行检修。接通点火开关后，SRS

指示灯亮起后不熄灭或在汽车行驶过程中亮起，则表示 SRS 出现了故障，应进行故障码读取操作，并根据故障码排除相应的故障。

（1）读取故障码

1）关闭点火开关后，等待 10s，将 SRS 自诊断系统的故障检查插座用短路插头短接。

2）接通点火开关，SRS 指示灯亮起，约 6s 后熄灭，SRS 指示灯将闪烁故障码。

3）若系统无故障码，则 SRS 指示灯将一直亮着。

（2）清除故障码　可采用 HondaPGM 检测仪清除，也可以采用如下方法清除：

1）点火开关关闭 10s 后，用短路插头插入 2 芯的 MES（清除存储器记忆）插座。

2）接通点火开关，SRS 指示灯亮约 6s 后熄灭，当 SRS 指示灯熄灭后，4s 内将短路插头从 MES 上断开。

3）SRS 指示灯会再次亮起，在 SRS 指示灯亮起后 4s 内，再次将短路插头插入 MES 插座。

4）SRS 指示灯会熄灭，在 SRS 指示灯熄灭后 4s 内，再次从 MES 插座上断开短路插头。

5）当 SRS 指示灯闪烁 2 次，则说明故障码已被清除。

2. 安全气囊的更换（以驾驶席安全气囊的更换为例）

（1）拆卸

1）断开蓄电池负极导线，并等候至少 3min 后才可进行下一步工作。

2）拆下转向盘的检修板，然后断开转向盘 2 芯插头和驾驶席侧气囊 2 芯插头之间的连接，见图 5-21。

3）拆下转向盘的护盖，然后用 TorxT30 钻头卸下 2 条 Torx 螺栓。然后拆下驾驶席侧气囊见图 5-22。

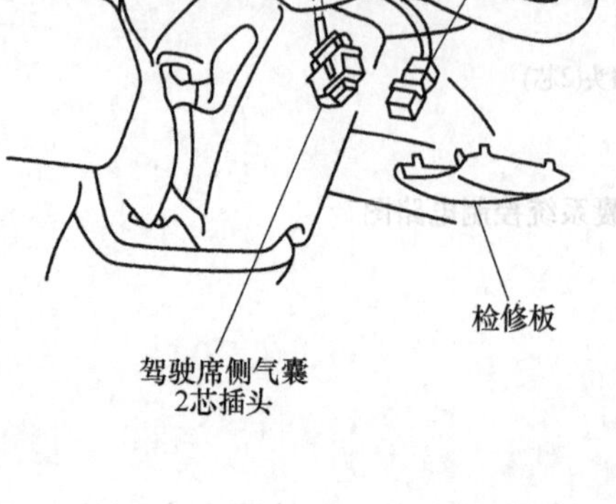

图 5-21　安全气囊的拆卸

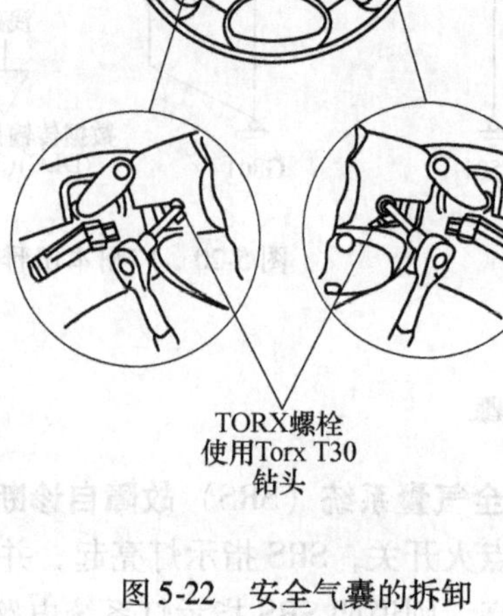

图 5-22　安全气囊的拆卸

（2）安装

1）将新的驾驶席侧气囊装入转向盘，用新的 Torx 螺栓固定，见图 5-23。

2）将转向线盘 2 芯插头与驾驶席侧气囊 2 芯插头相连接，然后安装转向盘检修板，见图 5-24。

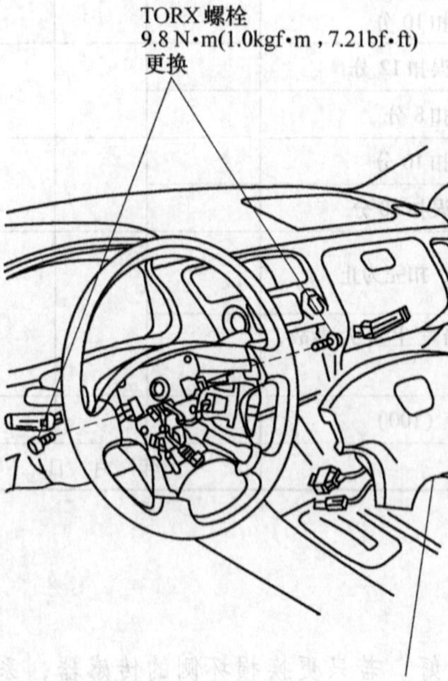

图 5-23　安全气囊的安装

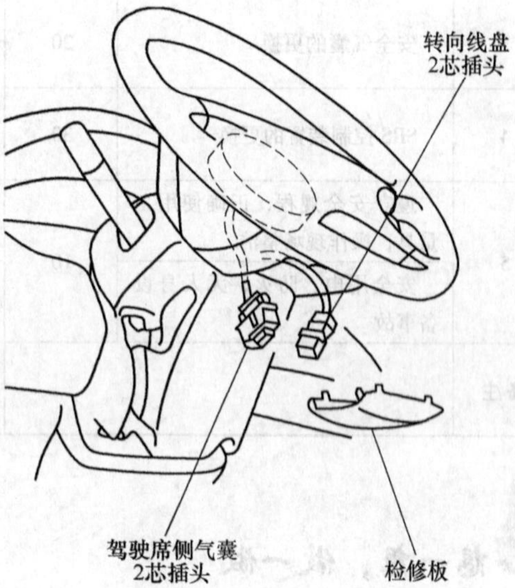

图 5-24　安全气囊的安装

3）连接蓄电池负极导线。

4）安装气囊后，确认系统工作正常。接通点火开关 ON（Ⅱ），SRS 指示灯应亮约 6s，然后熄灭。确认喇叭按钮正常。

（3）SRS 控制装置的更换

1）拆卸

①断开蓄电池负极，并等待 3min 以上。

②断开安全气囊插头。

③拆下控制台总成。

④将 SRS 主线束 18 芯插头从 SRS 控制装置上断开。

⑤卸下 SRS 主线束控制装置上的 3 个螺栓，然后将 SRS 装置从支架上卸下。

2）安装

①用新的螺栓安装 SRS 控制装置，然后将 SRS 主线束 18 芯插头连接到 SRS 控制装置上，将 SRS 控制装置推回原位，直到锁定为止。

②安装控制台总成，连接安全气囊接头。

③重新连接蓄电池负极。

④ 检验系统是否正常。正常情况为：接通点火开关，SRS 指示灯亮起 6s 后熄灭。

考核标准

序号	考核内容	配分	评分标准	考核记录	扣分	得分
1	正确使用工具、仪器	10	工具使用错误扣5分			
2	正确进行安全气囊系统故障自诊断	30	确定错误扣20分 操作不熟练扣10分			
3	安全气囊的更换	20	操作程序错误扣12分			
			操作不熟练扣8分			
4	SRS控制装置的更换	30	操作不熟练扣10分			
			操作程序错误扣20分			
5	遵守安全规程，正确使用工量具，操作现场整洁	10	每项扣4分，扣完为止			
	安全用电，防火，无人身设备事故		因操作不当发生重大事故，此题按0分计			
备注			合计（100）			
			教师签字		年 月 日	

想一想，做一做

安全气囊轻微碰撞后，一侧传感器损坏，另一侧完好。若只更换损坏侧的传感器，系统还能正常工作么？

参 考 文 献

[1] 陈焕江. 汽车检测与诊断 [M]. 北京：机械工业出版社，2001.
[2] 陈家瑞. 汽车构造 [M]. 北京：人民交通出版社，2000.
[3] 闵永军. 汽车故障诊断与维修技术 [M]. 北京：高等教育出版社，2004.
[4] 鲁植雄. 汽车底盘故障诊断图解 [M]. 南京：江苏科学技术出版社，2001.
[5] 毛峰. 汽车车身电控技术 [M]. 北京：机械工业出版社，2005.
[6] 孙余凯，等. 汽车电器视图技巧 [M]. 北京：人民邮电出版社，2004.
[7] 孙余凯，等. 汽车电器维修入门 [M]. 北京：人民邮电出版社，2003.
[8] 董宏国，等. 汽车电路分析 [M]. 北京：北京理工大学出版社，2006.
[9] 李宪民. 桑塔纳2000系列轿车使用与维修问答 [M]. 北京：机械工业出版社，2003.
[10] 郝军等. 汽车空调 [M]. 北京：机械工业出版社，2005.
[11] 张凤山，等. 国产轿车故障诊断与排除实例精选 [M]. 北京：机械工业出版社，2004.
[12] 赵英勋，等. 汽车检测与诊断技术 [M]. 北京：机械工业出版社，2003.
[13] 胡光辉. 汽车故障诊断技术 [M]. 北京：电子工业出版社，2005.
[14] 周立志，等. 进口汽车故障诊断手册 [M]. 沈阳：辽宁科学技术出版社，2000.
[15] 安相壁. 汽车检测工精通 [M]. 北京：电子工业出版社，2003.
[16] 黎军，等. 汽车维修检测诊断指导 [M]. 北京：机械工业出版社，2005.
[17] 黄文伟，等. 汽车维修实训 [M]. 北京：清华大学出版社，2003.
[18] 马东宵，等. 汽车维修实训教程 [M]. 北京：人民邮电出版社，2003.
[19] 王红喜. 国产车系维修案例 [M]. 北京：机械工业出版社，2005.
[20] 黄林彬. 欧洲车系维修案例及技术通报 [M]. 北京：机械工业出版社，2005.
[21] 李洪港. 亚洲车系维修案例及技术通报 [M]. 北京：机械工业出版社，2005.